rowohlt

Jindrich Mann

PRAG, POSTE RESTANTE

Eine unbekannte Geschichte
der Familie Mann

Rowohlt

1. Auflage September 2007
Copyright © by Rowohlt Verlag GmbH,
Reinbek bei Hamburg
Lektorat Regina Carstensen
Satz Adobe Garamond PostScript, InDesign,
bei Pinkuin Satz und Datentechnik, Berlin
Druck und Bindung Clausen & Bosse, Leck
Printed in Germany
ISBN 978 3 498 04500 5

INHALT

1 Der türkische Gentleman
auf dem Platz des Königs Jiří von Poděbady   7
2 Ein Schiff vor dem Anhalter Bahnhof   21
3 Tornado   65
4 Grüne Tinte   130
5 Eine große Liebe und die Schauspielerin   149
6 Der Papagei, der Hund und die Katze   156
7 Ankunft in Atlantis   163
8 Passavant   175
9 Ein willkommener Ehrengast   182
10 Auf den Boulevards der Ersten Republik   191
11 Smíchov – Côte d'Azur – Smíchov   196
12 «Es wird keine Antwort erwartet»   209
13 Der Waldweg   220
14 Tage der Düsternis   228
15 Oma und der Wachtmeister Gabriel   238
16 «Also, wenn ich mir so viel Sorgen gemacht hätte …»   243
17 Flammen auf dem Fluss   249
18 Die Putzkolonne   274
19 Ein langer Mantel   277
20 Familienstreit   280
21 Im Spiegelkabinett auf dem Petřín   289
22 Dreimal Wien, einfach   323
23 Prag, poste restante   329
24 Meine Mutter, eine Konfirmandin   335
25 Zurück   339
26 Ein Wintermärchen   346

M. G. in Liebe – für die Inspiration,
das Zuhören und die Kritik

ein Wind über die Dünen
treibt durch den Sand 'nen Hut
ins Gestrüpp wird er gleich bringen
den alten und dunklen Hut
Der Hut im Gebüsch, Blues von Ježek,
Voskovec & Werich

I

DER TÜRKISCHE GENTLEMAN AUF DEM PLATZ DES KÖNIGS JIŘÍ VON PODĚBADY

Manchmal träume ich von meinen Eltern. Sie sind vor zwanzig Jahren gestorben. Und so träumte ich nach einer längeren Pause neulich wieder einmal von meinem Vater. Der Traum war eigenartig. Natürlich, alle Träume sind eigenartig. Darüber hinaus existiert auch noch die allgemein nicht ganz anerkannte Theorie, das ganze Leben sei nur ein Traum. Es war der Mathematiklehrer meiner Prager Grundschule, Herr Holubář, der uns diese eigenwillige Hypothese nahebrachte. «Taubenzüchter» wäre übrigens die deutsche Übersetzung für den Namen unseres Lehrers. Ich mochte ihn gern, besonders wegen der perfekten Choreographie, mit der er seinen Unterricht gestaltete. Er sprach über die Konstruktion eines Dreisatzes oder die Magie einer Gleichung mit zwei Unbekannten, indem er sich in einem bedächtigen und doch elegant tänzelnden Schritt – er verlagerte dabei beinahe rumbamäßig das Gleichgewicht – vom Lehrertisch in den Klassenraum hinein fortbewegte. Auf der Höhe der dritten Schulbank wippte er stets auf den Zehenspitzen. Spannungsreich verzögerte er den Schwung, um, auf dem Gipfel dieser Bewegung angelangt, in einem wagemutigen Stillstand zu verharren. In diesem verblieb er für einen Augenblick jenseits aller irdischen Zeiten und Gravitationen, dann kippte er langsam, in einem charmanten Bogen zurück auf die Fersen. Danach schritt er, einem Pendel gleich, rückwärts zum Lehrertisch – anschließend ging alles wieder von vorne los. Wie gefährlich sich auch Herr Holubář mir (und meinen verborgenen Tätigkeiten – Schiffchen spielen, Liebesbriefe schreiben) in der vierten Schulbankreihe angenähert hatte, auf sein rechtzeitiges Rückwärtskippen war hundertprozentiger Verlass.

Während dieser routiniert zelebrierten Choreographie (virtuos wie eh und je) schweifte er einmal kurz von der Algebra ab und machte uns mit der Theorie des Lebens als Traum vertraut. Allerdings, fügte er höhnisch hinzu, den Vertretern solcher abstrusen Gedankenkonstruktionen könnte man ja nahelegen, sich auf die Bahngleise zu legen und sich dort von einem rasenden Zug die Beine abfahren zu lassen. Das könnte ihnen schließlich herzlich egal sein, weil es ja nur in einem Traum passieren würde. Und warum machen die es dann aber nicht? Aha!

Wie glücklich haben wir über diesen Schlenker gelacht! Nicht aus Schadenfreude über die so rabiat auf den Gleisen amputierten Traumphilosophen. Auch nicht wegen der Falle, in die sie tappten, als sie, der eigenen Theorie misstrauend, sobald der (Traum-)Zug in der Ferne pfiff, wohl panisch von den Gleisen aufgesprungen wären. Wir lachten, weil für diesen Augenblick die emsigen Traktorfahrer und die vergesellschafteten Bauern auf den Vollerntemaschinen vergessen waren, die wie besessen mit verschiedenen Geschwindigkeiten von Punkt A nach Punkt B eilten, was schwer lösbare rechnerische Aufgaben nach sich zog.

Später hat mir meine Frau erzählt, dass man Herrn Taubenzüchter aus der Schule rausgeschmissen hätte. 1968, als die Russen kamen (wie man es so vereinfachend sagt). Der Tor hatte es nämlich abgelehnt, einen obligatorischen Wisch mit der Erklärung, er fände es prima, dass die Russen es getan hätten (nämlich einzumarschieren), zu unterschreiben. Frau Holubářová war ihrem Mann aufgrund der Verweigerung einer läppischen Unterschrift, die viele problemlos leisteten, so böse gewesen, dass er fortan nur im Badezimmer hausen durfte. Ob da der Wasserhahn tropfte? Hatte er dort auch seinen dunklen gestreiften Zweireiher an? Und machte er, auf seinem Gang vom Boiler zur Badewanne, immer vier tänzelnde Schritte nach vorne, wippte dann auf den Zehenspitzen hoch, schwankte anschließend in einem charmanten Bogen zurück und wanderte rückwärts zum Boiler? War das Badezimmer überhaupt groß genug dafür?

Mein Vater ist also seit zwanzig Jahren tot. So auch neulich in meinem Traum. Er hatte dort allerdings, obwohl tot, seine Augenlider ein wenig bewegt, kaum merkbar. Um sie dann umso fester zusammenzukneifen. Wie ein Kind, das sich schlafend stellt. Ich wollte daher zu ihm sagen: «Ach, wach doch endlich auf, es ist vorbei mit dem Totsein.» (Und ich fügte hinzu, zu mir selber gesprochen, weiter in dem Traum natürlich: «Was bleibt ihm auch übrig, wenn er sich eben so dumm verraten hat.»)

Dann verspürte ich Durst, im Traum, und wachte davon auf. Draußen war es bläulich dunkel, die Sterne glitzerten und blitzten über den massigen Umrissen der Berggipfel. (Ich war zufällig in den Dolomiten, Madonna di Campiglio.) Ich stand auf und ging ins Badezimmer, leise, um meine Frau nicht zu wecken.

Das kalte Wasser floss aus dem Wasserhahn in meine Kehle.

Gut, dachte ich, dann versuche ich es doch zu schreiben … das Buch … über Mama und Papa, auch über Prag. Auch der schwarze Engel, das unterschlagene Radio und mein Auftritt auf der Bühne des Nationaltheaters müssten dort hinein. Die grüne Tinte sollte ich auch nicht verschweigen …

Okay, und jetzt sollte ich besser wieder schlafen gehen. Wann hatte ich das letzte Mal so schöne Sterne am Himmel gesehen?

———

In Prag-Podolí führt über die Moldau eine alte Eisenbahnbrücke. Neben den Gleisen läuft ein schmaler Fußgängerpfad. Von oben sah man auf den leeren Quai, den breiten Fluss und auf die verwahrlosten Fabrikgebäude mit ihren langen Schornsteinen am anderen Ufer. Über das Wasser in der Ferne, stromaufwärts, erblickte man die majestätische Prager Burg, fast unwirklich. Man schaute zu ihr hoch, als wäre sie umstrittenes Grenzgebiet.

Ich war drei, vier Jahre alt, als wir regelmäßig mit dem Vater zur Brücke spazierten. Wir blieben dann eine Zeitlang auf ihr stehen, ein Zug dampfte neben uns vorbei, unterwegs von einem Moldauufer zum anderen. Jemand blickte aus dem Fenster, ich winkte begeistert hinterher. Der weiße Dampf der Lokomotive verblieb kurz bei uns, dann fiel er in den Fluss, wie der Schal eines torkelnden Kavaliers.

Ludvík Aškenazy hieß mein Vater. Er war in der Tschechoslowakei, so ab Mitte der fünfziger Jahre, bis er 1968 das Land verließ, ein bekannter und beliebter Schriftsteller.

Einmal erzählte er mir, sein Vater, mein Großvater – er nannte sich, das nehme ich mal an, auch Askenazy (mit mir unbekannter Schreibweise), aber seinen Vornamen kenne ich nicht –, hätte viel über dieses und jenes sinniert. Dabei hätte er seinen Kopf stets nachdenklich oberhalb der linken Schläfe mit dem Zeigefinger abgestützt. So oft, dass sich mit der Zeit in ihr eine leichte Vertiefung, eine kleine Aushöhlung in Größe der Zeigefingerspitze gebildet hätte.

Meine Mutter hieß Leonie Mannová. (Die Endung «-ová» gibt es in vielen slawischen Sprachen, sie bringt zum Ausdruck, dass der Namensträger eine Frau ist. Rein grammatikalisch gesehen ist «-ová» eine Genitivform. Mit anderen Worten: Ein ordentliches Mädchen gehört aufgrund dieser Endung zuerst dem Vater und nach der Heirat dem Ehemann. Natürlich nur sprachlich gesehen, versteht sich.)

Als meine Mutter, lange vor meiner Geburt, noch in Deutschland lebte, einem Land, in dem der Genitiv in der Namensbildung keine Spuren hinterließ, nannte man sie schlicht und einfach Mann. Nachdem sie dann 1933 in die Tschechoslowakei kam, wurde sie in ihren Papieren landesüblich «Mannová» genannt. Sie behielt den Mädchennamen auch bei, als sie heiratete. So stand in dem neuen deutschen Pass wieder ein simples «Mann», als sie nach fünfunddreißig Jahren zurück nach Deutschland kehrte. Aber das schien wiederum ein Irrtum gewesen zu sein, der aber erst nach ihrem Tod erkennbar wurde. Wir mussten auf ihrer Grabstelle in Berlin-Zehlendorf «Leonie Aškenazy» einmeißeln lassen. Die Friedhofsbehörde bestand darauf, weil meine Mama mit meinem Vater verheiratet war, der den Namen Aškenazy trug. Was auch stimmte, unbestritten. Sie waren verheiratet, in jeder Hinsicht dieses weitreichenden Wortes. Das ganze Leben lang beinahe, wenn auch nicht immer. Zum Beispiel gerade zu diesem Zeitpunkt nicht, als ich zur Welt kam. Weswegen ich wiederum Mann heiße.

Mit den Namen ist es in unserer Familie kompliziert.

Eigentlich hat man als Kind zwei Großväter und auch Großmütter in derselben Zahl. Aber ich habe keinen von diesen vier Menschen je gesehen. Ich hatte bis zu meinem Eintritt ins Mannesalter nie einen leibhaftigen Verwandten, die eigenen Eltern und den Bruder nicht mitgerechnet, getroffen. Diese wilde Schar von Onkel, Tanten, Cousins, Neffen, teilweise angeheiratet, oft in ungeklärten Verwandtschaftsverhältnissen, gab es sonst nur bei Freunden zu bestaunen. Bei deren Geburtstagen oder sonstigen Festivitäten konnte ich das Tableau der böhmischen Großfamilien Prager Provenienz besichtigen. An der Spitze der Hierarchie standen die Omas, die sättigende Suppen kochten, und die Großväter, die im Ersten Weltkrieg an der Piave gekämpft hatten. «Onkel A. ist ein Geizkragen ... Tante B. hat einen Kommunisten geheiratet, ein netter Kerl ist er trotzdem, ein Ingenieur des Forstwesens ... Dem Großvater geht es miserabel, das Herz ... Oma fährt nach Bulgarien ... Onkel B. hat sich einen Hund gekauft, ein lustiges Schnäuzchen ... Das ist nicht sein Sohn, das ist der Motorradrennfahrer, aber er fährt keine Rennen mehr, weil er unmäßig trinkt ... Jawohl, mit dieser Bahnangestellten, einer Weichenfrau, sie hat ein kleines Wächterhäuschen und auch eine blaue Dienstmütze ... Mit Tante C. reden die beiden nicht mehr; die Tante verlangt jetzt wieder kompromisslos den Schrank zurück, diesmal samt Inhalt ...»

Solch artig summende Verwandte, die sich meistens um den Tannenbaum oder die Geburtstagstorte sammeln, mal auch bei einer Hochzeit vorbeischauen oder zur Überreichung des Diplomingenieurstitels gratulieren, sie waren in unserem minimalen Familienzirkel nicht vorhanden. Manche von denen, die man als Verwandte hätte bezeichnen dürfen und die den Zweiten Weltkrieg überlebt hatten, existierten zwar theoretisch, aber sie wohnten zu weit weg. Auf einem anderen Stern. Gemeint war: hinter dem Eisernen Vorhang. Dazu befand man sich mit diesen auch noch in einem für mich lange Zeit unklaren Zwist. Ich stand aber dennoch zu ihnen, zu den Unbekannten.

In der Tschechoslowakei hatte man zu Regierungszeiten der kommunistischen Generalsekretäre komplizierte Fragebogen auszufüllen. Diese sollten über die Klassenherkunft informieren (womit aber nicht gemeint war, ob man in die 1A eingeschult werden sollte oder in der 12B sein Abi machte, sondern ob man als Kapitalist, Imperialist, Proletarier oder als Angehöriger der arbeitenden Intelligenz zu betrachten sei). Eine der Rubriken bezog sich auf die Verwandtschaft im Ausland, die war aber nachteilig, karrierehemmend und am besten zu verschweigen. Ich habe, als ich aufs Gymnasium gehen wollte, alle Familienmitglieder aufgezählt, die mir von den sporadischen Erzählungen meiner Mutter her bekannt waren. Auf die ergänzende Frage des Formulardichters: «Falls Verwandte im Ausland, wo leben sie und wann haben diese das Land verlassen», antwortete ich trotzig: «Haben das Land nicht verlassen, waren nie da.» Was in dieser Form nicht stimmte. Aber das wusste ich da noch nicht so genau.

Dieser Teil der Familie behielt über all die Jahre hinweg seine schemenhafte Präsenz am oder eher hinter dem Horizont. Das eine oder andere Mitglied, schon tot oder noch am Leben, hatte es zu einer minderen oder größeren Berühmtheit gebracht. Es gab unerwartete Fotos in der Schublade, auch auf Buchumschlägen. Und die Menschen darauf waren die Tanten und Onkel und Cousins und Cousinen meiner Mutter.

Deutsche Nachnamen sind übrigens in Prag sehr üblich. Das Prager Telefonbuch erwähnte einige Manns. Aškenazys gab es weit und breit nur einen: meinen Vater. Sein Name beschäftigte unentwegt, ich kann mich noch erinnern, unseren Hausmeister Herrn A.

«Ein seltsamer Name. Ein ungarischer etwa?», fragte er.

Der Filou! Im Unterschied zu mir, dem Sechsjährigen, wusste er ganz genau, dass der Name Aškenazy nicht ungarisch war. Dabei – irgendwie magyarisch hörte er sich für mich doch an. Aškenazy ... Szegedin, wo lag da der Unterschied?

Wir waren jedenfalls eine, wie mir schien, ausreichend besetzte Kleinstfamilie. Genug an der Zahl, um uns um den Weihnachtsbaum wie auch um eine Geburtstagstorte zu versammeln; die Diplomingenieurstitel lagen weit in der Zukunft, und dort befinden sie sich noch immer.

Zierliche graue Gummigaloschen, oben am Knöchel mit einem Pelz umrandet. Sie übertraten kurz vor mir die Schwelle des riesigen Gebäudes, ganz zart, und verschwanden in der Dämmerung des Treppenhauses. Eine Erstklässlerin wie ich?

Man hat unsere Schule ehemals mit einem schüchternen Anflug von Jugendstil erbaut. Vor langer Zeit, noch unter dem Patronat der Österreichisch-Ungarischen Monarchie. Dabei war der Architekt unschlüssig, welcher Botschaft er den Vorzug geben sollte: den äußeren Ornamenten des eleganten Optimismus der Sezession oder einer geometrischen Strenge, die mehr auf die Abläufe im Innern der Anstalt hinwies? Damit die Pennäler nicht zu viel vom Leben erwarteten. Er tendierte mehr (allerdings keinesfalls konsequent) zu der ernsthafteren Variante. Gleichzeitig ist es aber nicht auszuschließen, dass sie sich seines Werkes schleichend bemächtigte und durch die Poren des Hauses durchsickerte. Als ich in diese Kathedrale der Rechenkünste und des Alphabets täglich einkehrte, war ich mir eines möglichen philosophischen Disputs, der auf dem Pausenpapier gewütet haben mochte, nicht bewusst. Ich war grundsätzlich in Eile, trug den Schulranzen entgegen den Vorschriften nicht am Rücken, sondern in der Hand, in der anderen baumelte gottergeben die Stofftüte mit den Hausschuhen.

Die Schule stand am «Náměstí Krále Jiřího», am König-Georg-Platz (oder am Platz des Königs Jiří von Poděbady), eigentlich ein städtisch verstaubter Park, dominiert von einer merkwürdigen Kirche. In der Metropole der hundert Türme, wie man Prag nennt, gibt es nur einen Glockenturm, der so groß und dabei gleichzeitig eckig ist, mit einer runden gläsernen Uhr, wie ein weit aufgerissenes Auge, eingelassen in der Turmmitte. Und dieser Glockenturm gehörte wiederum zu der merkwürdigen Kirche.

In der Unterrichtspause hätte man als gehorsamer Schüler in den ausgedehnten dunklen Schulgängen promenieren sollen. Irgendwann einmal in der zweiten Klasse hatte es sich eingebürgert, dass wir, die 2B, nicht auf dem Korridor umherwanderten. Stattdessen riefen die Mitschüler laut: «Mann soll erzählen.» Woraufhin ich mit einem Selbstbewusstsein und einer Selbstverständlichkeit (gern hätte ich diese Eigenschaften später behalten) von meinem Sitz sprang und mich vor der verschmiert abgewischten Schultafel aufbaute. Ich legte dort ohne zu zögern mit einer Erzählung los, mit der ich in der Pause für eine spannende Unterhaltung sorgen wollte. Ich ersann die Geschichte immer erst vorne vor der Klasse. Fast jedes Mal handelte sie von einem Hasen und seinen Abenteuern. Ich begann die jeweils neu erdachte Variante mit den Worten: «Es gab einmal und es gab keinmal einen Hasen, und der ...»

Frau H. – «Genossin» hätten wir zu unserer Erzieherin sagen sollen, aber das Wort «Frau» war gängig und toleriert – saß dabei einmal am Lehrerpult, um etwas in unsere Schulhefte zu kritzeln. Nach einer Weile schaute sie missmutig zu mir hoch: «Sag mal, Mann, was erzählst du da?» Die Klasse schrie begeistert (weil sie jetzt in der Pause schreien durfte): «Das denkt er sich aus!»

Es schneit. Die Bäume im Park sind weiß, die Bänke an den Wegen sind es ebenso, der Zeiger der gläsernen Uhr, sie zeigt eine Dreiviertelstunde an, trägt einen schneeweißen Überzug, der nach oben, zur vollen Stunde hin, mitgeschoben werden muss. Die Fenster der Klasse führen zum Park hinaus, vor der Schule ist eine kleine Eisrutsche. Ein paar Jungen, was heißt Jungen, echte Männer, ausgewachsene Kerle sind es, sicher bald dreizehn oder gar mehr, flitzen über das vereiste Wegstück. Dann schauen sie einem Mädchen zu, das, als Letzte, das Gleiche tut. Unwiderstehlich hübsch ist sie. Ihre beinahe frauliche Figur nimmt Anlauf, und sie fliegt anmutig über den spiegelblank polierten, etwas dunkel schimmernden Eispfad. Ich sehe ihr verschneites Haar. Das Lachen dringt durch die Glasscheiben in die Klasse. Die Schulranzen der glücklichen Bande liegen hingeworfen im Schnee.

︵

Stalin schaut mich mit einem geheimnisvollen, abgehobenen Lächeln auf der Lippe von der Wand an. Egal, wie viele Medaillen (etliche) die helle Uniformjacke des Marschalls und Führers auf dem schwarz-weißen Foto (ein Porträt) zieren, ein Inbegriff der Langeweile ist er. Ein öder Fleck, auf dem der matte Blick hängenbleibt, um dann ermüdet zu dem würdig eingerahmten Foto daneben zu wandern: Antonín Zápotocký, er war 1955 Präsident der Republik, ein haarloser Eierkopf. Zwischen breiten Revers einer Zweireiher-Anzugsjacke ist eine Krawatte zu sehen – noch öder.

Stalins Porträts schmückten 1955 noch die Schulwände? Zwei Jahre nach seinem Tod? Oder nicht mehr? Meine Unsicherheit darüber wird jener ähnlich sein, die damals beim Abhängen seiner Bilder herrschte: Genosse Stalin könnte ja auch nur scheintot gewesen sein und schelmisch aus dem Grab schielen, um zu sehen, wer ihn denn von der Wand abnimmt. Um es demjenigen schließlich, nach einer furiosen Auferstehung am Ostersonntag, vorzuhalten: «Soso, mein Täubchen, werter Genosse, schau mal her, dir behagt also das Ausschmücken unserer Klassenzimmer nicht. Interessant. Du hast sozusagen eine andere ästhetische Richtung angepeilt, das sei dir unbenommen! Was möchtest du denn statt meiner Wenigkeit lieber hingehängt bekommen? Eine mit Arbeiterblut besudelte Dollarbanknote?»

Als Stalin im Frühjahr 1953 starb, war ich ein kleiner Türke. Bei einem Kindermaskenball. Im Grandhotel Praha, im slowakischen Tatranská Lomnica, in der Hohen Tatra gelegen.

Die Gäste einer solchen (da bereits vergesellschafteten) Nobelherberge waren eine seltsam zusammengewürfelte Gesellschaft. Einige der ehemaligen Stammgäste haben die todbringenden Windstöße, die nach dem kommunistischen Umsturz in der Tschechoslowakei fünf Jahre zuvor, also 1948, durch ihre Reihen wehten, überstanden. Keiner wusste, auf welche Weise und mit welchem Geld vor allem. Andere, mithin neue Stammgäste, wurden durch dieselben Windstöße zu Würden und Mammon emporgepustet. Außerdem gab es noch eine kleine Schar wohlgelittener Individuen, sowohl bei den Gemeinen im Lande wie auch bei den Herrschern am Hofe. Ein bekannter Conférencier zum Beispiel, immer für einen Kalauer gut. Ein Opernsänger, aus dem offenen Fenster seines Zimmers hallten über die Bergtäler hinweg die gekonnten Stimmübungen. Ein Professor der Medizin, schweigsam und altmodisch korrekt angezogen. Alle Herren waren mit Gattinnen und Kindern oder den Enkelkindern angereist. Und dazwischen meine Mutter, zu keiner von den angesprochenen Kategorien richtig passend. Mit mir an der Seite. Und dem Wunsch, der nur sehr fragmentarisch in Erfüllung ging, man möge mir die Grundkenntnisse der alpinen Skifahrt – sie selbst besaß keine – beibringen. Sie ruhte im Liegestuhl auf dem Balkon, während ich am nahen Hang mit anderen Unkundigen unbeholfen auf den Brettern wedelte und in die kühlen Schneemassen fiel.

Stalins große Büste dekorierte das mit rotem Plüsch ausstaffierte Foyer des Hotels. Auf meine neugierige Frage hin, wer denn der Mann sei, dessen bronzener Kopf hier stand – recht unpassend zu dem sonstigen Ambiente –, antwortete meine Mutter knapp: «Ein Staatsmann.»

In der Nähe dieses Staatsmannes tanzte ich am frühen Abend Hand in Hand, wenn ich dem vergilbten Foto, das in einem alten Schuhkarton bestens verstaut ist, glauben kann, mit einer zauberhaften Fee auf der einen Seite und einem einäugigen Piraten auf der anderen. Die weiteren Maskeraden sind nicht gut zu erkennen. Aber am Bildrand angeschnittene Ärmel und Hosenbeine lassen einen gestiefelten Kater und ein Kasperle vermuten. Ich selbst war bei dem besagten Maskenball als türkischer Gentleman erschienen. Dass es diese schicksalhafte Märznacht war, in der der Diktator sein Leben lassen musste und in der ich als türkischer Kavalier verkleidet tanzte, mit einem roten Fes auf dem Kopf, in einem weißen Hemd und schwarzer Hose, mit einem etwas blasierten Gesichtsausdruck (wahrscheinlich in der Meinung, dass dies zu einem Gesellschaftslöwen türkischer Provenienz passt), das weiß ich genau. Ich stutzte nämlich, als ich, bestens gelaunt nach dem vorzüglich gelungenen Ballereignis, am nächsten

Tag ein paar von den (gestern so sehr zum Scherzen aufgelegten) Eltern bei der Stalinbüste – sie war nun mit einem schwarzen Flor drapiert – flennend und heulend antraf. Als ich meine Mutter fragte, was denn los sei, meinte sie: «Der Staatsmann ist gestorben.»

Waren die Tränen der Trauernden auf eine schwachsinnige Herzensrührung zurückzuführen, oder handelte es sich hierbei um Schauspiel und Kalkül? Je nachdem, denke ich heute. Von Fall zu Fall verschieden.

Bei der hageren Mutter des gestiefelten Katers habe ich rückblickend den fatalen Verdacht, dass ihr jegliches Urteilsvermögen abhandengekommen sei, dies befällt übrigens regelmäßig große Teile der Menschheit mit verheerenden Auswirkungen.

Wie auch immer: Für den Fall, dass der Fes nicht genügend Klarheit über meine Identität bringen sollte, trug ich einen Bauchladen, am Hals angehängt, mit der Aufschrift: «Ali Hassan: Türkischer Honig».

︴

Herr Holubář machte uns mit der Algebra bekannt, auch mit erbarmungslosen Tests, in denen er der Tiefe dieser neuen Bekanntschaft prüfend nachging, doch dazwischen eröffnete er die hypothetische Möglichkeit, dass das Leben ein Traum sei. Und wenn einem dann die Dampflok die Beine, die man aus Übermut mal so über die Gleise gestreckt hat, vom restlichen Körper abtrennt – na und! Die wachsen dann einfach wieder nach! Es war eben nur ein Traum, aus dem man gleich aufwachen würde. Dann wartete auf einen ein leckeres Frühstück mit einem weichgekochten Ei, das apart in einem kleinen Porzellankelch in der Küche am Fenster stand, das zur Stalinstraße hinausführte. Am unteren Ende der Stalinstraße, dort, wo sie in einen großen Platz mündet (links befindet sich das Nationalmuseum), ist der Hauptbahnhof zu sehen. Der Prager Bahnhof ist ein Prachtbau mit Türmen, Stuckadlern, riesiger Uhr und der Aufschrift «Praga caput regni» (Prag, das Haupt des Königreichs). Das Palais mit den vergoldeten Engeln bildet ein grandioses Tor, das in eine Schlucht führt. Diese magische Tiefe wird von der Stalinstraße durch ein gemauertes Geländer schützend abgegrenzt.

Grau ist diese Mauer und zweimal so hoch wie der kleine Knabe, den der Papa über sie hob. Das Grau des Mauerputzes glitt vor den Augen des Knaben vorbei, den sein Vater unter den Achseln hielt – bis endlich diese eintönige Wischblende vorbei war.

Unten sah ich sie dann, auf dem breiten Plateau des Bahngeländes, die dampfenden Loks, die Züge, hörte die langgezogenen Pfiffe des Fernwehs. An den Weichen entwirrten sich die präzise verknoteten Gleise, als wären sie dabei von leichter Hand mit Tusche gezeichnet. Befreit zogen sie in dünnen Strichen in die Weite. Ich beaufsichtigte das Ganze, obwohl so klein, aus der Höhe, wie ein Riese, der ein Zwergenreich besucht.

2

EIN SCHIFF VOR DEM ANHALTER BAHNHOF

⌒

Es war nicht so, dass ich bis zu meinem einundzwanzigsten Lebensjahr, als ich nach Berlin (West) in ein neues Leben hineinflog, nie in einem Flugzeug gesessen hätte. Viermal war dies bereits davor der Fall gewesen. (Das Fliegen war zu jener Zeit etwas Exklusives, schon allein deswegen, weil jeder Grenzübertritt eine Exklusivität war.)

Zwei Flüge waren eine Reise von Prag nach Warschau und zurück. Ich war damals vierzehn Jahre alt gewesen. Im Warschauer «Kulturpalast», einer kuriosen Architekturschöpfung, die «Traum eines wahnsinnigen Zuckerbäckers» genannt wurde, sah ich *Some Like it Hot* von Billy Wilder. Ich hatte mich köstlich amüsiert, war nur kurz irritiert, als ich merkte, dass mein Vater, der neben mir in der Sitzreihe saß (und mich auf die Reise mitgenommen hatte), auf einmal feuchte Augen hatte. Ich sprach ihn deswegen an: «Hast du denn geweint?» Der Film war zweifellos eine Komödie. Der Papa hat die feuchten Augen mürrisch bestritten.

Ich weiß nicht mal, ob ich zu jener Zeit schon wusste, dass er in Polen aufgewachsen ist. Ich glaube, dass es mir damals nicht bekannt war. Auch nicht, dass man dort meinen Großvater und meine Großmutter, seine Eltern also, erschlug, erschoss, bei lebendigem Leibe verbrannte. Noch heute herrscht diesbezüglich eine wohl nie mehr zu klärende Unsicherheit, wie und was genau ... Nein, ich wusste es nicht. Es hat mich auch nicht interessiert, und es gab keinen in meiner Nähe, der sich wünschte, dass es mich interessierte.

Marilyn Monroe hat mir übrigens bei unserer ersten Begegnung im Traum des wahnwitzigen Zuckerbäckers gleich gefallen!

~

Es gab einmal, ich erinnere an die Traumhypothese von Herrn Holubář, eine Stadt, die hieß Westberlin. Oder West-Berlin. Oder Berlin (West). Sie war Teil einer anderen Stadt und als solche eingemauert. Mit einer soliden Mauer umgeben, wesentlich höher als jene, über die man väterlicherseits hochgehoben wurde. Vor der Mauer lag ein weitgestrecktes Gebiet, das man die Sowjetzone oder Ost-Deutschland genannt und letztlich DDR getauft hatte, und es existierten Individuen, die es nicht betreten mochten, weil sie dort (ob zu Recht oder Unrecht, das wollte man nicht unbedingt ausprobieren) eine Festnahme befürchteten. Diese Individuen reisten deswegen grundsätzlich nur im Flugzeug, um in die eingemauerte Stadt zu gelangen.

So flog auch ich von München aus (wohin wir 1968 aus Prag emigrierten), knapp einundzwanzig Jahre alt, über das Plaste-Elaste-Reich von Punkt A nach Punkt B (West). Das Einzige, was mich dabei irritierte, war dieses Wort «Duldung». Ich war «ausländeramtlich geduldet». Dabei war die «Duldung» mit einem bayerischen Staatswappen besiegelt und lag zusammengefaltet in meinem längst abgelaufenen tschechoslowakischen Pass. Diese Information, ich sei «geduldet», hatte für mich damals, in meiner jugendlichen Fehleinschätzung der Prioritäten, etwas Fatales. Weil in der Definition mitklang, dass man von einer Oberaufsichtsbehörde geduldet wird, deren endlose Duldsamkeit in einem neurotischen Anfall (Sodbrennen zum Beispiel, oder krampfhaftes Zucken im rechten Augenlid) verfliegen könnte. Andererseits verlieh das Wort einem höchststaatlichen Akt einen familiären Zug, als wäre man einem eigenbrötlerischen Onkel ausgeliefert.

Mitten im eingemauerten Berlin, quasi auf einer Kreuzung platziert, gab es den einzigen zivilen Flughafen (Tempelhof) der Stadt. In der Ankunftshalle hing von der Decke herab eine rote Kugel. Sie war mit der silbrigen Aufschrift «Meeting Point» versehen. Gemeint war damit aber eher der Platz unterhalb dieser etwas phlegmatischen, runden Sachlichkeit. Wir trafen uns dort zu dritt. Ich, D. S., ein Freund von mir, auch ein Exil-Tscheche, heute in Deutschland ein bekannter Kameramann, und ein Herr in einem Lodenmantel. Der war von der Otto Benecke Stiftung. Sie spendierte meinem Freund D. S. die Reise von Punkt A nach Punkt B (West), und der Herr übernahm für deren Anfang ein Patronat.

Es war Spätherbst oder Winter 1969. Und obwohl frostig kalt, waren die Berliner Straßen durch eine Ho-Ho-Ho-Chi-Minh-Demo und durch die von den Demonstrierenden hin und her geschwenkten Fahnen in einem feinen Rot getüncht. In Massen fluteten die vielen Porträts (auf langen Stangen befestigt), auf denen das mit einem weißen dünnen Bart umrandete Gesicht von Ho Chi Minh zu sehen war, die Fahrbahn. Die Bilder des fernöstlichen Führers hüpften auf und ab, im Rhythmus der Rufe und der Laufschritte. Diese umherschwebenden Gesichtszüge hätten das eigentümliche Fremdgefühl, was ich in jenen Tagen durch das unbekannte Land Bundesrepublik Deutschland (in das mich das Schicksal vor kurzem jäh versetzt hatte) wie einen Ranzen mit mir mitschleppte, mindern können. Periodisch wiederkehrend starrten mich nämlich seit meiner Kindheit in der Tschechoslowakei ähnliche Porträts von vergleichbaren Revolutionären von allen möglichen Tribünen an. Aber das Wiedersehen mit Ho Chi Minh in Berlin (West) hatte keinesfalls die permanente Fremdheit gemindert. Im Gegenteil – es hat ihr ein zusätzliches Aroma verliehen.

Irgendwann kamen wir in einem VW Variant (ich hätte einen Cadillac Eldorado bevorzugt) unseres Begleiters in der Berliner Filmakademie an. Sie war damals einer von den besonders revolutionären Vulkanen der Studentenbewegung. Ich und D. S. wollten hier in den nächsten Tagen an den Aufnahmeprüfungen teilnehmen. Die Vorrunde hatten wir bereits bestanden.

Der Angestellte der Otto Benecke Stiftung bahnte sich in seinem Lodenmantel einen Weg durch die Akademiegänge, und wir folgten ihm in seinem Kielwasser. Die Ästhetisierenden unter den umherstehenden Studenten gingen gerade der Frage nach, wie man am besten bei der Nahaufnahme eines Molotowcocktails das Licht setzen könnte. Andere sahen das Problem eher nüchtern-dokumentarisch, ganz ohne künstlerische Finessen.

Wir kamen, der Herr von der Stiftung als Erster, weniger unerschrocken als routiniert gleichgültig, möglicherweise nicht ganz im Bilde, was überhaupt im Land los war, zu dem Zimmer der Studienleitung. Sobald unser Patron in der offenen Tür stand, hatte er uns – in dem kleinen, mit Menschen überfüllten Raum herrschte gerade eine kreative revolutionäre Unruhe – allen Anwesenden mit seiner saftigen Tenorstimme präsentiert, bar jeglicher unangebrachter Schüchternheit: «Ich habe hier zwei Ostblockflüchtlinge abzugeben.»

Nun gab es aber diese wunderbare Helene S., die sich als Sekretärin vorstellte, obwohl sie der Geist des Gesamtunternehmens Filmakademie war. Mit einem bezaubernden Lächeln, einem Blick und einem Händedruck hatte sie alles im Nu wieder eingerenkt, und der Herr im Lodenmantel ging zufrieden fort. Ich glaube, Helene S. musste für uns nicht einmal einen Lieferschein unterschreiben.

Die Otto Benecke Stiftung hatte, zuerst nur für D. S., aber als sich herausstellte, auch ich sei obdachlos, für uns beide eine Schlafstelle organisiert, und zwar in einem von Nonnen betriebenen Heim am Wannsee. Es ist seltsam, aber wie in einer präzisen Erinnerung höre ich mich, als wir uns durch die vielen hüpfenden Ho-Chi-Minhs hupend schlängelten, den Satz sagen: «Hab keine Ahnung, wo ich heute pennen werde, es wird aber schon irgendwie hinhauen.» Daraufhin holte der Herr im Lodenoutfit aus der Tasche seines Mantels ein Handy im Hirschlederetui hervor, tippte auf eine entsprechende Taste und sagte: «Hier ist Heinz, kann ich die Mutter Oberin sprechen ...»

Unsinn, so war es natürlich nicht! Es gab damals noch keine Handys, die schlummerten noch ungeboren in der Zukunft. Der Herr im Lodenmantel hätte aus einer Telefonzelle anrufen müssen, was er auch sicher getan hatte (wie hätte er sonst für mich die Schlafstelle organisieren können – weder davor noch irgendwann mal später haben wir uns noch einmal gesehen), aber die Autofahrt hatte er deswegen dennoch nicht unterbrochen. Dieses Telefonat musste er noch am Flughafen geführt haben (obwohl ich mich daran auch nicht richtig erinnern kann), unter dem roten Planeten, im Universum der sich vergeblich Suchenden. Am Meeting Point, an dem sich Schicksale kreuzten. Der Mann von der Stiftung hatte mich wohl ungefähr zweimal gefragt, ob ich einen Platz zum Übernachten hätte. Beim zweiten Mal, als er meinen ratlosen Blick richtig deutete, ließ er das Bayerische weg und artikulierte sorgfältig seine Worte. Endlich verstand ich die Frage einigermaßen, und nach einem leichten Zögern, das ich nutzte, um meinen Satz grammatikalisch in eine richtige Folge zu bringen, sagte ich: «Ich weiß nicht.»

~

D. S. und ich fanden uns später am Ku'damm wieder. Ohne zu ahnen, dass wir dort waren. Es war Nacht, bläulich dunkel, die Sterne glitzerten und blitzten. Unsere Worte und Träume klimperten im Frost. Sie brachen wie zu feingliedrige Eiszapfen ab. Wir ließen sie liegen, schwiegen und marschierten über den Boulevard. Den Atem trugen wir, in versilberten Dampf gekleidet, vor uns her. Irgendwo in der eisigen Kälte gab es, dachte ich, sicher auch ein warmes Plätzchen für den rastenden Ho Chi Minh. Vom unentwegten Aufhüpfen müde, den weißen, dünnen Bart klirrend vereist und in alle Richtungen versteift, ruhte er sich, mit einem breiten Lodenmantel eines desertierten Angestellten der Otto Benecke Stiftung zärtlich zugedeckt, aus.

Wir gelangten auf eine Brücke. Unter ihr entdeckten wir einen stillgelegten S-Bahnhof. Die Gleise führten durch eine Bahnschlucht. Sie trennten sich im Glanz des eingefrorenen Mondlichts hinter einem verwunschen anmutenden Eisenbahnhaus. Und setzten von dort ihren blinden Gang bis zu der (nicht sichtbaren) Mauer einzeln fort.

Wir waren froh, weil es hier Halensee hieß. Wo ein See ist (Halensee) kann der zweite (Wannsee) nicht weit sein. Unseren Weg kreuzte die Gestalt eines Berliners, trotz der bitteren Kälte recht unwinterlich angezogen, nur mit einem Sakko, wenn auch mit einem Pulli gepolstert, als wollte er warme Südwinde ertrotzen. Wir fragten, wie wir zum Wannsee kämen. Er war schweigsam, damit er nicht mit den Zähnen klappern musste. Zeigte die Richtung mit dem Finger und meinte: «Immer geradeaus.» Was sich nach zwei, drei Stunden Fußmarsch, der auch dem Polarforscher Amundsen Ehre gemacht hätte, als eine gute Wegweisung erwies.

Als wir dies am nächsten Tag in einigen kargen Sätzen (mangels einer reichhaltigeren Wahl) der Helene S. schilderten, beschaffte sie uns im Handumdrehen eine andere Unterkunft. Bei einem Mann, jung, wenn auch etwas älter als wir. Er nahm uns sehr freundlich bei sich auf, und abends versuchte er mit uns zu plaudern, was nicht ganz einfach war. Trotzdem waren unsere Gespräche nicht oberflächlich. Bald schon weihte uns der Gastgeber ein, wie sehr er sich im Leben quälte, da sein Bruder ein Beaux sei. Dann schwieg er, wir schwiegen auch. Es war ein gemeinsames Schweigen, die Gründe dafür aber waren verschieden. Er schwieg, weil er darauf wartete, was wir ihm entgegneten. Ob wir vielleicht dasselbe Leiden lüften würden, zusammen könnte man ja mit so etwas eher fertig werden.

Ich und D. S. wiederum schwiegen, weil wir ihn einfach nicht richtig verstanden hatten. Und als sich der Grund unseres Anteils an dem gemeinsamen Schweigen erklärte, wahrscheinlich durch unsere leeren Blicke, fingen wir an, die einzelnen Bestandteile des uns unverständlichen Satzes zu untersuchen: «Leiden», das Wort kannten wir, sehr schön, «Bruder» auch, aber «Beaux»? Unser Gastgeber vermutete, falsch natürlich, es hätte an seiner zu deutschen Aussprache des französischen Wortes gelegen. Doch je besser er es auf Französisch zu artikulieren versuchte, desto ratloser wurden wir. Bis er uns erklärte, dass sein Bruder eben zu schön sei. Ein Schönling – ein Beaux. Er hatte ein Foto von ihm, der permanenten Wunde, parat. So viele Jahre sind inzwischen vergangen, und ich sehe dieses Bild des Bruders noch immer vor mir: feine Gesichtszüge, gestutzter Bart, brennender Blick.

Ich ging zum Fenster. Draußen, auf einem leeren Platz, war eine große Ruine zu sehen. Einige Gemäuer, der Rest eines Dachs, dazwischen kümmerliches Gras, drum herum Lehm und Sand, Pflastersteine. Vor einem halb eingestürzten Bogen, der vielleicht einmal ein prunkvoller Eingang gewesen war, lag, phänomenal unpassend, ein kleines umgestürztes Segelboot. Ohne Segel, aber mit einem abgebrochenen Mast. Wie gekentert. Als wäre das Meer noch vor fünf Minuten da gewesen und hätte sich dann panisch zurückgezogen. Und dadurch überließ es meinem Blick den verwahrlosten Torso des einst größten Bahnhofs von Europa. Die Ruinen des Anhalter Bahnhofs, wie ich auf meine Frage hin erfuhr. Aus meiner «vordeutschen» Zeit flatterten die Laute herbei. Ein seit langem verwaister Wortklang schien endlich eine Hülse, wenn auch nur eine zerbombte, gefunden zu haben.

~

Die Damen haben wunderschöne Hüte, manche leider ein aufgedunsenes Gesicht. Einige Herren folgen den Frauen, andere den Geschäften. Der Stehkragen steht, die Melone weht. Die Eisenbahn fährt ein, fährt ab. Der Dampf zischt in einem furiosen Stakkato, die kontrollierte Explosion in den Kesseln inspiriert zu hymnischen Oden, der Überhitzer glüht, hinter der Feuertür flammt die rasende Hast. Die Arme der Semaphore heben sich ruckartig und fallen dann abrupt herab. Die verglaste Bahnhofskuppel, weit oben, lässt das fahle Licht herein und den Regen auf sich niederprasseln. Ansteckend ist die fiebernde Rastlosigkeit. So ansteckend, dass selbst der Schreiber dieser Zeilen atemlos von Bahnsteig 1a zu Gleis 2222 hechelt. Und als er sich am Bahnsteig 206 gnadenlos am

Kragen packt und mit unerbittlicher Hand festhält (damit endlich Ruhe in die Schilderung einkehrt), will er einfach nur stur weiter. Seine Beine laufen in der Luft um die Wette, wie die von einem aufgezogenen Hampelmann. In der Hand hält er seinen Koffer. In ihm eingepackt sind ein Frack und ein Jo-Jo.

Zu erwähnen sind noch ein paar ungedeckte Wechsel und ein eleganter Männerstrumpfhalter. Ganz oben liegt eine Rilke-Ausgabe.

Der Kofferbesitzer halluziniert bereits, durch den Takt der ankommenden und abfahrenden Züge hypnotisiert. Total übergeschnappt taumelt er aufgedreht im Rausch der Beschreibung der längst zerbombten Kulissen und verliert in seiner Darstellung jegliche Skrupel: «Da, eine Plattform, aus einer Legierung angefertigt ... Edelstahl, Aluminium, jawohl, die Ränder und Ecken verzinkt, die Anzeigetafel aus Elfenbein, Deutsch-Südwestafrika-Import, geschnitzt. Hier fahren, mit einem langen, triumphalen Pfiff, die Pullmanwagen der Expresszüge aus Übersee ein.»

Wer in Berlin ankommen wollte, kam am Anhalter Bahnhof an.

Mit einem der Züge muss mein Großvater, des Vaters Vater, Großvater Askenazy, angereist sein. Vorausgesetzt, er war nach Berlin gefahren. Das einzige Indiz dafür ist nur eine der sporadischen Bemerkungen meines Vaters über seine eigene Familie: Nach der Heirat fuhr er, also mein Großvater A., mit der Mitgift nach Berlin, um dort «den Grundstock an Kapital vorteilhaft zu vermehren. Er kam nach drei Wochen ohne Geld zurück, und man hat zu Hause nie wieder ein Wort darüber verloren.»

Undeutlich und schüchtern, auch etwas beschämt, denn es ist kein glanzvolles Entree, entsteigt diesen Worten (die ja nicht die reinste Wahrheit sein müssen) die verschwommene Person dieses Großvaters.

Niemand hat sein Aussehen, geschweige denn sein Wesen, je für meine Ohren beschrieben. Gern hätte ich, schmunzelnd, seine vergilbten Porträts («Ach nee, ist er süß, so ein Schnauzer ...») in der Hand hin und her gedreht. Aber sie sind alle, lange bevor ich sie mir anschauen konnte, in Flammen aufgegangen. Sie sirrten dabei kurz, als würden sie flüstern.

Mir kommt ein verwegener Gedanke. Ich könnte meinem unbekannten Großvater Askenazy in jenem energisch nach Berlin rasenden Zug, mit welchem er angeblich reiste, begegnen. Ganz unberücksichtigt kann der Fahrplan dabei nicht bleiben. Ich hoffe, Herr Holubář – Sie entsinnen sich, der Herr Taubenzüchter, der Mathematiker – hätte seine bescheidene Freude an meiner logischen Schlussfolgerung gehabt:

Mein Vater wurde im Jahr 1921 geboren. Er hatte, angeblich, einen Bruder gehabt. Aber der war vor meines Vaters Geburt bereits tot. Eine schauerliche Geschichte – als kleiner Junge war er in Spitzbubenmanier ein Treppengeländer auf seinem Hosenboden heruntergefahren; dabei stürzte er ab und verletzte sich tödlich. Der Junge, der unbeaufsichtigt das Geländer jauchzend hinabglitt, war (mindestens) fünf Jahre alt. Da mein Vater ihn 1921 nicht mehr lebend antraf, könnte dieser Unglücksonkel von mir im Jahr 1916 geboren sein, eher aber vor dem Ersten Weltkrieg. Mein Großvater wurde 1914 in die k. u. k. österreich-ungarische Armee einberufen. Die Hochzeit, vorher gab es mit Sicherheit keine Mitgift, spielte sich ein Jahr vor der Geburt des ersten Sohnes ab. So gerechnet blieben für Opas Berlin-Fahrt die letzten Jahre der europäischen Glanzzeit übrig: 1910 bis 1912. Ich tippe auf 1912.

Ich stelle es mir so vor: Ich bin unterwegs – wo war es aber bloß? – dazugestiegen. Ziemlich verschwitzt. Ich habe wieder einmal den Zug im letzten Moment erreicht, als er bereits zum Fahren ansetzte. Jetzt laufe ich durch die Waggons. Breitbeinig, es schaukelt, besonders wenn man von einem Wagen zum nächsten über die luftige Verbindungsplattform wandert. Hier saust der Wind, hier rütteln die Achsen, und alle Schrauben quietschen. Der Heizer spart weder mit Kräften noch mit der Kohle. Ich spähe ungeniert in die Coupés hinein. Ich murmle unverständliche Worte der Entschuldigung, wenn die gestörten Zuggäste mich mit verständnislosem Blick anschauen. Ich vermute, er, mein Großvater, sitzt hier irgendwo. Aber wie soll ich ihn erkennen?

Ganz anders als mein Vater kann der Großvater nicht ausgesehen haben. Schwarzhaarig (sind wir sowieso alle) und nicht sehr groß.

Ich denke auf einmal an meinen Bruder. Das Haar sehr dicht, gekräuselt. Leicht eingefallene Wangen, schmales Gesicht, scharf geschnitzt, die feine Haut. Zierlich, ein träumerischer Blick. In dem Kopf die unklaren Pläne.

Nach dem Grübchen oberhalb von Opas Schläfe werde ich nicht Ausschau halten. Kaum auszudenken, was mir passieren könnte, wenn ich – aufgrund eines fragwürdigen Hinweises – an die Reisenden, die in Frage kämen, ganz nahe heranträte und ihre Schläfe begaffen, unter Umständen gar das Haar per diskretes Anhauchen zur Seite pusten würde.

Mein Vater ist mit Ende des Zweiten Weltkriegs in einem überfüllten Jeep nach Prag gekommen. In eine Stadt und ein Land, das er nicht kannte, obwohl er Offizier der Tschechoslowakischen Legion war, eines tschechoslowakischen Auslandsarmeekorps, das in der Sowjetunion gegründet wurde (als ein selbständiger Verband innerhalb der Roten Armee) und aufseiten der Alliierten siegte.

Im Frühjahr 1939 besetzte Hitlers Wehrmacht die Tschechoslowakei (den Rest, der von ihr zu diesem Zeitpunkt noch existierte). Die vielen Emigranten, die das Land verließen, bildeten, nach einigem Hin und Her, als sich das europäische Inferno stabilisierte und übersichtliche Konturen annahm, im Ausland zwei Legionen, zwei Armeen. Die eine im Westen, in England, die zweite im Osten, in der Sowjetunion. Da die in London ansässige tschechoslowakische Exilregierung von allen Verbündeten, inklusive der Sowjetunion, anerkannt wurde, war jene in Russland kämpfende Einheit (dort mehr oder weniger britisch uniformiert) dem im London residierenden Exil-Verteidigungsminister unterstellt (zumindest auf dem Papier). So kam mein Vater in der englischen Uniform, aber als tschechoslowakischer Soldat 1945 nach Prag. Mit der Roten Armee.

Im Prager Zentrum am Wenzelsplatz steht das Hotel Evropa, vormals «Šroubek» genannt. Zu meiner Jugendzeit auch noch von jedem so bezeichnet, obwohl man es längst verstaatlicht und Herrn Šroubek weggenommen hatte. Es ist ein Kleinod unter den Jugendstilhäusern der Stadt. Ende der fünfziger und Anfang der sechziger Jahre hatte es den Reiz – den man allerdings nur sehr bedingt genießt, vorzugsweise beim Vorbeifahren in eine bessere Gegend – des unablässigen Verfalls. Er vollzog sich in Etappen, die genügend Zeit ließen, sich an die gerade neu erreichte Stufe zu gewöhnen.

Ich und mein Vater kamen hier manchmal vorbei. Das Café des Hotels war groß und immer in ein Halbdunkel getaucht. Die Wände und die Decke holzgetäfelt. Unter den in Messing eingelassenen Kronleuchtern traf mein Papa öfter eine Gruppe von Bekannten an. Sie saßen auf den wackligen Stühlen um die schönen alten, aber auch wackligen Marmorkaffeehaustische.

Es waren, wie er sagte, seine «Kriegskameraden». Um einiges älter als mein Vater habe ich sie in Erinnerung. Kleine, faltige Männer, in abgetragenen, keinem von ihnen richtig passenden Anzügen, die die besseren Zeiten, die es sowieso nie gab, längst vergessen hatten. Die «Kriegskameraden» tranken, unter dem gleichgültigen Blick des melancholischen Kellners im Smoking, zwei «türkische» Kaffee in fünf Stunden. Sie plauderten miteinander, leutselig in einem eigentümlichen Tschechisch, mit einem starken russischen oder polnischen Akzent. Sie warteten, bis endlich wieder die kleine Rentenzahlung fällig sein würde, trieben halbillegale Geschäfte, waren gerade von der Kur zurückgekehrt oder fuhren bald zu einer. Nie haben sie vergessen, schalkhaft zu bemerken, dass, wenn es von meinem Vater abhängig gewesen wäre – für sie war er der Inbegriff des hoffnungslos unsoldatischen Soldaten –, der Sieg über Hitlers Armeen noch heute in weiter Ferne läge.

Die Wehrmacht besetzte, wie gesagt, die Reste des Staates, der Tschechoslowakei hieß, im Frühjahr 1939. Mit dem Münchner Abkommen von 1938 hatte er ein Drittel seines Gebiets und seine Seele verloren, noch bevor der Zweite Weltkrieg richtig begonnen hatte. Viele der jungen Männer, die die Kapitulation der Republik nicht schlucken wollten, gingen ins Ausland – das war zuerst Polen. Von dort fuhren die meisten, vor allem die ehemaligen Berufssoldaten und Flieger, weiter gen Westen (zuerst nach Frankreich), dann nach England. Ich glaube, dass man später die lichten Reihen des «östlichen» Auslandsarmeekorps, das in der Sowjetunion etwas zeitversetzt gegründet wurde, auch mit Freiwilligen aufgefüllt hat, die in Friedenszeiten die bürokratische tschechoslowakische Staatsangehörigkeitsüberprüfung nicht unbedingt bestanden hätten.

Heliodor – ich habe so einen Vornamen noch nie gehört.
Er ist auf dem Land, in einem tschechischen Dorf geboren. Franz und Wenzel und Anton, also Franta, Vašek und Tonda wurden dort die Kinder normalerweise getauft. Und dazwischen ein Heliodor! Wie haben ihn die Freunde gerufen, wenn sie vor der Haustür standen. «Guten Tag, darf bitte Heliodor mit uns raus, Frau Píková? Danke. Heliodor, wir warten am Brunnen auf dich!»

Ich bin neulich, an einem sonnigen Frühlingstag, wieder in das Café des Hotels Evropa eingekehrt. Übrigens, erstmals nach vielen Jahren. Der Name «Šroubek» verschwindet mehr und mehr aus dem Vokabular der Prager, vielleicht auch deswegen, weil sie in dem besagten Etablissement kaum mehr verkehren.

Es hat sich bis auf das Publikum – es sind fast ausschließlich Touristen – kaum etwas verändert. Das Interieur ist noch erhalten, nur die Fenster sind geputzt, die Stühle wackeln nicht, die Legierung der Leuchterhalter ist matt, aber sonst tadellos. Auch die dunkelbraune Täfelung ist geblieben. Ein kleines Podium befindet sich in der Mitte des Raums, auf ihm, kurios eingezäunt, steht ein schwarzer Flügel – ihn habe ich wohl vergessen.

Unweit des Flügels schlug ich eine noch ungelesene Zeitung auf, um das Image des Kaffeehausmüßiggängers zu pflegen. Unerwartet fand ich darin einen Artikel über General Heliodor Píka. Man hatte diesen Mann, ein Jahr nach meiner

Geburt, also ein Jahr nach dem kommunistischen Umsturz in der Tschechoslowakei, wegen Hochverrats verurteilt und gehenkt. Ein klarer Justizmord war das, 1949. Die meisten wussten das sofort, einige Hartgesottene haben es erst 1968, in Zeiten des «Prager Frühlings», kapiert, den Nachgeborenen wurde es nach der Wende noch einmal mitgeteilt. Darüber gibt es keinen Zweifel mehr – er wurde auch offiziell und gerichtlich «rehabilitiert».

Aber ich rätselte immer über das spezifische Motiv dieser Bluttat. Warum wurde gerade er, Heliodor, so prompt gehenkt? Als einer der Ersten in der Reihe der stattlichen Anzahl von Justizmorden. Ich las jetzt in der Zeitung, die Buchstaben verschwanden in der Dämmerung, die frühlingshaften Sonnenstrahlen hatten hier wenig Chancen, General Píka, der als Militärattaché der tschechoslowakischen Botschaft in der Sowjetunion engster Kriegsverbündeter seiner baldigen Henker war, hätten während des Krieges viele aus den russischen Konzentrationslagern geschmuggelte Kassiber erreicht, die ihn auf die Lage der dort einsitzenden Tschechoslowaken aufmerksam machten. Die Häftlinge seien Flüchtlinge gewesen oder Angehörige der tschechischen Minderheit aus der Ukraine. Später auch die Bewohner jener östlichen Landesteile der Republik, die schon während des Krieges der Sowjetunion zugefallen waren. Die Kassiber berichteten von den schrecklichen Verhältnissen in den Lagern. Von den Menschen, die dort in Massen starben und die sich, sobald sich ihnen die Möglichkeit bot, zur in der Sowjetunion stationierten Tschechoslowakischen Legion meldeten. General Píka sei dem nachgegangen, habe sich den Zugang zu den Gulags ertrotzt, die dort festgehaltenen Tschechoslowaken in mühseliger Arbeit systematisch in Listen eingetragen und auf deren Freilassung und Eingliederung in das neu entstandene Armeekorps erwirkt. Das habe die sowjetischen Sicherheitsbehörden hellhörig gemacht, schrieb die Zeitung. Seine umfangreichen Kenntnisse über die Zustände in den sowjetischen Lagern wurden besorgt notiert. Seine unbeugsame Zähigkeit wurde grimmig wahrgenommen. Während des Krieges konnte man ihn nicht belangen. Aber man hatte ihn sich vorgemerkt, um ihn, sobald es möglich war, durch die neuen tschechoslowakischen Diener hinrichten zu lassen. Mit Schmach und vom Richter und Prokurator beschimpft. Und ausgelacht. Gnadenlos. Der Sohn des Generals, der jahrelang die Zuchthäuser der sozialistischen Republik durchwandert hatte, berichtete in der Zeitung, sein Vater habe so vielen Menschen geholfen, den Lagern zu entkommen, ihm selber habe am Ende aber keiner beigestanden.

Dem Artikel waren einige Bilder beigefügt, ich kannte sie schon alle. Heliodor Píka in seiner Paradeuniform. In Feldausrüstung bei der Besichtigung der Front. Und dann als Leiche. Ein hingerichteter Mann in den besten Jahren, kahler Kopf, schöne, regelmäßige Gesichtszüge, wuchtige Nase, tiefe Strangulationsnarbe am Hals.

In den entsprechenden Urkunden (derartige Dokumente werden mit staatlichen Wappen versehen, auf denen respekteinflößende Raubtiere, im konkreten Fall ein aufrecht umherwandernder, zweischwänziger Löwe, den Wahrheitsgehalt bestätigen) steht als Geburtsort meines Vaters «Tschechisches Teschen», eine (hübsche und beschauliche) Stadt an der Grenze zu Polen. Diese Angabe wanderte von dort aus auf die Buchumschläge des Schriftstellers und damit in seine Biographie.

Später erzählte mein Vater einigen wenigen Freunden, er

sei im Vorkriegspolen aufgewachsen und sei vor dem Zweiten Weltkrieg nie in der Tschechoslowakei gewesen, «im Grunde genommen» (die Wendung benutzte er gern). Im «Tschechischen Teschen» kam er aber zur Welt. Das schon.

In einem Zug allerdings, der gerade am Bahnhof dieses Ortes angehalten hatte. Sein Vater, mein Großvater Askenazy, sei Schlafwagenschaffner gewesen. Dies erklärt einiges. Die Großmutter sei zufällig mitgefahren. Das erklärt den Rest.

Ich hörte über die Bahnhofsgeburt aus dem Mund des Theaterregisseurs P., eines Freundes meines Vaters und einer Persönlichkeit, die in mir gleichzeitig Zärtlichkeit und eine große, stille Bewunderung weckte. (Und noch immer weckt, obwohl auch er nicht mehr lebt.)

Als ich nach mehr als zwanzig Jahren nach Prag zurückkehrte, war er einer der ersten Menschen, die ich aufsuchte. Wir haben dann zusammen an einem Projekt gearbeitet: Es handelte sich dabei um ein nie richtig vollendetes Schauspiel meines Vaters, von ihm mit Herrn P. einmal mit Verve angefangen, dann in den folgenden fünfzehn Exiljahren ohne Herrn P. (eine Emigration bedeutet, man kann die Leute, die man jahrelang mochte, nicht mehr sehen) in unzähligen Versionen auf Tschechisch und später auf Deutsch weiterentwickelt, doch nie abgeschlossen. P. stellte schließlich, mit meiner Hilfe, aus den abweichenden Versionen eine «Endfassung» des Theaterstücks her (ohne etwas hinzuschreiben). Ich habe es später auch für das Fernsehen verfilmt. Als wir über diesem Text saßen, erzählte mir Herr P. also über die Geburt auf diesem tschechischen Bahnhof. Er war nicht sicher, ob ich die Geschichte kannte, vermutete eher das Gegenteil.

«Ja», sagte ich, «Papa hatte mich eingeweiht.»

Die Geburtsepisode würde mein Faible für den Dampf von Lokomotiven erklären. Auch die Geduld, mit der mein

Vater auf den verschiedenen Eisenbahnbrücken mit mir, dem Kind, ausharrte.

Fragen tauchten auf, die nie ausgesprochen worden waren: Warum war meine hochschwangere Großmutter mit auf dieser Zugreise? Lief Großvater Askenazy, als die Stunde schlug, in seiner schicken Schlafwagenschaffneruniform durch den Zug und rief laut, verzweifelt und zugleich mit Hoffnung in der versagenden Stimme: «Ist hier ein Arzt, ist hier ein Arzt?» Versammelten sich Menschen um den Waggon, nachdem man gehört hatte, was da vor sich ging? Die wartenden Reisenden? Die Eisenbahnarbeiter mit den Hämmern, mit denen sie stets an den Gestellen klopfen? Die Kellner aus dem Bahnhofsrestaurant? Standen sie gespannt vor dem Schlafwagen erster Klasse? Man schaffte die Großmutter nämlich dorthin, und zwar auf Geheiß des eben doch zufällig mitreisenden Doktors, der nun kühn alles in die Hände genommen hatte – inklusive meines neugeborenen, lauthals schreienden Papas.

Gut so! Aber als wir im Exil in Bolzano lebten und mein Vater schwer krank war, korrigierte er reumütig diese abenteuerlichen Zuggeburtsangaben (was ich Herrn P. nicht erzählte).

Nie war mein Vater im «Tschechischen Teschen» gewesen. Er hatte nämlich seinen Geburtsort kurzerhand auf dem Papier verlegt; so ergab es sich, dass er nicht im polnischen Galizien, sondern im tschechischen Schlesien zur Welt kam. In Wahrheit aber wurde er auf die übliche Art (kein Waggon erster Klasse) in Stanisławów geboren, auch Stanislau genannt, nah an Lemberg gelegen (auch als Lwów bekannt) in der Heimat seiner Eltern, vielleicht auch deren Vorfahren. Heute gehört die Ortschaft zur Ukraine, vorher war sie unter sowjetischer Herrschaft, davor (als mein Vater dort zur Welt kam) wurde sie von Polen regiert, wiederum davor von Österreich-Ungarn, dazwischen kurzfristig auch einmal von Rumänien. Ich weiß nicht, ob mein Vater – er war vierundzwanzig Jahre alt, als er in die Tschechoslowakei kam – schon zu diesem Zeitpunkt den Entschluss gefasst hatte, ein tschechischer Schriftsteller zu werden. Und sich deshalb lieber als solcher der zukünftigen Leserschaft mit einem in der Republik liegenden Geburtsort präsentieren wollte. Oder ob er, um in das besagte Auslandsarmeekorps aufgenommen zu werden, ein wenig der Staatsangehörigkeitsbürokratie entgegenkommen wollte.

Der Theaterregisseur P. trug die (von meinem Papa launisch erdachte) Zuggeburtsbegebenheit gern weiter, weil er sie *als Geschichte* gut fand. Er war ein ausgezeichneter Dramaturg und hatte vielen Theaterstücken geholfen, auf der Bühne gespielt zu werden. Warum sollte er nicht auch eine brisante Biographie unterstützen? Mein Vater hatte den Ruf eines begnadeten Fabulierers. Eines Feinschmeckers der tschechischen Sprache. Und so einer kann nur in einem Zug zur Welt gekommen sein. In einem Schlafwaggon. Im «tschechischen Teschen», falls es die Eisenbahndirektion von langer Hand so eingeplant hatte.

Der Opa wurde in der Erzählung meines Vaters dann aber allein deswegen zum Schlafwagenschaffner, damit die Geburt in einem Zug, der über die Grenze fuhr, stattfinden konnte und damit die wahre Wahrheit (in Polen aufgewachsen) mit einer erdichteten (in der Tschechoslowakei geboren) auf den Eisenbahnschienen verbunden werden konnte. Sobald sich diese Gründe (die Zeit heilt Wunden und auch Gründe) verflüchtigten, verschwand auch Großvaters fesche Eisenbahneruniform.

Dieser Kondukteur wird zur nicht aufrechtzuerhaltenden Hypothese. Dabei mochte ich ihn. Er war pensionsberechtigt, weit gereist, feinfühlig zu seiner Frau, der Oma, hat er sie doch mitgenommen, um sie in der schweren Stunde nicht alleinzulassen. Dieser Opa war organisationstüchtig und nicht zurückhaltend: Um die Stadt Teschen gab es in den zwanziger Jahren eine handfeste, beinahe militärische Auseinandersetzung zwischen Polen und der Tschechoslowakei. Es war nicht einfach für einen Beamten der polnischen Eisenbahn am tschechoslowakischen Grenzbahnhof lauthals und energisch die Entbindung zu arrangieren.

Ich wende mich – wie könnte der Opa denn sonst ausgesehen haben, als Zivilist ohne Staatspension? – einer Internetadresse zu, www.jewishgen.org, unter der man die Fragmente des Zerschlagenen finden kann. Als ginge da bei mir zu Hause ein Fensterrahmen auf. Ein paar Fotoalbumblätter, lose, gelblich, an den Ecken angerissen, flattern aus der Asche und dem Schutt, der sie zudeckte, wie von einem Luftzug hochgewirbelt zu mir auf den Schreibtisch.

Zwei (anonyme) junge jüdische Männer sitzen auf einer Bank. In einem Stadtpark in Stanisławów. Mit schmalen feinen Gesichtern schauen sie mich an. Ich nehme eine fragile Anmut wahr. Beide tragen einen dezenten Schnurrbart. Sie erscheinen in einer leicht düsteren (das war die Mode, keine Lebensanschauung), perfekt abgestimmten Eleganz. Schwarzer Anzug. Eine Jacke mit engem Revers, eine Krawatte mit einem straffgezogenen Knoten. Blankgeputzte Halblederschuhe unter der scharfgebügelten Hose.

Das vermutliche Erscheinungsbild des unbekannten Opas ist mir wichtig, denn nach einigen Abwegen komme ich wieder auf den Versuch zurück, meinem Großvater Askenazy während seiner ominösen Reise nach Berlin im Jahre 1912 im dahinrasenden Zug zu begegnen.

Ich laufe über den Gang, schaue in die Abteile: Dieser große, kahle Mensch da, im Coupé, der mit seiner Wenigkeit beinahe zwei Sitzplätze in Anspruch nimmt und so keucht, als würde er den Zug ohne Mithilfe vor sich herschieben, er ist es also nicht, der gesuchte Großvater. Auch der Oberstleutnant des Budweiser Infanterieregiments (eine Zugabteiltür weiter), die Beine übereinandergeschlagen, lustlos in einer Broschüre blätternd, fällt weg. Ich beobachte die drei Schwestern ihm gegenüber. Die mittlere widmet sich einem Journalartikel über die schöne Gräfin Tarnowska und ihren Mörder Naumow. Der verliebte Narr, ein Russe, ist momentan Gesprächsthema in den halbwegs besseren Kreisen. Er hat seine grausige Leidenschaftstat in der modrigen Landschaft Venedigs vollbracht. Elegant herausgeputzt, an den Händen gefesselt, steigt der Messerstecher, auf der fotografisch belichteten Glasplatte festgehalten, von den Carabinieri begleitet, über einen kleinen Steg in die vergitterte Gondel ein. Adieu, ihr rauschenden Maskenbälle, Opernbesuche ... Wird in Venedig gehenkt, geköpft, oder wird der Delinquent ertränkt?

Dunkelrotes Haar, grüne Augen hat das Mädchen, das die Lektüre verschlingt. Sie könnte sechzehn Jahre alt sein, aber ich habe nicht viel Erfahrung mit dem Aussehen junger Fräuleins im Jahre 1912, und überhaupt, sie hat mit meinem Anliegen nichts zu tun! Keinesfalls ist sie der Großvater! Ich lasse meine Augen beschämt sinken und kehre, plötzlich inspiriert, zu einem Abteil mit dem unentschlossen halb zugezogenen, halb offen gelassenen Vorhang zurück. Ein Männchen, eine kleine knorrige Wurzelgestalt (kam also auch nicht in Frage), sitzt da am Fenster. Ich hätte vorher nicht die langgestreckten Beine unbeachtet lassen sollen, die auf einen weiteren Mitreisenden im Coupé hinweisen. Der ansonsten durch die halb zugezogene Gardine verdeckt gewesen war. Ich finde jetzt eine Lücke zwischen dem flatternden Rand des Vorhangs und dem Rahmen der Abteiltür und erhasche mit meinem gierigen Blick einen jungen Mann, fünfundzwanzig Jahre alt, ungefähr. Meinem Bruder nicht ganz unähnlich. Darüber hinaus glaube ich hinter der Stirn dieses Fahrgasts jene unzähligen Flausen im Kopf wahrzunehmen, die ich von der Innenseite meiner Stirn gut kenne. Der Großvater! Eingestiegen ist er sicher zu Hause, in Stanisławów.

Den dortigen Bahnhof sehe ich vor mir, abgebildet auf einer alten Postkarte, zufällig entdeckte ich sie in einem kleinen Antiquariat in Verona. Natürlich erstand ich sie sofort. Auf der Rückseite schrieb anno 1911, in einer zwar schönen, für mich aber kaum leserlichen Schrift, ein Herr – ich habe die Unterschrift, etwas rätselnd, als Hans definiert – seinem Onkel und seiner Familie nach Berlin (die Adressaten heißen schlicht und zeitlos Krüger), dass die Reise gut verlaufe, es ihm ausgezeichnet gehe und er sich freue, alsbald alle gesund und fröhlich anzutreffen.

Mit Rührung denke ich, als ich die Postkarte in der Hand hin- und herwende, an die k. u. k. Monarchie. An das alte Österreich-Ungarn, dieses Staatsgebilde, das ein überdrehter tschechischer Dichter «Kerker der Nationen» nannte, das auf seinem weit ausgedehnten Gebiet die Spuren kaiserlicher Macht in der Gestalt von Bahnhöfen setzte, drapiert mit vergoldeten Adlern und beflügelten Göttinnen.

Mein Großvater Askenazy, im Zug unterwegs, hatte noch vor kurzem wissbegierig in einem Baedeker geblättert. Jetzt schaut er aus dem Fenster, schnäuzt sich, vielleicht hatte auch er, meinem Bruder gleich, einen leicht chronischen Schnupfen. Bei diesen friedfertigen und belanglosen Handlungen, wird er, mein unbekannter Opa, gerade noch sausten die Bäume hinter dem Zugfenster vorbei, und schon taten sie es im Traum, gleich mit halb geöffnetem Mund eingeschlafen sein. Im Takt der holprigen Gleisschwellen. Dann würde er durch einen Schnarcher, den seine eigene, nicht ganz freie Nase kreierte, aufgeweckt werden. Das Geräusch würde ihn dann aus einer von ihm geträumten Welt zurück in die von mir erdachte bringen. In der erblickt er, mit verschlafenen Augen, Hustenbonbons, auf einer kleinen Handfläche aneinandergereiht. In einem raschelnden Seidenpapier verpackt. Das knorrige Männchen, sein Gegenüber, bietet sie ihm freundlich an. Der Großvater nimmt dankend eines davon. Er vergleicht, noch im Halbschlaf, den Geschmack der klebrigen Süßigkeit, die entgegen dieser Bezeichnung leicht bitterlich und etwas scharf ist, mit anderen Geschmäckern, die er je im Mund gehabt hatte. Und paart, schlaftrunken, die angestellten Vergleiche mit verschiedenen Düften, Winden und Landschaften, unbegreiflicherweise auch mit Schneeflocken, die umherwirbelten, über einen städtischen Park, und dort Bänke mit weißen Schneehäubchen schmückten. Er legte sich damals rückwärts auf einen kleinen Schlitten und ließ den fallenden Schnee vor halb verschlossenen Augenlidern weiße Striche und Zirkel ziehen. Er musste darüber einst und auch jetzt, Gott weiß warum, ein wenig lächeln, während das kleine Männchen, diese knorrige Wurzelgestalt, ihm plötzlich schelmenhaft zuzwinkert. Es zieht dabei aus seiner Westentasche eine Visitenkarte und reicht sie meinem Großvater. «Bitte sehr, falls Sie es mal erwägen sollten, das Süße den bitteren Facetten des Lebens vorzuziehen.»

Großvater las: «Hans Krüger, Süßwaren, Detailverkauf und Engroshandel: Chocolade, Heilkräuterbonbons, Diavolétti, Kanditen, Pralinés, Arachis. Berlin-Mitte, Belle-Alliance-Platz 3».

Mit einer routinierten, besser gesagt, scheinbar routinierten Geste fischt auch er seine Visitenkarte aus einer der schrägen Westentaschen. Mit den Fingerspitzen, der noch neu glänzende Ehering hemmt dabei ein wenig den Zugriff. Das knorrige Männchen schaut sie an, der Zug rast, die Visitenkarte in seinen Fingern zittert. Dann fragt er. «Herr Askenaze …?»

«Askenazy», verbessert ihn mein Großvater. «Unterwegs aus Stanisławów …»

«Stanisławów, Stanisławów … Ach, natürlich, Stanislau», sagt Herr Krüger. «Kenne ich, am Flüsschen Bystrica gelegen. Ein kleiner Sprung ist es von Ihnen nach Russland, nicht wahr. Ich habe da einmal bei Ihnen haltgemacht, weil eine im Fahrplan fest zugesagte Aussicht, auf einen anderen Zug umzusteigen, sich als eine pure Illusion erwies. Aber vis à vis vom Bahnhof ist ein gutgehender Feinkostladen und …»

Dabei fällt mir ein – gab es denn in den Eisenbahnwaggons der zweiten Klasse überhaupt Coupés? Ich beschreibe hier doch alles genau so, als wenn ich dabei gewesen wäre. Mich auf Großvaters Hut in der Ablage bequem versteckt und von dort unbemerkt gelugt und beflissen Notizen gemacht hätte. Als spähte ich hinter dem Stoffstreifen hervor oder beobachtete das Geschehen lässig aus der Triangelbeule.

━━━━

Man musste den Zug einmal, zweimal wechseln. Die Zeit zwischen den Anschlüssen wird der Großvater meist in den Bahnhofshallen, Wartesälen und Restaurants verbracht haben. Dort hatte er dann auch über einem Tässchen Tee gedöst. Die herumgehenden Dienstmänner bimmelten mit einer Glocke, die sie mit hochgehobenem Arm über der roten Dienstmütze hielten. Anschießend riefen sie laut die abfahrenden Züge aus.

Großvaters Reise führte aller Wahrscheinlichkeit nach durch Prag. Naheliegend ist doch der Weg über Lemberg via Kaschau und Preßburg nach Böhmen, vorläufig alles (österreichisch-ungarisches) Inland. Der Weg über die Gleise, die wie von einer leichten Hand mit Tusche gezeichnet aussehen.

Viel wird mein Großvater in Prag nicht unternommen haben, selbst wenn die Wartezeit eine halbe Nacht und mehr betragen haben sollte. Aber falls er doch überlegt hätte, etwas zu erkunden – ich wünsche mir, er hätte den eigenen Schatten, zu welchem er ja sowieso demnächst wurde, leichtsinnig übersprungen. Er könnte beschlossen haben, ein wenig frische Luft zu schnappen. Und so ging er aus dem Kaiser-Franz-Josef-Bahnhof hinaus (mir später als Hauptbahnhof bekannt) und überquerte eine breite, aber ruhige Straße, eher einen Boulevard, durch eine Baumreihe von einem eingrenzenden Park abgesondert. Die Elektrische fuhr vorbei und klingelte. An der Stelle, an der sich Leitdrähte und Stromabnehmer berührten, blitzte auf einmal zischend ein Funke auf und verhüllte alles, auch den Großvater, für den Bruchteil einer Sekunde in einem flackernden blauen Schein.

In der Mitte der Parkanlage, die den Bahnhof vom eigentlichen Stadtzentrum trennt, war ein kleiner Teich mit zwei weißen Schwänen. Mein Großvater schaute ihnen zu, wie sie nervös (von dem Pfeifen der Züge aufgescheucht) über die Wasseroberfläche glitten. Er hatte Reiseproviant bei sich, wenn auch nicht mehr viel. Man vertilgt es meistens schnell, in der Hoffnung, mit dem letzten Bissen würde auch die langweilige Fahrerei zu Ende sein. (Aber zu Ende ist natürlich nur der Reiseproviant.)

So werden die Schwäne ein paar koschere Happen bekommen haben. Ein Stück trockenes weißes Brot und etwas vom hartgekochten Ei. Auch ein wenig Schafskäse. Ich wünsche mir sehr, dass er sich später daran erinnern würde, wie er die Lichter erblickte, die von der Gasse hinter dem Park durch die Baumäste schimmerten. Sie strahlten aus den Fenstern des Hotels Esplanade, das auch ein Café beherbergte. Da die Zeit einerseits im Überfluss vorhanden war und man andererseits nicht in der fremden Stadt, in der nur der Bahnhofsbau und die Uniformen der Bahnbeamten eine gewisse Vertrautheit einflößten, durch unbekannte Straßen herumirren wollte, kehrte Großvater dort ein. Es möge ihm bitte später einfallen, wie er ein Viertel Rotwein bestellte. Was ist schon ein Viertel über die Verhältnisse! Und wie er daran genüsslich nippte! Wobei ihm der eine Schwan in diesem Augenblick eine Mitteilung machen wollte. Ja, der gefiederte Bekannte vom Teich, inzwischen aber verwirrend schwarz geworden! Wie der (jetzt unbegreiflich schwarze) Schwan in das halbleere Café Esplanade gelangte und dabei am Nebentisch manierlich Platz genommen hatte, eine Mokkatasse vor sich, das war dem Großvater zwar absolut unerklärlich, aber angesichts der Brisanz der Auskünfte, die aus dem Vogelschnabel herausschnatterten, dann auch wieder egal.

Denn von dem Nebentisch raunzte ihm der Schwan zu: «Ich würde eine Eisenbahnanleihe des Osmanischen Reiches, verzinst mit achteinhalb Prozent, rückzahlbar im Jahr 1941, zeichnen. In diesem Jahr werden Sie langsam sechzig, mein Freund, das Haar wird grau, die Kräfte schwinden, aber die Enkel sind da – und das Geld wird von allen Seiten gebraucht. Die Eisenbahn ist eine sichere Anlage. Umwerfend der Fortschritt, die Semaphore, das Hifthorn, die Dampfpfeife und die Elektrizität!»

«Bei den Türken soll ich mein Geld investieren?», fragte der Großvater. «Und warum fahre ich dann nach Berlin?»

«Fahren Sie besser nach Triest, lieber Freund. Setzen Sie nach Konstantinopel über. Im Hafen am Pier eins erwartet Sie ein Esel. Der heißt Ali Hassan und ist grau meliert. Daran werden Sie ihn erkennen. Kaufen Sie von ihm eine kleine Kiste mit Türkischem Honig!», meinte der Schwan tiefsinnig, aber genervt, hob schließlich an und flog davon. Seine großen Flügel verursachten eine so heftige Bewegung der Luft, dass der Großvater hin und her gerüttelt wurde. Er wachte in diesem Moment auf, und zwar durch den Druck der Hand, die dem Oberkellner gehörte und sich auf Großvaters Schulter gelegt hatte. Mit dieser schüttelte er ihn sanft, wenn auch immer fester.

«Verzeihen Sie bitte, Sie sind offenbar eingeschlafen», sagte der Oberkellner, ein staatlicher und übrigens graumelierter Herr. «Sie träumten unruhig.»

Der Großvater öffnete die Augen und schaute sich vergeblich nach dem Schwan um.

Er erinnerte sich, wenn es nach meinen törichten Wünschen ginge, im Nachhinein an ein leeres Café. Alle Gäste, es waren sowieso nur wenige gewesen, waren inzwischen gegangen. Was der Oberkellner mit dem Satz kommentierte: «Wir schließen. Oder haben Sie noch einen Wunsch?»

«Ach ja, Sie schließen», meinte der Großvater daraufhin.

Erst jetzt wurde ihm endgültig klar, dass der schwarze Schwan durch seine Träume geflogen war. Er bedauerte dies und wurde gleichzeitig von Gewissensbissen heimgesucht. Er zog die Uhr, die in seiner Hosentasche an einer zierlichen versilberten Kette ruhte, heraus und klappte den Deckel auf. Er freute sich, als auf dem Uhrblatt nur die Ziffern zu sehen waren und nicht eine flackernde Flammenaufschrift: *Schäme dich, o du Verfluchter! Handelt so ein verantwortungsvoller Ehe-*

mann, der, mit Reiseproviant und sonstigen nötigen Utensilien ausgestattet, in die weite Welt fährt?

Gott sei Dank, oben eine Zwölf, unten eine Sechs. Doch die Zeiger zeigten eine Zeit an, die den Augenblick, in dem die geplante Fahrt nach Berlin fortgesetzt werden sollte, als vergangen kundgaben.

Der Großvater bezahlte sein Viertel Rotwein, stand vom Tisch auf und ging zum Ausgang. Es war aber nicht der Ausgang, sondern ein Durchgang.

Er fand die Hotelrezeption, die er aber gar nicht suchte, verlassen vor. Von irgendwo aus dem Hotel war Musik zu hören. Der Großvater folgte ihr und gelangte in eine Stube eines kleinen, gemütlichen Hotelrestaurants Pariser Art.

Es hatte offenbar schon geschlossen – war aber trotzdem auf. Ein Oberkellner im Frack dämmerte an einem der Tische, den Kopf auf dem angewinkelten Arm abgestützt. Ein Zigeuner spielte eine bekannte Melodie auf der Geige, er stand dabei mitten im Raum zwischen Tischen und Stühlen. Es sah aus, als würde der über die Saiten gleitende Bogen den Virtuosen hinter sich herziehen. Das Restaurant war voller Menschen, die sich alle gut kannten. Sie waren jung. Mancher von den Damen und Herren, sonst allesamt eine Augenweide, war unglaublich dünn. Sie sprachen russisch miteinander oder französisch. Ein Mann sprang gerade, überraschend grazil, als wäre er von einer unsichtbaren Hand hochgehoben und dann sanft abgestellt, auf einen Tisch. Er hatte eine schwarze Hose und ein schwarzes Seidenhemd an. Auf dem Kopf trug er einen Zylinderhut, das Gesicht war von einer schwarzen Augenmaske fast verdeckt.

«Ich bin der schwarze Schwan», rief der Mann auf Russisch in die Runde. Was der Großvater mit seinem Polnisch gut verstehen konnte. Da war er wieder, der schwarze Vogel!

Der Mann auf dem Tisch machte – begleitet von den wehmütigen Klängen der Geige – die Bewegungen eines Schwanes nach, stellte das Federvieh so glaubhaft dar, dass es dann eine Enttäuschung war, als er statt fliegend nach oben mit einem Hops nach unten sprang. In diesen Tiefen gewann der Tanz an Raum. Die Flugdarstellung endete bei einer jungen, sehr reizenden Frau, angezogen mit einer Bluse und einem langen Rock. Mit langem und offenem Haar saß sie an einem Tisch in einer Ecke ohne Begleitung und trank einen Tee.

«Cylvia, du bist der Prinz!»

Die Frau ging auf das Spiel ein und mutierte in dem folgenden Pas de deux zu einem Prinzen. Sie und der Mann tanzten zwischen Tischen und umkippenden Stühlen (hin und wieder traf ein Tanzbein ein Möbelstück, es fiel krachend um, und der schlafende Oberkellner im Frack zuckte zusammen). Der Cylvia wurde aber ihr Partner mit der Augenmaske, den sie, in der augenblicklichen Umkehrung der Ballettsitten, hoch über den Kopf heben und dort verliebt halten sollte, zu schwer. Sie entwendete ihm seinen Chapeau claque und begnügte sich fortan allein mit diesem. Sie vollzog ein paar Schritte auf der Spitze ihrer ledernen Schuhe, die bis zum Knöchel reichten. Danach rotierte sie famos um die eigene Achse. Da es ihr aber in diesem Moment bewusst wurde, dass dies für einen Prinzen (und ein solcher war sie ja) zu weiblich sei, sich albern auf der Schuhspitze zu drehen, und sie sich darüber ärgerte, es getan zu haben, wechselte sie zu weiten, fast wütenden Luftsprüngen in einem rasanten Tempo. Sie überflog regelrecht einen der umgeworfenen Stühle und landete direkt vor dem überraschten Großvater. Bevor er sich erschrecken konnte, hatte sie ihm den Zylinderhut aufgesetzt, ihn fest an den Armen gepackt und hochgehoben. Der Pas de deux sollte mit diesem Ersatz stilgerecht beendet werden. Mein Großvater A. war ja nicht sehr groß, wie mein Vater es auch nicht war, zudem feingliedrig und von einer zierlichen Statur, wie dies wiederum bei meinem Bruder der Fall ist. Das anschließende Hochwerfen klappte noch halbwegs, das Fangen nicht mehr. Der Großvater rutschte Cylvia zwischen den Händen durch, doch behielt er am Ende das Gleichgewicht. Dann küsste sie ihn, als Belohnung für seine Beweglichkeit, auf die Lippen.

Und in diesem Augenblick schließe ich jetzt besser die Augen. Ganz fest. Alle beide.

Oder nein – ich meine natürlich ja, ich werde es tun, gleich, aber vorher blicke ich noch durch das Restaurantfenster zum Himmel. Dunkelblau ist er, wölbt sich über den kleinen Park am Rand mit einem ganz feinen Rosastreifen. Und in der Mitte dieser Kuppel wird derweil eine Mondsichel sichtbar.

~

Und wenn ich die Augen wieder langsam und vorsichtig aufmache, dann erkenne ich, dass ich in der Loge eines Theaters sitze. Die Plätze und die Wände sind mit rotem Samt ausgelegt, der einen märchenhaften Zauber ausatmet. Gleichzeitig weckt er in mir, dem Sechsjährigen, die schreckliche Befürchtung einer endlosen Langeweile. Ein Zustand, der nahezu unerträglich schien. Wesentlich schlimmer als der Tod. Diesem haftete immerhin etwas Verruchtes und Abenteuerliches an. Aber einer Langeweile ... Als Sechsjähriger hat man im Beisammensein mit den Erwachsenen, die ein gemeinschaftliches Ereignis kulturell-gesellschaftlicher Art ausgetüftelt haben, kaum eine Fluchtmöglichkeit. Es war eine eindeutig ausweglose Lage! Die im Beisein von Erwachsenen immer potenziell drohende Einöde schickte sich wieder mal an, vertont durch Geigen, die im Orchestergraben quietschend gestimmt wurden, mit der geballten Kraft eines fürchterlichen Nichts zuzuschlagen.

Das ehemalige Neue Deutsche Theater in Prag gehörte, als über mir die beschriebene Gefahr schwebte, es war ungefähr neun Jahre nach dem Zweiten Weltkrieg, längst zu einer der Bühnen des Nationaltheaters und hieß mittlerweile «Smetanas divadlo» (Smetanas Theater), benannt nach Bedřich Smetana, dem Komponisten.

Hier! In diesem Moment war in mir der Keim meiner Fabel von Großvaters Tanzetüde gelegt worden. Und deswegen kann ich nur hier, in einer Theaterloge, die Augen öffnen, nachdem ich sie 1912 im Hotel Esplanade mit gutem Grund geschlossen hatte. Als ich also die Augen wieder aufmachte, ging der Vorhang gerade hoch. Ein eiserner Vorhang, im ursprünglichen Sinne des Wortes. Als er sich schwerfällig nach oben schob, war es, als würde sich eine Schatzkammer auftun. Dann hob sich der Stoffvorhang, eine weitere Schale, die den sagenhaften Diamanten umhüllte und schützte, langsam und majestätisch. Auf der schummerigen Bühne bewegten sich nun, zu plötzlich wohligen Musikklängen, Frauen in weißen, kurzen Röckchen. Mit langen Beinen (in hellen Strümpfen verhüllt), die, wenn die Frauen minutenlang auf den Spitzen ihrer Schuhe verharrten, manchmal sogar nur auf einem Fuß, noch wesentlich länger wirkten. Seltsam und höchst erstaunlich war dabei, dass sie betörten – obwohl doch unbestritten jeder Mensch Beine hat. Sehr anmutsvoll schwebten sie, die Weißberockten, über die Bühne und wedelten mit den Armen. Unverkennbar stellten sie Schwäne dar, hieß doch die Vorstellung, zu der mich die Mutter ausführte, *Schwanensee*.

Der Prinz aber, der bald auftauchte (schon zuvor angekündigt), erfüllte bei weitem nicht die Rolle, die ich von einem solchen erwartete (mit dem magischen Schwert Feinde besiegen, Drachen töten). Egal. Er wurde schnell zu einer zweitrangigen Angelegenheit. Weit abgeschlagen von den Dingen, die mich inzwischen gepackt hatten und die ich kaum auseinanderhalten konnte. Das Licht, die Kulissen, die langen weißen Beine, die Röcke, die Arme, die eingesetzt wurden, um Flügel zu imitieren.

Eine von den Tänzerinnen trat, Hopp und Sprung!, in einem schwarzen Kleidchen auf die Bühne. Gruselig. Mir sagte sie nicht zu. Nein. Sie war mir zu unheimlich. Nicht langweilig, auf gar keinen Fall. «Der schwarze Schwan», erklärte meine eingeweihte Mutter.

In der Pause standen wir im Foyer des Theaters inmitten einer Menschentraube von Erwachsenen. Ein murmelndes Abstraktum, hoch über mir angesiedelt. Vielleicht tranken sie da oben ein Gläschen Wein aus Mähren. Oder ein Glas Sekt aus der Sowjetrepublik Georgien, *Sowjetskoje schampanskoje*. Denkbar war es jedenfalls, dass es schon wieder Brauch war, 1954, sechs Jahre nach dem kommunistischen Putsch, in der Pause eines Ballettabends zu promenieren und an einem Gläschen Sekt zu nippen. Manche Bräuche, die abgeschafft werden sollten, leisteten der Revolution einen unerwartet nervigen Widerstand.

Obwohl ich dabei war, leibhaftig, kann ich aus eigener Erfahrung nicht exakt referieren, was man (und wer war eigentlich dieser «man»?) damals in der Theaterpause trieb und trank. Meine visuellen Erinnerungen bleiben auf meine Augenhöhe beschränkt. Den Blick pflegte ich hochzuheben, wenn es etwas Interessantes in dieser Region gab – das monotone Geschwätz der Erwachsenen gehörte nicht dazu. Ich schaute mir lieber, viel lieber, das Theaterplakat an. Eine einzige Tänzerin war auf ihm abgebildet. Sie balancierte auf der abgerundeten Spitze des Ballettschuhs, während ihr zweites Bein, nach hinten lang gestreckt, Buchstaben unterstrich. Der Anblick spornte mich an, meine frischerworbenen Kenntnisse im Lesen operativ einzusetzen. Selbstgefällig deklamierte ich den Namen der Primaballerina, ohne zu ahnen, dass es überhaupt ein Name war. Diese fetten Druckbuchstaben animierten mich einfach zum Lesen: «Slánská.»

Meine Stimme hallte enthusiastisch durch das Foyer. Um mich herum wurde es mit einem Mal merkwürdig still. Ich führte es zurück auf die Hochachtung des Publikums, mit der meine unerwartet reife und meisterhaft vorgetragene Lesekostprobe bedacht wurde. Bis eine pöbelhaft anmutende männliche Stimme, zumindest in der unangenehm lässigen, langgezogenen Aussprache, mein Leseglanzstück mit einer Frage ergänzte: «Na, ist sie denn eigentlich die Ehefrau von dem, dem Slánský?»

Der Fragesteller erhielt keine Antwort. Im Gegenteil, das anonyme Gemurmel kam trotzig, sogar lauter als vorher und mit einer leicht unterschwelligen Spannung, die zwischen den belanglosen Silben und Halbsätzen durchsickerte, wieder hoch. Der Fragende war wahrscheinlich ein Agent provocateur, der hier seine Pflicht tat. Aus der ihn dann aber alsbald Tschaikowsky, vielmehr die Streicher und Harfenisten des Orchesters galant befreiten: Es klingelte zum nächsten Akt. Wir verteilten uns alle in dem dämmerigen Licht des Zuschauerraumes, in der Luft um uns war der schwache Duft von Schminke wahrzunehmen, der von der Bühne her wehte. Wir gingen zurück zu den Frauen, die Schwäne waren, und dem Prinzen, der nicht kämpfte, sondern liebte.

Als wir wieder in der Loge saßen, der große Lüster sein Licht langsam aushauchte und der Vorhang sich zum nächsten Akt feierlich nach oben bewegte, hatte ich in der wonnigen Erwartung des Weiteren – die Streicher setzten schon an, in den nahen Bühnenaufgängen raschelten leise die Kleider des Corps de Ballet – plötzlich den starken Drang zu einem Geständnis. «Maminka», sagte ich, was ja «Mama» bedeutet, aber doch einen Hauch inniger ist (die tschechische Sprache ist bei Zärtlichkeitsbekundungen sehr facettenreich). «Maminka, weißt du was? Mir gefallen die Balletttänzerinnen so sehr.» Ich spürte in der Dunkelheit, im Schatten des Zuschauerraums gut versteckt, wie ich, aufgrund dieses Eingeständnisses, rot im Gesicht wurde. Rot und heiß. Warum schämte ich mich derart, wenn man es doch offensichtlich mit viel Mühe, Raffinesse und Aufwand darauf abgesehen hatte, dass die Balletteusen den Zuschauern gefielen?

Natürlich konnte die Primaballerina, die famose und schlanke Frau Slánská, nie die Ehefrau des zwei oder drei Jahre zuvor, nach einem Urteil in einem monströsen Schauprozess, von seinen Mitgenossen gehenkten (davor natürlich kurzfristig abgesetzten) Generalsekretärs der Kommunistischen Partei namens Slánský sein. So ein Unsinn! Selbst dann nicht, wenn sie, wie es üblich geworden war, in einem groß aufgemachten Artikel in der Parteizeitung *Rudé právo (Rotes Recht)* ihrem schurkenhaften Gatten für alle Ewigkeit (und darüber hinaus) entsagt hätte. Auch dann wäre es ihr nicht erlaubt gewesen, auf irgendeiner Bühne mit den Armen zu wedeln, konnten sie doch den Hochverräter zärtlich berührt haben.

Der Ex-Generalsekretär war angeblich rothaarig gewesen. Ich glaube, ein Zusammenhang mit dem bösen Zauberer Rotbart aus *Schwanensee* wäre hier wirklich weit hergeholt und frivol gewesen. Das rote Haar des Hingerichteten wird in den historischen Publikationen allerdings so oft erwähnt, dass man vermuten könnte, dies habe ihn letztlich, abgesehen von den Flüchen derjenigen, die er während seiner

Amtszeit selbst hatte hinrichten lassen, an den Galgen gebracht.

Über diesen Prozess habe ich später alles Mögliche gelesen. Ich war fasziniert von den auswendig gelernten, seitenlangen Geständnissen, die in gestelzten Sätzen vorgetragen wurden und mit denen er sich der irrwitzigsten Verbrechen für schuldig bekannte. Zusammen mit dem rothaarigen Pechvogel saßen dreizehn Mann auf der Anklagebank. Elf davon wurden gehängt. Deren Asche, das nahm man als Erwachsener recht verwundert zur Kenntnis, hatte der Fahrer des Autos (Geheime Staatssicherheit), in dem die Urne aus dem Krematorium befördert wurde, auf einer eisglatten Landstraße zweckmäßig verstreut. Bei frostigem Wind, unter den Sternen, die glitzerten und blitzten.

Nein, sie, die Solotänzerin Slánská, sie war es natürlich nicht, die Ehefrau des Hingerichteten. Sie trug nur seinen Namen.

Trotzdem dürfte es ihr manchmal mulmig gewesen sein. Dann, wenn der schwarze Schwan aus der Dunkelheit auftauchte, wenn er in erstarrter blässlicher Schönheit im auf ihn gerichteten Licht erschien und sich in einer virtuosen Pirouette ihr gnadenlos näherte.

Als die Vorstellung beendet war, verließen wir beschwingt das Opernhaus, hatten Maminka und ich doch ein hübsches Theatererlebnis gehabt.

Wir überquerten die breite Straße. Zwischen den Ästen und Blättern der alten Bäume im angrenzenden Park schimmerten die Lichter des Hotels Esplanade.

Unsere Tram, Numero 11, kam. Am Stromabnehmer, er berührte eine nasse Stelle an den elektrischen Drähten, leuchtete ein heftiger Funke auf. Er schnitt in hellen Umrissen die Welt aus dem Dunkel heraus. Das Blitzlicht verhüllte alles, auch mich und Maminka, für den Bruchteil einer Sekunde in einem flackernd blauen Schein – bis alles wieder in der Nacht versank.

Nur die gelblich beleuchteten Fenster der Tram schwebten auf uns zu. Der Abglanz der zarten Lichtstrahlen fiel auf das steinerne Pflaster, auf die Straßenbahngleise und die Hand meiner Mutter. Sie hielt mich fest.

Wir stiegen ein. Der Schaffner zog an der Schnur, die überall knapp unterhalb der Tramdecke durchhing, daraufhin klingelte es. Ich schlief ein. Zwischendurch, in einer scharfen Kurve oder bei einer Haltestelle, öffnete ich kurz die Augen und blickte verschlafen zum Himmel: In die Mitte seiner Wölbung hatte der Theaterausstatter eine Mondsichel aufgemalt.

~

Cylvia küsste meinen Großvater nur kurz. Auf die Lippen. Ob sich ihre dabei leicht geöffnet hatten? Sie sagte dann etwas auf Französisch, der Großvater antwortete auf Deutsch, dass er sie nicht verstehe, und er fügte auf Russisch hinzu: «*Nieponimaju.*» («Verstehe nicht.») Sie erkannte den Akzent und flüsterte ihm, bevor sie sich endgültig trennten, etwas auf Polnisch und Jiddisch ins Ohr.

Aber ich habe nie erfahren, was für Worte es waren. Ja, das alles passierte doch sowieso nur auf der Bühne meiner Vorstellung. Und auf der herrschte manchmal eine tadelnswerte Akustik. Und dabei saß ich in einer Loge, in einer, die ich eigens für mich entworfen hatte.

Als Großvater aus dem Restaurant hinaustrat, wurde er von einem blendenden Licht überrascht, von einer riesigen roten Kugel, die über ihm schwebte. Es war die aufgegangene Sonne, ein einziger kirschfarbener Ball.

Hinter dem Park behauptete sich majestätisch der Kaiser-Franz-Josef-Bahnhof, gleichsam eine trotzige Silhouette. Dahinter verlief die Stadt weiter leicht bergaufwärts, schnell stieß man an ihre damaligen Grenzen.

Eigentlich hätte der Großvater den König-Georg-Platz sehen müssen. Lag doch der Náměstí Krále Jiřího in einer geraden Linie vor ihm. Mehrstöckige Häuser standen dem Blick da noch nicht im Weg.

Das wuchtige Schulgebäude war zu jener Zeit fast noch ein Neubau, es war da sicher noch nicht mit dem öden, erdrückenden und etwas abbröckelnden Grau meiner Kindheit angestrichen. Dieses Erscheinungsbild haben erst die provisorischen Erhaltungsmaßnahmen der späteren, nicht sehr glanzvollen Epochen zu verantworten. Die Kirche mit der großen runden Uhr aus Glas, die den Großvater wie ein weit aufgerissenes Auge aus der Ferne angeschaut hätte, wurde erst ungefähr sechzehn Jahre später erbaut. Herr Taubenzüchter war noch nicht geboren, von der Runde seiner Zuhörer, die aus seinem Mund die Theorie des Lebens als Traum erfahren sollte, ganz zu schweigen.

Am liebsten würde ich die Erinnerungen an den angeblich nach Berlin gereisten Großvater A. mit diesem Bild beenden, wie er, die Augen vor Müdigkeit verklebt, in Prag, wo er nur dank meiner verwegenen Wünsche und holprigen Konstrukte eine unbeabsichtigte Pause einlegte, ins rote Sonnenlicht blinzelte und die erfrischende Morgenluft einatmete – Zug für Zug, ein und aus, ein und aus, ein und aus, nochmal und nochmal und nochmal.

Er dampfte aber aus Prag mit einem Zug weiter, durch die malerischen Täler, die ein breiter Fluss durchzog: die Moldau. Später floss der Fluss in die Elbe hinein.

Ich erahne die dezent abschätzenden Blicke, die den Großvater erfassten und prüften. Die Blicke der Zugestiegenen, die in Ausig oder Bad Schandau gegenüber dem Ausländer, zu dem er zunehmend wurde, Platz nahmen. Sie durchleuchteten und begutachteten den Mitreisenden zurückhaltend und verhüllten, nachdem die Prüfung die anfängliche Skepsis nicht widerlegen konnte, die eigene Iris mit einer gelblich durchsichtigen Folie der Distanz.

Der Zug erreichte dann endlich den Berliner Anhalter Bahnhof – den elegantesten Tempel hastiger Fortbewegung. Das fahle Licht fiel durch die Kuppel in den Bahnhofsbau herab, strömte seitlich durch seine großen Fenster und vermengte sich mit dem Dampf und Rauch der Lokomotiven zu einer dunstigen Substanz.

Die Silhouetten der ausgestiegenen und der wartenden Reisenden drängten in diesem nebligen Gemisch aneinander vorbei, nur die Hüte ragten oben aus der milchigen Hülle und sahen aus, als würden sie über diesen schwimmen. Und hier, in dem Durcheinander, da lief eine Familie mit vielen Koffern, alle lachten, dort rauchten zwei Herren Zigarren, irgendwo zwischen den Plattformen 1a bis 2222 kam mir der Opa dann wieder (und endgültig, die angestrengte Sucherei fruchtete nicht) aus dem Blick.

Ja, meinetwegen. Aber was passierte bitte mit der zu investierenden Aussteuer? Wenn ich den einen über diese fatale Familienepisode beiläufig geäußerten Satz meines Vaters für bare Münze halten sollte?

Also, es handelt sich hierbei um keinen Krimi, in dem am Ende der Täter (den der Autor von Anfang an kannte) geschnappt wird. Auch nicht um eine Liebesgeschichte, die in einem Happy End mündet. Weiterhin ist es keine Komödie, in der die Banknoten zuerst einen zündenden Wirrwarr stiften, um dann mit viel Glamour und aberwitziger Verwicklung in Großmamas Topf aufzutauchen. Es stellt sich einfach als ein ungelöstes Rätsel dar. Und es wird eben immer eines bleiben.

Beglückwünschen will ich aber meinen Großvater zu seiner Reise! Gott sei Dank, dass er das Geld verloren hat, wie es die Familienlegende, wenn auch einzig von meinem Papa kolportiert, besagt. Bravo! Sonst hätte er es in den folgenden Jahren noch hundertmal verloren. Und wäre es dazu noch gut angelegt gewesen, was in unserer Familie nur bedingt droht, noch viel mehr davon!

———

Einmal habe ich Maminka aus Bozen – an diesem Ort haben sich meine Eltern am Ende ihrer Wege niedergelassen, es war ein paar Jahre vor ihrem Tod, drei, vielleicht vier Jahre, wir lebten über ein Jahrzehnt nicht mehr in Prag, ein verbotener Landstrich war es mittlerweile geworden – nach Lübeck begleitet. Sie war nicht gut beisammen und brauchte bei dem Ausflug eine Assistenz. Ich war nie zuvor in dieser Stadt gewesen, und somit war ich neugierig.

Die Feier, zu der man sie eingeladen hatte, hob sich unter den Veranstaltungen hervor, die man dort sonst mit dem Namen Mann verbindet. Wodurch aber genau, das weiß ich nicht mehr. Vergessen ist der Anlass, nicht aber die Reise. Einen besonderen Grund muss es damals jedoch schon gegeben haben, da sogar der Bundespräsident, der Herr von Weizsäcker, zugegen war.

Ich sehe noch meine Mutter, wie sie, klein, dünn, mit einem permanent bandagierten Bein, der amputierten Brust, in einem von den langen, leicht exotisch anmutenden Kleidern, die sie so mochte, mit ihrem kurzen Haar, mit dem braunen

Teint und den schönen lebendigen Augen dem Bundespräsidenten die Hand reichte und mit sanfter Stimme fragte: «Sie wissen, wer ich bin?»

Woraufhin der Bundespräsident wahrheitsgemäß oder diplomatisch antwortete: «Ja.»

Meine Mutter konnte nicht sehr gut gehen, und die Veranstalter der Festivitäten waren so freundlich gewesen, ihr ein Auto mit einem Fahrer zur Verfügung zu stellen. Zu den Gästen – auf einer «Nebenbühne» war eine kleine Heinrich-Mann-Tagung in die ganze Veranstaltung eingeflochten – gehörte auch ein Herr B. aus Frankreich. Sein Vater, ein bekannter französischer Germanist, pflegte seinerzeit mit Heinrich Mann zwischen den beiden Weltkriegen einen regen Umgang. Sie korrespondierten fleißig, und er, Herr B. senior, war ihm zu Zeiten des französischen Exils eine wichtige Stütze.

Herr B. junior (nur im Vergleich und in einer daraus resultierenden Abstufung ein Junior) hatte das Alter meiner Mutter. Sie kannten sich aus Kindertagen und spielten uns glaubhaft die Rührung vor, die bei einer Begegnung nach mehr als fünfzig Jahren schicklich ist, ohne ins peinlich Übersteigerte abzudriften.

Wir sind mit Herrn B. in Lübeck einige Male ausgegangen, das heißt ausgefahren. Und somit saß der von der Stadtregierung ausgeliehene Fahrer mit am Cafétisch. Er war meiner Mutter sehr behilflich, und sie hätte es als unmöglich empfunden, wenn er irgendwo auf sie gewartet hätte, bis sie damit fertig gewesen wäre, sich an den Marzipanplätzchen zu amüsieren.

Dieser Chauffeur (oder wäre das Wort «Kraftwagenlenker» angebrachter?) sah deutsch aus. Wobei dieses Deutschaussehen auf gewissen, längst abgelegten Assoziationen fußte. Seine genaue Haarfarbe habe ich vergessen, aber ich wette, sie war hell. Er wirkte beleibt, obwohl er nicht dick war. Bloß projizierte man bei seinem Anblick und seinem Körperumfang sofort das Eisbein und die dazugehörigen Krautorgien.

Herr B. junior, etwa siebzigjährig, ein ehemaliger Kämpfer der Résistance, sprühte vor Charme. Alles an ihm war von einer beneidenswerten Eleganz und Nonchalance. Um den Hals trug er, *naturellement*, den leger drapierten Wollschal, wehte doch der Herbst durch die Lübecker Gassen.

Er war schlank und gelenkig. Seine Bewegungen erklärten die entzückende Beiläufigkeit, mit welcher D'Artagnan zu fechten, und den Schick, mit welchem Renoir im Gras zu frühstücken pflegte.

An den Tischen des Cafés, an denen wir uns, meine schwerkranke Mutter, ich, der städtische Limousinenfahrer und Herr B., eingefunden hatten, kam es zu weltanschaulichen Diskussionen. Die Themen sind mir im Einzelnen nicht mehr in Erinnerung geblieben, aber welches wir auch streiften, der Fahrer verfocht immer eine geradezu verwegen linksliberale Ansicht. Dieser Piefke in seinem ätzend biederen Anzug von der besonders braven Stange, den man bei der Burschenschaft Neue Teutonia angesiedelt hätte, brach (leise und mit dem gebotenen Respekt) eine Lanze für die Dritte Welt und ihre Armen, für die in Deutschland ansässigen Ausländer, besonders für die rechtlosen unter ihnen sowie auch für die ledigen Mütter und die Sozialhilfeempfänger.

Herr B. – der halbgebildete Beobachter (also ich) – assoziierte bei ihm sofort die Begriffe «Verlaine», «Chanson», «Brel» (ein Belgier, klar, aber passend), «Piaf», «Kommunarde» und «Oh, là, là» – hörte dem bebrillten Germanen geduldig zu. Anschließend zerschmetterte er dessen Weltsicht mit einer eisernen Argumentationskette aus seinem konservativen Fundus. Die messerscharfen Sätze, in typisch tänzelndem französischem Akzent lieblich verpackt, begann Herr B. meist so: «Sehen Sie, als ich Präfekt von dem Departement Soundso war ...» Oder: «Als stellvertretender Innenminister im Jahr 1954 musste ich aber leider feststellen ...»

Die Ansichten schmückten scheinbar, wie durch einen Fehlgriff am Hutständer vertauscht, verkehrte Personen.

Vor allem wegen meiner Mutter denke ich gern an diese Kaffeerunden zurück. So saßen wir doch, mitunter vergnügt, zusammen an einem Tisch.

Meine Maminka hätte, schätze ich, für die beiden gegensätzlichen Standpunkte jeweils gute Argumente aufbringen können (wenn sie auch nie ein stellvertretender Innenminister gewesen war, eine rechtlose Ausländerin schon), ließ ein solches aber nur selten ins Gespräch einfließen. Dafür lachte sie manchmal schallend, auch etwas rau.

Mir erscheint aber unsere Lübecker Reise noch aus einem anderen Grund erwähnenswert.

Im Rahmen der Festivitäten wurde der Thomas-Mann-Preis verliehen. Der Empfänger hieß Siegfried Lenz. Er hielt eine amüsante Rede, in der er die Schwierigkeiten und die mitunter magische Gesetzmäßigkeit bei der Namensgebung von Haupt- und Nebenhelden in der Prosa untersuchte. Der Schriftsteller wies in seinen launigen Sätzen, mit Beispielen und demonstrativen Gegenbeispielen gewürzt, nach, dass die Namen nicht aus einer puren einfallslosen Gedankenträgheit, quasi als eine nebensächliche Handlung, für die es keinerlei Energien bedarf, dem Personal in einem Roman oder einer Novelle zugeteilt werden.

Auf den ersten Blick kommt hier seine hübsche Theorie nicht zur Geltung. Ich schreite, gelegentlich stolpere ich, doch dann gehe ich unerschrocken weiter über den Boden der Tatsachen. Der Mathelehrer, der mit uns, den Träumern in den Schulbänken, über das Träumen laut träumte, hieß, mein Ehrenwort, Holubář.

Aber es gibt bei mir vereinzelte Grenzfälle. Beispielsweise jener Reisende mit den Diavolettis, Hans Krüger. Die ganze Anwesenheit des knorrigen Wurzelmännchens im Zugabteil und seine süße Handelsware sind, es ist doch offensichtlich, wilde Phantasien meinerseits. Auch sein Name. Gut, ich habe diese Postkarte aus dem Antiquariat in Verona. Sie zeigt Stanisławów im Jahr 1911 und ist an eine Familie Krüger adressiert. Der Name könnte allerdings genauso «Kugel» oder «Klüger» lauten. Die Anschrift ist kaum leserlich, die Unterschrift, unter die Zeilen gezwängt, noch weniger.

Als ich kürzlich verschiedene Websites durchwanderte, die unter dem Begriff «Stanisławów» auftauchten, musste ich plötzlich an die geistreichen Sätze von Herrn Lenz, dem Preisträger, denken. Ich las in einer akribisch recherchierten Publikation, dass der Mensch, der dort, nach dem Einmarsch der Deutschen in Stanisławów (1941), das Morden organisierte und die Regimenter der Schlächter befehligte – und dabei tatkräftig mit Hand anlegte –, Hans Krüger hieß.

◂━━

Berlin-West. Frühwinter 1969. Draußen klirrte der Frost (innen war es gemütlich). Aus einer Kneipe hallte durch den Abend der vereinsamte Ruf eines männlichen Revolutionärs: «Ho-Ho-Ho-Chi-Minh!» Vor dem Fenster waren einige Gemäuer zu betrachten, ein Bogen, der Rest eines Daches, dazwischen kümmerliches Gras. Vor dem halb eingestürzten Bogen lag, wie ein schwer verwundetes Wesen, ein kleines Segelboot. Ohne Segel, mit einem abgebrochenen Mast. Es schien, als sei es auf Sand gelaufen, mitten auf der Straße. Mir war, als sähe ich da meinen Großvater A., den ich vor einer

Weile im unübersichtlichen Bahnhofstreiben verloren hatte. Und bitte sehr, jetzt saß er in dem gekenterten Boot und grübelte. Seinen Zeigefinger, es gab so vieles zu bedenken, hatte er, den Kopf abstützend, in der kleinen Vertiefung oberhalb der Schläfe eingelassen.

Ich würde mir wünschen, ich könnte guten Gewissens behaupten, auf der Barke, in der er sich ausruhte, wäre der Bootsname lesbar gewesen: «Esperanza».

Es wäre glatt gelogen: Ein Name, falls er da aufgepinselt gewesen wäre (und wieso eigentlich nicht, hat nicht jedes Boot einen Namen?), war auf diese Entfernung in der Dunkelheit nicht zu entziffern.

Keine Frage, gerade jetzt wäre der einzig passende Moment gewesen, um zu fragen: «Opa, wohin verschwand die mitgeführte Aussteuer?»

Ich hätte nur das Fenster öffnen müssen, da, im leichten Schneerieseln, das inzwischen eingesetzt hatte, saß er ja. Hoch über seinem Kopf glitzerten und blitzten die Sterne. Ich hätte ihm nur die Frage aus dem Fenster laut zurufen müssen, er hätte mir bestimmt die Antwort gegeben – falls er nicht geschwiegen, nur leicht mit der Schulter gezuckt und weiter zu den Sternen geschaut hätte.

Ich war mir aber nicht sicher, wie sich mein Tun auf D. S. und noch viel mehr auf unseren netten Gastgeber, schon genug mit dem attraktiven Bruder (Beaux) geschlagen, ausgewirkt hätte.

3
TORNADO

Der Asphalt taute dampfend auf. Die Hitze dehnte die Materie. Bald würde die breite Stalinstraße zu einem trägen Asphaltfluss werden. (Zur Zeit der deutschen Besetzung hieß der Boulevard Graf-Schwerin-Straße, davor, zwischen den Weltkriegen, als Frankreich der engste Verbündete geworden war, Marschall-Foch-Straße. Noch früher, als die böhmischen Kronländer ein Teil von Österreich-Ungarn waren, Kaiser-Franz-Josef-Straße, und davor wiederum … davor existierte er nicht.)

Kinder, verschwommene Gestalten in der flirrend heißen Luft, spielten im Park am Náměstí Krále Jiřího Murmeln. Konzentriert und ernsthaft gingen sie der Spielleidenschaft nach. Die kleinen Spiellöcher wurden mühselig mit den Fersen in den festen Boden des Parks hineingedreht. Die Spieler knieten bedächtig nieder, zielten und jagten die Murmeln, die Stoßkraft der zwei Finger ausnutzend, über die trockene Erde zwischen den spärlichen gelblichen Grashalmen zum Loch. Sie frönten dem amüsanten Hasard. Ich dagegen wartete unter der sengenden Sonne. Drei Meter vor mir lag (im bald dahinfließenden Asphalt der Straße) die Haltestelleninsel.

Ich war mit meiner Mutter verabredet, zusammen wollten wir die Fahrbahn überqueren, um auf der Verkehrsinsel die Elektrische abzuwarten. Es muss sich um eine in unserem

Familienkreis sehr unübliche, weil minutiös berechnete Verabredung gehandelt haben. Die Mama hatte mich hierher bestellt, um mich, von irgendwoher kommend, zu packen und zu Tante Marcela zu bringen. Marcela war allerdings keine wirkliche Tante, ich nannte sie nur so.

Die Murmelspieler im Park sahen nun aus, als hätten sich ihre Umrisse durch die Hitze verdoppelt, als würden sie in der Sonnenglut schwingen. Wenn ich an diesen Tag heute wieder zurückdenke, bin ich davon überzeugt, dass es ein Sonntag gewesen sein muss. Wo wären sonst die Kinder hergekommen, die nicht nur alle im Vorschulalter waren.

Der berüchtigte Kočka ging um. Wenn man das Wort übersetzte, konnte man von ihm als «die Katze» sprechen. Er spielte so: Falls er gewann, kassierte er. Falls er verlor, kassierte er auch. Oder er spielte nicht, sagte aber: «Zeig mal, was du da hast.» Und wenn du die wunderschönen Glasmurmeln – manche sahen aus, als seien sie aus Regenbogen erschaffen – mit kindlichem Stolz in der Handfläche seinem gierigen Auge (das du aber fälschlicherweise für bezaubert hieltest) präsentiertest, schlug er von unten gegen den Handrücken. Die Murmeln flogen dann hoch. Sicherheitshalber, damit erst keine Zweifel darüber aufkamen, wer denn das Sagen hätte, bekamst du noch eine gescheuert. Anschließend sammelte Kočka seelenruhig (während man versuchte, den Schrecken zu überwinden) die Beute auf. Schwächere Individuen schluchzten, wenn sie sahen, wie die Murmeln in Kočkas Hosentasche verschwanden. Sie beweinten bitter die Rolle, die ihnen offenbar im Leben zugewiesen worden war, und das verlorene Eigentum. Andererseits, es war ja möglich, zurückzuschlagen. Der Freibeuter stand ja vor dir und zählte seine Schätze. Abgesehen davon, dass in diesem Fall kaum jemand ohne spezielles Jiu-Jitsu-Training eine Chance gehabt hätte, ging es fair zu.

Sämtliche Parkwege waren mit Bäumen gesäumt, über Jahre gewachsene und ehrwürdige Gestalten. Schlank und graziös streckten sie sich wie Balletttänzerinnen in die Höhe. Andere trieben stämmig und raumgreifend in die Breite, mit ausgedehnten Baumkronen, die summten, rauschten und raschelten. Nicht aber in einer totalen Windstille, dann bewegte sich kein Blatt – so wie jetzt. Aber auch ohne Wind spendierten sie den Parkbänken den kühlenden grünlichen Schatten.

Auf den Bänken – ursprünglich waren sie rot angestrichen, doch die Farbe war längst abgeblättert – saßen Rentner, Pensionäre. Schlaksige Herren, einige davon aber, ganz gegenteilig, etwas beleibt. Alle waren glatt rasiert, manchmal mit einem Schnauzer unter der Nase. Sie trugen Anzüge, die aus den Epochen (neulich erst waren sie versunken) stammten, in denen man noch Anzüge trug. Und sie hatten Hüte auf dem Kopf. Hüte, die in geschwungenem Bogen gelüftet oder beiläufig kurz angehoben wurden, beide Varianten hatten ihre Berechtigung und machten Sinn. Zum Beispiel, wenn einer vorbeikam, der sich zu den anderen auf die Bank setzte. Die Gliederschmerzen verliehen dem notwendigen Ineinanderschieben der Skelettteile eine majestätische Langsamkeit. Zum Schluss wurde ein Spazierstock zwischen den Knien postiert. Die ganze Prozedur begleitete ein Seufzer oder eine kleine witzige oder ironische Bemerkung, Adressat war dabei das kommunistische Regime (da noch eine ziemliche Novität). Und nie hätte er, der gerade neu Dazugekommene, hier auf der schattigen Parkbank neben sich einen Spitzel vermutet, der diesen Seufzer an die Geheime Staatssicherheit weiterflüstern würde. Rein statistisch gesehen wissen wir aber heute, durch die Archive belehrt, dass es auf diesen Bänken dennoch welche gegeben haben musste. Und auch diese, die statistisch Vorhandenen, hoben den Hut kurz hoch, während ihre rheumatischen Gelenke beim Hinsetzen leise quietschten, und grüßten die alten Bekannten um sich herum mit: «Habe die Ehre.»

Genauso lüftete man den Hut zum Abschied – falls man davonging, zum Mittagstisch oder um Enkelkinder abzuholen. Oder zum Krematorium, weil die Zeit endgültig abgelaufen war. Vielleicht war derjenige, der sich erhob, der Vorsitzende des Kreisausschusses «Freunde der Einäscherung». Einer der wenigen Vereine, die man nicht verboten und denen man sogar den eigenen Briefkopf belassen hatte: eine Feuerflamme, die alles zu verzehren versprach.

Die Rentner auf den Parkbänken trugen fast durchweg Taschenuhren an silbernen Ketten. Man sprach sich grundsätzlich mit Titeln an, sie schienen wichtiger gewesen zu sein als die Namen. Diese wurden vererbt, Titel aber erworben. Herr Apotheker, Herr Doktor, Herr Oberschuldirektor, Herr Postoberrat – es schwirrte von einer Parkbank zur anderen. Die Titel entstammten allesamt Zeiten, die man eben erst für endgültig abgelaufen deklariert hatte. Vor läppischen fünf Jahren. Ein Moment, ein Aufschlag des Augenlids sind diese fünf Jahre. Für mich aber waren sie mein ganzes bisheriges Leben.

Hinter den sich Grüßenden, hinter den Bäumen, durch die verschwommene Hitze verhüllt, stand das wuchtige, mit dem schüchternen Anflug von Jugendstil versehene Schulgebäude. Und ich wusste: Nur kurz noch, und dann werde ich da ordnungsgemäß eingeschult. Dann werden Herr Apotheker und Herr Postoberrat auch vor mir den Hut lüften. «Habe die Ehre, Herr Erstklässler», werden sie mir, während ich durch das Schultor zum Erwachsenwerden verschwinde, hinterherrufen.

Um meiner Skizze einen realistischen volkswirtschaftlichen Hintergrund zu geben: Manche der so bezeichneten Rentner und Pensionäre waren es nur scheinbar. Sie hatten das Alter, den notwendigen Habitus, die Gewohnheiten, zeitweise auch noch die Uhr an der Silberkette, aber keine Rente oder Pension. Oder nur eine ganz minimale. Weil die neuen Staatslenker einiges an wirtschaftlichem Ballast (aus den verstaatlichten Privatrentenversicherungen beispielsweise) über Bord geworfen hatten. Darüber hinaus sollte auch der bürgerliche Klassenfeind im Rentenalter merken, dass sich das historische Blatt gewendet hatte. Ich hatte dies aber damals nicht, wie viele der anderen zukünftigen Erstklässler, durch den offenen Türspalt herausgehört, wenn die nächtlichen Gespräche am Küchentisch einsetzten. An dem die eine oder andere Träne aus der Großmutter Auge floss und die Verzeichnisse der zu veräußernden Teppiche und Münzsammlungen zusammengestellt wurden. Bei uns in der Familie gab es eben keinen Pensionsberechtigten und auch keine Oma, bei der Tränen fließen konnten. Aber selbst wenn …

Langsam wäre es angebracht, zu erwähnen, dass wir, also meine Eltern und ich, als ihr Anhang mit abstehenden, geradezu segeltüchtigen Ohren, der übrigens die meiste Zeit Roller fuhr, einen Roller, den ich über alles liebte und bei dem ich mich fleißig mit einem Bein vom Boden abstieß und derart angetrieben zwischen den abgeblätterten Honoratioren hin- und herflitzte, also dass meine Eltern und ich … Ich raste über die Parkwege, vielfach allein, aber lieber mit meinem besten Freund P. Dabei hatte ich den Lenker des Rollers fest im Griff und war von der selbsterzeugten Geschwindigkeit berauscht …

Nun zurück zu dem Satz, der anders endete, als zu Anfang beabsichtigt war: Also, meine Eltern und ich zählten damals zu denen, die auf dem höher wackelnden Ende der Schicksalswippe saßen, auch noch in einem relativ bequemen Sitz. Mein Vater war in der Kommunistischen Partei, sodass er gewissermaßen, um es in einer Schonungslosigkeit zu formulieren, die so furchtbar grell ist, dass sie alle Schattierungen überstrahlt, zu denen gehörte, die (an welchem zerfransten Rand des Gesamtgefüges auch immer) in diesem Moment das Sagen hatten. Und wenn er sich so eine Definition seines gesellschaftlichen Status – mit Recht, wie ich finde – erbeten hätte, ganz falsch wäre sie nicht gewesen. (Und die Nuancen dieser Konfusionen hebe ich mir für später auf. Andererseits: Zu viele sind schon an den Versuchen gescheitert, das Verwirrende verständlich zu machen.) Mein Vater arbeitete beim Rundfunk und bald darauf als freiberuflicher (und «zugelassener») Schriftsteller. Meine Mutter war die Tochter eines anderen Schriftstellers. Der war zwar ein Deutscher und in den USA gestorben (so in den entsprechenden Formularspalten angegeben) – an sich ein Explosionsgemisch ohnegleichen. Gleichzeitig aber war Heinrich Mann ein Mitglied einer seltsam exotischen Familie, die schmerzlich die klaren Konturen dessen, was staatlicherseits zu verdammen oder aber zu belobigen sei, vermissen ließ. Und um die Konfusion noch verwirrender zu machen, kam er posthum in der verbrüderten DDR zu großen Würden. Meine Eltern und ich zählten daher in diesem Augenblick keinesfalls zu jenen, die die eiserne Arbeiterfaust zu einem Fettfleck zerquetschte. Wie dies auf einigen Karikaturen zu sehen war, die gelegentlich an Straßenecken in verglasten Kästen hingen. Ein kräftiger Arbeiter langte auf einem Plakat frohgemut zu. Breite Schultern und eine enge Taille hatte er, dazu eine bewundernswert große Faust, mit der er gerade ausholte. Den Kopf bedeckte eine Schildmütze, sie identifizierte ihn als Proletarier. Der Kraftbube zerschlug die buckligen und mit fetten Wänsten bestückten Kapitalisten. Und Imperialisten. Dass es sich um solche handelte, demonstrierten die Zylinder, die sie, lächerlich aufgesetzt, entweder zu groß oder zu klein (das Gegenteil der wie angegossen passenden proletarischen Schildmütze) trugen. Damit man wusste, mit wem man es konkret zu tun hatte, waren die Zylinder mit den Flaggen der USA oder Großbritanniens geschmückt. Falls jemand aus der Bundesrepublik dabei zerdrückt wurde, hatte er keinen Zylinder, sondern einen Wehrmachtshelm mit SS-Runen auf dem eckigen Kopf. Die elenden Kapitalisten und Imperialisten versuchten, gierig bis an ihr ruhmloses Ende, obwohl sie einem finalen Zerquetschen ausgesetzt waren, vergeblich die Geldsäcke, gekennzeichnet mit dem verfluchten Dollarzeichen, in ihren grotesk verbogenen Krallen zu halten. (Der Deutsche umfasste eher eine Bombe.) Ihre Gesichtszüge (nicht jedoch die des Deutschen) hätte man auch – durch die Witzblätter in der nicht so weit entfernten Ära der nationalsozialistischen Besetzung gut in die Materie eingeführt – für «jüdisch» halten können. Das lag an der routinierten und ermüdeten Hand der Karikaturisten oder an dem aktuell erstarkten Kampf gegen den Zionismus.

Die Schaukästen waren mit Schmutzstreifen verschmiert, manchmal leck und innen nass, was die Papiermasse sich apathisch wölben ließ. Auf den Ecken der mangelhaft geschützten Agitationsdrucke hinterließen die Regentropfen (mit Kohlenstaub vermischt) abstrakte Spuren. Sie sahen aus wie verschlüsselte Botschaften.

Wenn ich die volkswirtschaftliche Kulisse, an der entlang ich meinen Roller lenkte (keine Spritztouren habe ich in meinem späteren Leben ähnlich genossen, ein fetzender Sausewind, man selbst federleicht und froh), noch zusätzlich spezifizieren dürfte: Es war der Sommer des Jahres 1953. «Die Partei und die Regierung», diese dumpfen Zwillingsschwestern, die hinter allen offiziell verkündeten Bekanntmachungen meiner Jugend wie ein zweiköpfiger Herold – ein Kopf blöder als der andere – standen, bliesen mittels einer Währungsreform sämtliche Ersparnisse der Bevölkerung fort. Auch hier aber waren meine Eltern bevorzugt: Ihr bisheriges Leben brachte es mit, dass sie keine hatten.

Ich schon, denn ich besaß eine blaue Drei-Kronen-Banknote, die mir optisch sehr zusagte. Deswegen behielt ich sie auch viel zu lange! Einmal aber wollte ich in einer staatlichen Spielwarenhandlung Murmeln erwerben. Eine Spielpechsträhne zwang mich dazu. Es war eine schwierige Abwägung: kaufen oder den blauen Schein (Wasserdruck, Gestalten und Zeichen, alles recht ansprechend, besonders farblich) behalten? Am Ende stand fest: behalten (aber unfreiwillig). Seit einigen Wochen schon sei das Geld kein Geld mehr, teilte mir die Verkäuferin mürrisch mit. Ich schritt, unbegreiflich war die Katastrophe, mit gesenktem Kopf (der Kunstwert der Banknote war mir auf einmal schnuppe) vorbei an den Regalen mit den kleinen Soldaten aus Ton (sie stellten in meinen Investitionsüberlegungen eine Alternative zum Murmelkauf dar). Manche der präsentierten Rotarmisten oder tschechoslowakischen Landser waren bereits verwundet. Das rot aufgemalte Blut durchsickerte die Bandage, die die winzige Stirn der kriegerischen Miniatur umfasste. Der verletzte Held verzog aber keine Miene, er behielt trotz Wunde seinen begeistert heroischen Ausdruck bei. Ein kleiner Offizier spähte breitbeinig durch den Feldstecher, ich vermute, er hatte Kočka im Visier. Der Feldstecher war so groß, dass man das Gesicht des Offiziers dahinter nicht erkennen konnte. War er besorgt, oder freute er sich diebisch, dass der Bandit in die Falle lief? Ein Soldatenzug hinter ihm, zum Gemetzel bereit – manche von den Kameraden knieten schon –, zielte mit den Gewehren entschlossen zum Geschäftsausgang.

Die Verkäuferin war unbestimmten Alters und hatte ein düsteres Aussehen, vielleicht war es die ehemalige Besitzerin des Ladens gewesen. Sie trug einen gepunkteten Arbeitskittel und mochte die Kinder, die sich, etwas kleiner als der Tresen, mit ihren Fäustchen, in denen sie die Hellermünzen fest umklammerten, über die Ladentheke schwangen, nicht besonders.

Ich wartete. Der Zeiger auf der großen gläsernen Uhr zeigte eine Dreiviertelstunde an, das Glas vibrierte von der Hitze. Ein grauer Lieferwagen, mit einem stotternden Motor ausgestattet, bog in die Stalinstraße ein. Auf dem Autodach waren zwei Lautsprecher montiert. Aus ihnen krächzte und piepste es erbärmlich. Durch die störenden Geräusche hindurch drang eine monotone Stimme, nur die gelegentlichen Versprecher brachten Schwung in die eintönige Kadenz des Vortrags: «Bürgerinnen und Bürger, Obacht! Auf Prag kommt ein Wirbelsturm in der Stärke eines Tornados zu! Bürgerinnen und Bürger, haltet euch nicht auf offenen Plätzen auf. Sucht feste steinerne Behausungen auf! Bürgerinnen und Bürger, Obacht! Auf Prag kommt ein Wirbelsturm in der Stärke eines Tornados zu ...»

Das Wort «Tornado» begeisterte mich. Ich brachte es sofort mit den Abenteuerromanen zusammen, die bei meinem besten Freund P. herumlagen. Ich konnte sie noch nicht lesen, aber die wunderbaren Illustrationen verrieten genug. Wild schäumende Meereswellen, die aus den Buchseiten zu spritzen drohten, türmten sich vor meinen Augen auf. Dazwischen ein mächtiger Dreimaster in Seenot. Ein unerschrockener Steuermann hielt, die unauslöschbare Pfeife zwischen den Lippen, während das Schiff durch die Wassermassen gepeitscht wurde, das Ruder fest.

«Bürgerinnen und Bürger, Obacht! Auf Prag kommt ein Wirbelsturm in der Stärke eines Tornados zu! Bürgerinnen und Bürger, haltet euch nicht auf offenen Plätzen auf. Sucht feste steinerne Behausungen auf! ...»

Die Lautsprecherstimme (samt Piepsen) wurde schwächer und schwächer. Verschwand, zusammen mit dem Automobil, stoisch in der Ferne. Sie schwamm davon, gleich einem einsamen Schwimmer, den niemand wahrgenommen hat und der in der Weite immer kleiner wird.

Die verschwitzten Passanten auf der Straße zeigten keine Reaktion. Als ob niemand eine Notiz von der herannahenden Katastrophe genommen hätte. Man hatte wohl einfach den Duktus der früheren Lautsprecheransagen im Ohr – sobald der erklang, hörte man nicht mehr zu. Normalerweise luden die hin und wieder herumfahrenden Boten zu einer Friedensdemonstration ein, die die amerikanischen Imperialisten endgültig in die Schranken weisen würde. Oder sie riefen zu freiwilligen Sonntagsarbeiten auf, Brigaden genannt. Man (gemeint sind hier die Erwachsenen) traf sich in diesem Fall früh am Sonntag, kostümiert in einer schmuddeligen Freizeitbekleidung, und buddelte am Rande eines Parkwegs, trug ein wenig Unrat von hier nach dort. Womit man sich bei der Obrigkeit beliebt machte. Schlichte Enthusiasten, die selbstlos die neue und gerechte Welt aufbauen oder zumindest sauber halten wollten, waren mit von der Partie. Ohne die ging es nie.

Ein anderes Mal vermeldeten die quäkenden Lieferwagen den hundertfünfzigprozentigen Sieg bei einer Planerfüllung.

Die zerhackten Worte wehten schlaff an Auslagen vorbei, die seit den letzten hundert Jahren noch nie mit Ware so karg bestückt waren.

Vom sanften Rattern und Quietschen begleitet, nahte die Tram Numero 11 heran. Sie schaukelte, nichts ahnend, gemächlich und rot auf die Haltestelleninsel zu. Zuerst glitt der Triebwagen an mir vorüber. Hinter den verstaubten und heiß glänzenden Glasscheiben sah ich schemenhaft den Straßenbahnführer. Er kutschierte die Elektrische, dabei war er nah am Verdunsten. Diese gravierende Lebensänderung war ihm aber, in einer epidemisch um sich greifenden Lethargie, ziemlich gleichgültig. Das Einzige, was man ihm ansehen konnte, trotz der Blende aus Sonnenstrahlen, die das Fensterglas mit Gold bezog, war seine offensichtliche Unlust, das zu tun, was er den ganzen langen Tag ausführte: schweißgebadet mit der Kurbel an dem Fahrtregler zu drehen.

Der Anhängerwagen schob sich in mein Blickfeld. Auf der offenen Plattform der Wagenmitte sah ich einen Herrn (hinter einer aufgeschlagenen Zeitung versteckt), den Schaffner (um seinen Hals hing die lederne, raffiniert in viele Fächer aufgeteilte Tasche) und ein Liebespaar. Ein junger Mann und ein Mädchen, sie hielten sich an den Händen. In der hinteren Ecke hatte sich ein Betrunkener angelehnt und schnarchte laut.

Der Straßenbahnschaffner hatte eine kleine Dienstzange, mit der er die Fahrbilletts durchzwickte – und zwar nach einer durchdachten Systematik, die per Lochung dem eingeweihten Kontrolleur mitteilte, wann man wo zugestiegen ist und ob man umsteigeberechtigt war. Ich las neulich, dass selbst Albert Einstein diese Fahrscheine während seiner Prager Tramfahrten eingehend studiert und seltsame, rätselhafte

Gesetzmäßigkeiten auf ihnen entdeckt hatte. Wahrscheinlich krümmte sich in den Kästchen, Zahlen und sonstigen Angaben das Universum.

Die Hand des Fahrgastes hinter der Zeitung nahm gerade die bereits vorgezeigte, ordnungsgemäß gelochte Fahrkarte vom Schaffner zurück. Als dürfte ihm, dem Lesenden, kein Wort der Zeitungslektüre durch ein beiläufiges Weggucken verlorengehen. Dabei war die Parteizeitung *Rudé právo* – man ahnt es sogar als fünfjähriger Analphabet, und später hatte man endlos viele Möglichkeiten, diese frühzeitige Annahme bestätigt zu bekommen – echt kein Knüller. Es sei denn, vage Andeutungen zwischen den Zeilen weckten die Vermutung, *etwas* sei in Bewegung geraten. Dann schärfte die monotone Lektüre die Sinne und steigerte das Sprachgefühl. Jede Nuance war auf einmal wichtig! Die versteckte Botschaft konnte in einer begeisterten Besprechung eines sowjetischen Schauspiels schlummern oder in einem unauffälligen Beitrag über eine Konferenz in der Sowjetischen Akademie der Wissenschaften, in der es um die Tanzkunst am Hofe Dschingis Khans ging. Der hypothetische Exeget geheimnisvoller Ereignisse der vierten Dimension, die sich in jedem beliebigen Artikel verschlüsselt befinden mochten, erfuhr bei der Dechiffrierung vielleicht etwas Hoffnungsvolles. Eher aber war das Gegenteil der Fall.

Natürlich war mir all dies mit fünf Jahren nicht klar. Woher denn! Aber man nahm die Erwachsenen aus dem Augenwinkel heraus wahr. Deren Schweigen, die fahrigen Gesten, das plötzliche Aufstehen oder das ratlose Sitzen. Etwas schwang mitunter durch die Räume und vibrierte und klirrte. Es schlich umher. Wie in einem Traum, den zu deuten mir überflüssig erschien. Man ahnte: Der wird sich noch zeitig genug veranschaulichen.

Der Schaffner griff nach der Schnur, die unterhalb der Tramdecke durchhing und mit der er das Klingelzeichen zu geben hatte. Fragend und unwirsch schaute er mich an. Und schenkte mir in einer launischen Großzügigkeit noch eine Sekunde Zeit, einzusteigen. Dann gab er wütend das Abfahrtsklingelzeichen, sauer, dass er sich verleiten ließ, einem rotzigen Lausbuben eine solche Chance zu bieten. Wusste er denn nicht, dass ich auf meine Mama zu warten hatte?

An der Stelle, an der die Elektrische mit den Leitdrähten mittels des Stromabnehmers verbunden war, blitzte zischend ein langer Funke auf. Und begoss für den Bruchteil der Sekunde alles mit seinem flackernden Schein: mich und das Liebespaar, das sich an den Händen hielt. Das blaue Licht verfärbte den Schaffner und leckte bläulich die Seiten der aufgeschlagenen Zeitung. (Immer wieder explodierten diese kalten bläulichen Lichtstreifen, und die Erinnerung daran begleitet mich durch die Zeiten und Länder.)

Der Tornado brauste heran! Der Tramlenker, ohnmächtig geworden, elend zusammengesackt (war zu erwarten), überließ nun das Steuerrad der Tram, des roten Luftschiffs, einem kleinen, offenbar äußerst fähigen und unerschrockenen Jungen (mir, versteht sich). In den luftigen Turbulenzen war die Elektrische, zum Himmel hochgepustet, in eine Schieflage geraten. Mit Mühe hatten sich die Fahrgäste ins Innere des Waggons geflüchtet. Nicht alle schafften es. Den Schaffner und den Betrunkenen erwischte es schwer. Kein Wunder bei der widerlichen Sucht des einen und dem miesen Charakter des anderen. Die beiden waren vom Sturm herausgekippt worden, sie klammerten sich mit ihren schnell dahinschwindenden Kräften an die Haltestange. Aber ein gekonntes Gegensteuern der segelnden Elektrischen durch den kleinen Lenker wird sie per Schwerkraft, die ja auch hier, im tobenden Wind, nicht außer Kraft gesetzt worden ist, sicher ins Innere des Wagens hineinkullern lassen ...

In der tatsächlichen (windstillen) Wirklichkeit blieb ich aber artig am Parkrand stehen. Der Betrunkene schnarchte in seiner Ecke, und seine Schnarchlaute fielen, als wären sie rostige und verbogene Nägel, aus der abfahrenden Tram auf den heißen Asphalt. Aus einer Tram, die ruhig quietschend davonfuhr und die kaum die steinerne Behausung, die die herumwandernden Lautsprecher als dringenden Schutz empfahlen, gewesen sein dürfte.

Und ich schwieg. Ich warne keinen!

Da kam meine Maminka. Die zauberhafte Gabe der Maminkas besteht darin, jederzeit für Linderung in Not zu sorgen. So wie jetzt, als sie mich mein merkwürdiges Schweigen, immerhin war ich Aug in Aug den der Windkatastrophe preisgegebenen Fahrgästen ausgesetzt, sofort vergessen ließ.

Sie stand einfach auf einmal neben mir, ohne dass ich ihr Kommen bemerkt hätte. Sommerlich muss sie angezogen gewesen sein, sie hatte schwarzes Haar, und damals war sie noch schlank (was sie nach verschiedenen Lebensperioden dann auch wieder wurde).

Seltsamerweise habe ich in diesem Moment ein anderes Bild von ihr vor Augen, ein anderes wehendes Herbeieilen. Eine lange Fläche bot sich ihr dafür als Bühne, über die sie hastete. Um früh bei mir zu sein. Auch da kam mit ihr eine geradezu magische Erleichterung. Es waren zwei, ja vielleicht drei Jahre nach dem Ereignis, als sich der Tornado anschickte, alles wegzuhusten. Ich lag nach einer harmlosen Mandeloperation in einem Spital. Das Krankenzimmer war trostlos, ein großer Raum mit vielleicht zehn Betten, die recht hoch waren.

Vom Bett runter- oder wieder hochzukommen verlangte eine kleine gymnastische Leistung. Ich hatte idiotische Schmerzen im Hals und war düster gelaunt. Die Besuchszeiten hielt man damals sehr streng ein. Als wären die Kranken Sträflinge oder Kadetten einer Eliteeinheit. Als die erste Sekunde jener Zeit angebrochen war, in der es erlaubt war, einzutreten, flog die Tür auf. In ihr stand meine Mutter. Sie sah zierlich aus, das Haar war kurz geschnitten. Augenblicklich stürmte sie durch den Raum, um zu meinem Bett zu gelangen. Sie rannte über den langen Weg zwischen den Betten, über den aufpolierten und nach Desinfektionsmitteln stinkenden Fußboden. In der Hand hielt sie ein riesiges Flugzeug. Metallisch glänzend, mit weit gespannten Flügeln. Es war das Spielzeugmodell eines Passagierflugzeugs, das mit Batterien betrieben wurde. Es war etwas sehr Außergewöhnliches in diesen Jahren. Sie musste es in einem speziellen Geschäft besorgt haben, in dem man nur gegen Devisen einkaufen konnte – und solche hatte sie manchmal.

Sie stellte das Flugzeug vor meinem Krankenlager auf den Boden: Die Propeller starteten zaghaft, erst die beiden links, dann die beiden rechts. Die Positionslichter leuchteten vielsagend, sie blinkten regelrecht verschwörerisch. Die Schrauben drehten sich schneller, immer schneller, es dröhnte … und das Flugzeug begann zu rollen, bis es unter dem hohen Bett verschwand.

Die Krankenschwester und die anderen Jungen im Zimmer, manche waren besser dran als ich, andere ärger, beobachteten uns mit kaum verhohlenem Spott. Das Flugzeug rollte inzwischen wieder unter den gestelzten Bettbeinen hervor. Die weiteren Besucher mussten ihm irritiert ausweichen. Der silberne Aeroplan trug den Namen der Fluggesellschaft: SABENA.

«Tut es weh?», fragte meine Mutter, das Summen der Batteriemotoren unterbrechend.

«Ich kann nicht gut schlucken. Und den Fraß nicht mehr sehen, womit die mich füttern.»

«Ich werde dir zu Hause Kohlrabibrei zubereiten und den Grießbrei mit viel Zimt drum herum und den gelben Kartoffelbrei, den du so magst. Das wird dir schmecken, und auch im Hals wird es nicht wehtun.»

Ist sie auch jetzt ähnlich aufgeregt quer durch den Park zu mir geeilt? War sie über die Wege gehastet?

Ich denke, beobachtet hatte ich es eben nicht, dass Maminka auch diesmal, bei dieser nicht alltäglichen Gelegenheit (Tornadogefahr, knapp bemessene Zeit und Tante Marcela) stürmisch wehend zu mir über die Parkwege kam. Unter den Bäumen, bei denen sich kein Blatt gerührt hatte, unter den zischenden Silben, mit welchen sich die vergilbten Doktoren der Jura und der Philologie, verwelkte Inspektoren und Ingenieure gegenseitig ansprachen, unter diesen hitzeerschöpften Lauten, die sich von einer Parkbank zur nächsten wie ein Laubengang spannten. Was Maminka dann als Erstes sagte, weiß ich nicht mehr genau. Aber vermutlich etwas in der Art: «Gut, du bist schon da, prima!» Oder: «Hast du lange auf mich warten müssen? Steh nicht so dicht an der Straße!» Naheliegend wäre auch der Satz gewesen: «Hast du zu Hause richtig abgeschlossen?» Da fällt mir zu meiner Überraschung ein, dass auch ich meine Kinder dies gefragt habe. Bloß: Von meiner Mutter hatte ich es eigentlich nicht gelernt, derart primitive Auskünfte zu verlangen. Reichlich verspätet wird mir klar, dass meine Mutter mir nie solche dummen und überflüssigen Fragen stellte. Nie hätte mich meine Mutter mit Lappalien wie Fenster zumachen und Strom ausschalten belästigt. Sie, die immer alles wirksam, aber höchst unauffällig managte, hat sicherlich, bevor sie weggegangen war, irgendeine Nachbarin gebeten, die leere Wohnung kurz (lange vor mir) zu inspizieren und ordnungsgemäß abzuschließen.

Wenn ich also nicht weiß, was genau meine Mutter zu mir sagte, als sie plötzlich neben mir stand, so erinnere ich mich immerhin an das, was ich ihr gegenüber verkündete, nämlich: «Maminka, auf Prag kommt ein Wirbelsturm in der Stärke eines Tornados zu! Man soll sich nicht auf offenen Plätzen aufhalten, sondern besser steinerne Behausungen aufsuchen! Ein Hurrikan naht, Mama!»

Ich redete zu ihr, während sie mich an die Hand nahm und zu der Haltestelleninsel führte. Dort fragte sie, etwas zerstreut klang es: «Was?»

Ich wiederholte meine Worte, eines nach dem anderen. Meine Mutter suchte am Horizont zwischen den Häuserreihen einen roten Punkt, der sich zu einer Tram verwandeln könnte.

«Hat das Auto gesagt», ergänzte ich nach einer Weile, in der wir wartend schwiegen. Oder schweigend abwarteten.

«Ein Auto?», fragte meine Mutter erleichtert. Wenn ein Auto zu mir sprach, dann war es ein Märchen. Wie ein redendes Pferd oder ein singender Esel. In diesem Fall war es mithin ein modernes Märchen mit einem plappernden Fahrzeug. Ich galt bei meinen Eltern als phantasiebegabt. Das bedeutete in ihren Augen etwas Positives und Vielversprechendes. «Mit diesen Sprechdingern auf dem Dach», vervollständigte ich die Auskunft.

«Lautsprechern», erklärte meine Mutter, jetzt von einer deprimierenden Realität eingeholt. Ein ganz normales sprechendes Auto also!

«Und was sagten die genau?»

Ich wiederholte erneut das anfangs Gesagte. Betonte dabei aber die Worte «Tornado» und «steinerne Behausungen», die es mir offenbar besonders angetan hatten. Die Verwüstung würde sich auf den offenen Plätzen austoben, in den steinernen Behausungen könnte aber demnach die Gemütlichkeit das Regiment übernehmen. Ich sah angesichts dieser Vorstellungen vor meinem inneren Auge, das manchmal recht flink war, wie sich Familien geschlossen um einen Tisch versammelten, der mit Gebäck und schäumender Limonade überladen war, und durch das Fenster über die Häuserdächer zum Himmel hinausschauten. Sie sahen dort, während sie knabberten oder mit dem klebrigen Getränk Zungen und Rachen verkleisterten, Nachbarn und Fremde vorbeisegeln. Die Fliegenden winkten ihnen verwegen und ausgelassen zu oder wedelten, bei ihrer vergeblichen Suche nach einem Halt in der windigen Eskapade, mit den Armen. Das alles erblickte das innere Auge. Das äußere Auge entdeckte überall jene steinernen Behausungen, die mitten im Sturm Wohlbehagen versprachen. Nur wir befanden uns dummerweise auf einem sehr offenen Platz.

Vielleicht war es die Tageszeit, die den Park inzwischen (überraschend schnell aber) leer geräumt hat? Oder das Stelldichein mit dem Mittagstisch? Vielleicht trug auch die krächzende Warnung der piepsenden Lautsprecher Schuld an dieser Ödnis? Die Wege und Bänke sahen jedenfalls wie eine von den Akteuren verlassene Kulisse aus.

«Das hast du wirklich gehört?», fragte meine Mutter. «Das mit dem Tornado. Oder hast du gespielt, dass du das gehört hast? Spielst du ein Spiel, das heißt ‹ein Tornado kommt›? Soll ich es mitspielen, bis wir bei Tante Marcela sind?»

«Nein.»

«Ich soll nicht mitspielen?»
«Weil es kein Spiel ist!»
«Nein?»
«Maminka, wir müssen in die steinernen Behausungen. Haben die gesagt!»

Ich kann natürlich nur Vermutungen darüber anstellen, was einer Mutter, dazu noch meiner, die ihren kleinen Sohn an der Hand, auf einer Verkehrsinsel stehend, in einer sengenden Hitze, in Prag, im Jahr 1953, durch den Kopf ging, als sie meine Worte hörte:

Aha. Ein Tornado! Was ist das nun wieder für ein Schwachsinn? Egal, wir fahren jetzt zu Marcela. Sie wartet ja. Neulich drehte er doch immer so eigentümlich mit der Hand hin und her, während er mit irgendwelchen Leuten auf der Straße gesprochen hat, bis sie zu mir meinten, ob mein Sohn krank wäre. Sie sprachen mich deswegen ernsthaft an. Sie vermuteten beginnenden Veitstanz. Aber er hat nur das Auto repariert, in dem er saß und das er gleichzeitig chauffierte, was ja keiner ahnen kann, dass er gerade in einem Auto sitzt und es chauffiert und gleichzeitig repariert. Etwas geschraubt hat er. Weil das Auto, in welchem er saß, was aber keiner sah, eben kaputt war. Er bettelt ja auch auf der Straße fremde Leute an ... also ... von wegen Tornado ... Oder? Ich muss sofort Marcela anrufen und ihr sagen, dass wir ... ja, was eigentlich? Der Zug geht um fünf, ich schaff das alles nicht ... Habe ich eine 25-Heller-Münze, um von der Telefonzelle anzurufen? Nein, habe ich nicht, außerdem ist sie sicher kaputt. Die Telefonzelle. Warum sind die immer kaputt? Er hat was falsch verstanden, sicher, wahrscheinlich war es nur so eine Kampfansage, eine Metapher, eine politische, ja, gewiss. Da ging es ums Wegfegen, ums Wegblasen von Feinden und so etwas, ein Siegesorkan ... Na, vielleicht sollen wir aber doch besser nach

Hause gehen, die steinernen Behausungen sollen demnach verschont bleiben. Quatsch! Gerade die! Lachhaft! Aber wir haben zu Hause ein Telefon!

―――

Meine Mutter zog mich mit, fest umklammerte ich ihre Hand. Ich wollte im Notfall mit ihr fortgeweht werden.

Die Richtung, die Maminka einschlug, führte nach Hause.

Ein einsames Auto hupte uns an. Als es an uns vorbeigerauscht war, befanden wir uns schon auf der anderen Straßenseite, unter den schattigen Bäumen am Rande der Parkwege. Es schlug die Glocke in dem eigenartigen Kirchturm. Weil es eins war? Oder weil der nahende Zyklon bald den Himmel zerschmettern würde? Das weit aufgerissene Auge der gläsernen Uhr blieb jedoch ausdruckslos. Einzig glänzte es diesig in der Hitze.

Es gibt eine weltanschauliche Theorie, eine Hypothese, die unser Existieren durch die Zeiten hindurch für eine jener vielen Illusionen hält, in denen sich die meisten Menschen häuslich niedergelassen haben. Nach dieser (etwas verwunderlichen) Sicht der Dinge sind ich, der kleine Knabe, und meine Mutter dann eigentlich noch immer in dem Park. Genau wie der in der Windstille erstarrte Schatten der Bäume, ein dunkles Raster auf den Wegen. Maminka hält mich weiter fest an der Hand. Das Auto hupt, dann ist es verschwunden. Die Luft ist heiß und erdrückend. Obwohl es mittlerweile Oktober ist. Und ich bin inzwischen um genau zwanzig Jahre älter geworden, als meine Mama es damals war. Die Wolken hinter dem Fenster meines Arbeitszimmers sind schwer vom Regen, der uns bald durchnässen wird (falls uns die steinernen Behausungen nicht schützen).

Die oben erwähnte Hypothese behauptet nämlich, dass die Vergangenheit im Prinzip nie vergeht, während die Zukunft immer schon da war.

Und was sehe ich, falls ich diese auf den ersten Blick befremdliche Eventualität unseres irdischen Daseins verinnerliche, auf diesem Plateau, auf dem dann quasi alle Zeiten parallel ablaufen? Was erblicke ich an der Stelle, an der wir diese ganz einfachen Handlungen durchführen, etwa auf dem Nachhauseweg von der Verkehrsinsel in den Park wechseln, während ein Auto uns anhupt, das schließlich vorbeihuscht? Eine Epoche sehe ich. Und dann wünsche ich mir, dass alle Hypothesen, die diese Epoche als ewig fortwährend präsentieren möchten, schleunigst widerlegt werden. Diese Epoche möchte bitte der Vergangenheit angehören – doch erst nach zähem Ringen war dieses merkwürdige Zeitalter verschwunden.

Eines frühen Morgens, ich wachte in unserem kleinen Landhaus auf, ein launiger Sommertag war es, schienen die Wiesen unter dem dunkelgrünen Wald (wie ein mächtiger Wall grenzte er das kleine Tal mit einem Forellenbach in seiner Mitte ab) über Nacht gleichsam mit Schnee bedeckt worden zu sein. Mit Gas und Flugblättern gefüllte Ballons aus Westeuropa waren in der Nacht über uns hinweggeflogen, ängstlich und eng aneinandergeschmiegt, eine verschreckte Schar. Anstatt sich beizeiten zu trennen, damit jeder Ballon seine Botschaft in die verschiedensten Landeswinkel tragen konnte, blieben sie zusammen – und platzten und luden ihre verbotene weiße Last über diesen Wiesen ab. Mich packte die Lust, den Schlitten aus dem Keller zu holen und mitten im Sommer auf dieser weißglänzenden Fläche, nur mit einer Badehose bekleidet, hinunterzusausen.

Später sah ich, wie Unformierte Blatt für Blatt alles mühselig aufsammelten.

Oder ein kleiner Klassenausflug: Witzchen flogen hin und her, kleine Rüpeleien blieben nicht aus, ebenso wenig die Milchzahnflirts. Nach einer kurzen Straßenbahnreise erreichten wir, lustig und unbeschwert, einen Leichnam. Einsam war er in einem riesigen, quadratisch erbauten Haus untergebracht und dort in einem gläsernen Sarg ausgestellt. Wie Schneewittchen, freilich männlichen Geschlechts. Wir wurden durch unsere Lehrerin einigermaßen ruhiggestellt und dann um den durchsichtigen Totenschrein und die darin aufbewahrte Leiche herumgeführt. Natürlich hatten wir Pausenbrote dabei; die Papiertüten, in denen sie eingewickelt waren, zeigten Ornamente von durchsickernder Butter auf. Die Jause sollte zwar zu einem passenderen Zeitpunkt stattfinden, aber einige ewig Hungrige futterten dennoch heimlich.

Dieses Märchen hieß: Der tote Staatspräsident Gottwald (erster Arbeiterpräsident wurde er gerufen) und die vierzig Zwerge (so viele Knirpse waren wir in der Klasse).

Ich sehe noch die phantasievolle Unform, in die man den toten Alkoholiker, der ja außer etlichen politischen Gegnern auch etliche Busenfreunde hinrichten ließ, gesteckt hatte. Den Jüngsten Tag erwartete er in einer gutgeschnittenen blauen Jacke, an der riesige goldene Knöpfe glänzten. Sie waren groß, aber die Orden daneben waren noch größer. Die Hose war wahrscheinlich weiß, meinen Kopf würde ich aber nicht darauf verwetten. Jedes Hosenbein zierte ein breiter aufgenähter roter Streifen. Der Sarg wurde angestrahlt und war von innen beleuchtet – in dem dämmerigen Raum war es ein Blickfang, eine Lichtoase (wenn man für sich auch den Schatten vorzog).

Der Verblichene war blass, das Schneewittchen in den alten zerfledderten Märchenbüchern war es ja auch. In den aktuell angebotenen kam das Mädchen nicht mehr vor, irgendwie war es eine Persona non grata geworden. (Vielleicht galt sie als unwillkommene Konkurrenz.) Schneewittchens Lippen waren aber saftig rot gewesen, die des Präsidenten konnten eine solche Verlockung nicht vorweisen. Es küsste ihn daher auch keiner.

In das Gesicht des paradeuniformierten und balsamierten Kadavers hatten die Leichenkünstler ein sanftes, rätselhaftes Lächeln gezaubert.

Ein Jahr davor, vielleicht auch ein Jahr später, startete jener famose Zwitter, die Partei und die Regierung, einen Großeinsatz. Die US-Imperialisten setzten angeblich den absichtlich ausgehungerten *Leptinotarsa decemlineata* über den genossenschaftlichen Äckern per Flugzeug aus. Jedermann wurde infolgedessen aufgerufen, diese kapitalistisch indoktrinierten Kartoffelkäfer zu suchen, zu finden und zu vernichten. Der Blattkäfer sollte nicht unsere Lebensmittelgrundlage (die Kartoffel nämlich) verzehren. Über die Situation im heroischen Kartoffelkäferkampf wurde man stets auf dem Laufenden gehalten. Im Kino mit einer aufgeregt vibrierenden Kommentarstimme, während im Hörfunk die Stimmlage des Nachrichtensprechers eher schwer und bleiern war, wenn auch die sich schließlich zum Pathos hinreißen ließ – vorzüglich hätte sie das Ende eines dramatischen Poems geschmückt. Auch die Stadtschulkinder fahndeten in den vergesellschafteten Fluren unter Blättern der Kartoffelpflanze nach dem schmatzenden Übeltäter. Meiner Meinung nach hat kein Mensch je einen einzigen Kartoffelkäfer angetroffen. Er bevölkerte nur die herumhängenden Plakate. Seine Abbildung glich einem Steckbrief aus dem Wilden Westen, eigentlich sahen diese Viecher recht niedlich aus. Jedes der trefflich gemalten Insekten schaute prüfend den Betrachter an, als würde es fragen: «Bist du nicht eine schmackhafte Kartoffel?»

Wir standen im Garten unserer Sommerfrische und starrten zum Himmel. Dort war weit oben eine große Kugel zu sehen, als ob sie an unsichtbaren Seilen festgebunden wäre. Es war ein ziemlich glänzendes Ding. Der Himmel war blau, das Mysterium goldig. Zwei Bauern kamen aus der Nachbarschaft herbeigerannt und schauten mit uns hoch. Meine Mutter bewirtete sie mit Bier aus dunkelgrünen Flaschen. Man telefonierte mit einem Apparat, der keine Wählscheibe hatte (wie sonst üblich), sondern eine Kurbel. Mit dieser drehte man so lange (also sehr lange), bis sich das Amt meldete. Mein Vater ließ sich mittels eines sogenannten Blitzgesprächs – es kostete das Fünffache des normalen Tarifs – mit der nicht sehr entfernten Sternwarte verbinden. Wir alle lauschten mit angehaltenem Atem, wie er dem diensthabenden Astronomen schilderte, was am Himmel zu sehen sei. Dem Sternwartenmenschen war es auch schon aufgefallen. Aber der Astronom hatte dazu nicht viel zu sagen. Aus Ratlosigkeit? Oder weil er die Staatsgeheimnisse zu hüten wusste? Beide Möglichkeiten tropften verzerrt, aber verständlich, aus dem schwarzen Hörer des kurbelbetriebenen Telefonapparats.

In der Nacht, wir waren noch immer im Garten, wurde die Kugel zu einem Sternenpunkt und verschwand dann inmitten der anderen Sternenpunkte in der Tiefe des Himmels.

Ein UFO war es! Ganz sicher! Die Außerirdischen waren gekommen, um sich die Erde untertan zu machen. Was sie aber entdeckten, fanden sie so befremdlich, dass sie in der Nacht die rettenden Weiten hinter der Milchstraße suchten. Wahrscheinlich hielten die Außerirdischen in dem runden Ding den Landstrich unter sich in einer Fehlinterpretation für das typische Beispiel irdischen Lebens. Also drifteten sie lieber ab.

Ja, so geschah es, dass die sozialistische Tschechoslowakei – inklusive des toten Staatspräsidenten Gottwald im gläsernen Sarg, den Gemüseläden ohne Gemüse, den piepsenden Lautsprechern, den Arbeitslagern, in denen die Häftlinge zu fünfzehn Jahren Kerker wegen einer versuchten Republikflucht verurteilt und mit Uran zu Tode verstrahlt wurden und den Sonntagsbrigaden (samt Enthusiasten) – unseren wunderbaren blauen Planeten damals gerettet hat. Weil die Außerirdischen es zu unwirtlich auf der Erde fanden. Ein Glanzstück der Dialektik, die da gerade ohnehin in große Mode kam, wäre dies gewesen. Und immerhin – eine Erklärung des Unerklärlichen.

⁓

Und warum sollte in solch fiebrigen Zeiten nicht ein Tornado nahen? Ein Wirbelsturm, der die steinernen Behausungen verschonen würde? Mir sind, im Nachhinein, die Bedenken meiner Mutter nicht wirklich einsichtig.

Aber auch sie zweifelte an ihren Zweifeln, denn sie hatte sich immerhin für den Heimweg entschlossen. Als etwa die halbe Strecke hinter uns lag, kreuzte ein Herr unseren Weg. Meine Mutter fragte ihn, schüchtern, durch ihre eigenen Worte zunehmend verunsichert, ob er etwas von einem Tornado, Hurrikan, Zyklon, Taifun, kurz, von einem zu erwartenden Superwindstoß gehört hätte? Ob ihm diesbezüglich vielleicht eine warnende Durchsage an den Ohren vorbeigeflattert oder sogar im Rundfunk Derartiges publik geworden wäre?

Der Herr blieb stehen, schaute uns an und meinte verdutzt: «Ein Tornado?»

Meine Mutter schwieg zuerst, sagte dann aber, es sei angeblich eine Warnung herausgegeben worden. Eine Lautsprecherdurchsage. Er, der Herr, hätte er die vielleicht nicht gehört? Diese Durchsage. Nein? Oder doch?

«Gnädige Frau», erwiderte der Passant, ergraut war er und etwas verbogen zur Erde hin, «haben Sie denn etwas gehört?»

«Nicht direkt», gestand meine Mutter.

«Gnädige Frau», setzte der Herr fort, «wir sind hier nicht in der Mandschurei. Wir sind in Mitteleuropa.» Und trotzig fügte er hinzu: «Wissen Sie nicht, dass bei Beneschov die Mitte Europas liegt? Nein? Sie wissen es nicht? Dort ist der geographische Mittelpunkt, gnädige Frau. Bei Beneschov. Wir sind hier nicht in Ulan Bator oder Kuala Lumpur. Haben Sie da in der Schule gefehlt?»

Er ging dann weiter, erzürnt und erbittert. Wir schauten ihm nach. Ich überlegte, in welch ungeahnte Höhen ihn der Sturm – der Herr wirkte zierlich – befördern wird. Und ob er über dieses Beneschov hinwegfliegen und es dann auch erkennen würde, aus der Höhe, in der er luftige Purzelbäume schlagen wird.

Ich verlangsamte meine Schritte. Mir wurde nämlich gerade erst bewusst, wohin wir gegangen waren. So als wären wir über mir unbekannte Pfade geschlichen, die unerwartet auf eine vertraute Lichtung mündeten. Waren wir natürlich nicht. Geschlichen. Über verworrene Routen. Die gab es hier nicht. Ich war eher durch die Hitze und die seltsame Sturmgefahr etwas benebelt.

Wir passierten, in der geographischen Logik des Heimwegs absolut folgerichtig, die Kirche.

Ich fragte mich plötzlich besorgt (wie konnte ich *ihn* überhaupt vergessen) und verzögerte dadurch meine Schritte (an

Mamas Hand ziemlich wirkungslos), was mit dem Engel in diesen stürmischen Zeiten geschehen könnte. Klar, man sollte sich um einen Engel mitten in einem Wirbelsturm keine großen Sorgen machen, schon deshalb, weil ein Engel in den Lüften heimisch ist. Andererseits ahnte ich, dass er vielleicht gar kein echter war.

Der schwarze Engel … Ich denke an dich, während der Regen von einem Himmel niederprasselt, der derselbe ist wie damals, aber in Zeiten, die jetzt ganz andere sind.

Er war nicht sehr gewaltig, etwa so groß wie ein Baby, hatte ein schwarzes Gesicht und lockiges Haar. Sein Gewand aus abgeblättertem Gold fiel in eleganten Falten. Der Engel hatte Flügel, von denen ich nicht mehr weiß, ob sie goldfarben oder weiß waren. Seine Einstellung zu mir war von einer stillen Güte bestimmt, die er, vermute ich heute, jedem unterschiedslos entgegenbrachte und die von einer himmlischen Toleranz gespeist war.

Irgendwann einmal, ich war mit meinem besten Freund P. im Park unterwegs gewesen, machten wir neugierig die schwere riesige Eisentür des Kircheneingangs auf. Das Innere der Kirche war geräumig und in ein dämmeriges hellbraunes Licht getaucht, mit einem feinen Stich ins Rosa. Das Erhabene hauchte jeden Ankömmling an. Auch mich und meinen Freund P., der übrigens zu meinem Erstaunen am Eingang (mit einem Gesichtsausdruck, der zu einer Pflichtübung passte) seine Finger in den Behälter mit dem Taufwasser eintauchte und sich flüchtig bekreuzigte. Ein Ritual, das mir fremd war.

Wir gingen andächtig und leise nach vorne. In den Kirchenbänken sahen wir einige wenige in sich versunkene Leute sitzen. Grau und dunkel waren sie. Wir erreichten den Altar, und ich entdeckte in seiner Nähe, als wir schon wieder am Umkehren waren, im seitlichen Kirchenschiff den Engel. Er saß auf einer kleinen Kasse für milde Gaben. Er gefiel mir auf Anhieb, vielleicht, weil sein Teint dunkel war. Ich schaute in seine Augen und er in meine. Diese anfängliche Sympathie, ich rede von der meinen, seine war und bleibt ein Geheimnis, steigerte sich zu einer Leidenschaft. Sie nahm ihren Anfang, als eine von den in sich versunkenen Gestalten, die in den Kirchenbänken beteten, aufstand. Ein Mann war es. Er wollte die Kirche verlassen, wählte aber den kleinen Umweg an der Kasse vorbei, die der Engel hütete. Oder hatte der Himmlische sie sich nur zufällig ausgesucht, weil sie ihm als eine passende Landestätte erschienen war?

Wie auch immer, der Kirchenbesucher verweilte kurz davor und fischte anschließend aus seiner Jacke eine abgewetzte Brieftasche, der er eine Münze entnahm. Die ließ er durch den schmalen Schlitz in die Sparbüchse gleiten. Und als der Groschen fiel, passierte etwas Wunderbares: Der Engel nickte. Ein geheimnisvoller Mechanismus bewegte seinen schwarzen Kopf. Ein Engel dankte einem Menschen: «Gut hast du es getan, dass du hier eine Münze hineingeworfen hast. Ich stimme deiner Haltung uneingeschränkt zu, und ich danke dir dafür gleichzeitig mit meiner ganzen Schönheit und Güte und Herrlichkeit aus Gips und Porzellan!»

Der Engel nickte dann mehrmals hintereinander, bot ein stetig nachlassendes Nickstakkato dar.

Der Mann ging fort. Statt seiner schaute der Engel nun mich an: «Und du? Du hast keine Münze dabei? Nicht einmal zehn Heller?»

Prag ist eine katholische Stadt. Die Metropole und das Land wurden im 17. Jahrhundert, zu Anfang des Dreißigjährigen

Krieges, und kontinuierlich in den folgenden hundertfünfzig Jahren dazu gezwungen, katholisch zu sein. Mit Schwertern und Feuerbränden und einer monströsen Hinrichtung von einundzwanzig evangelischen Adelsleuten, böhmischen Herren beider Landeszungen (wobei einige der Zungen vom Henker zwecks Zusatzstrafe herausgerissen wurden), und zwar vor der astronomischen Uhr am Altstädter Ring. So ist Prag eine katholische Stadt geworden. In ihrem Herzen ist sie es aber nur halb und nicht sehr innig, dafür jedoch statistisch gesehen beinahe flächendeckend und ungewöhnlich prachtvoll: mit Hunderten von barocken Kirchen, die kaum einen mit ihrer Herrlichkeit und der pompösen – und trotzdem anrührenden – Erscheinung gleichgültig lassen.

Meine Eltern waren nicht katholisch. Sie waren jüdisch, mein Vater auf jeden Fall. Aber er sprach sehr lange kein Wort darüber. Ließ mich im Unklaren und ganz frei. Meine Mutter hätte es nach ihrer Mutter auch sein können, jüdisch. Oder müssen. Aber sie war evangelisch. Das wusste ich nicht, denn davon sprach sie nämlich auch nie. Bis sie es irgendwann einmal erwähnte. Da war ich beinahe schon erwachsen. Nebenbei kam dies zur Sprache, als sie sich – selten passierte es – ihrer Kindheit erinnerte. Ihr Vater, erzählte sie, hatte sich gewünscht, dass sie sich als Erwachsene ihre Religion frei wählen sollte. Sie hätte sich dann für die evangelische Seite des Christentums entschieden. Dabei war sie im katholischen München aufgewachsen. Sie sagte weiter, sie hätte diese Entscheidung wegen der glanzvollen Zeremonien und Festivitäten, die mit der Konfirmation verbunden sind, getroffen. Die Wege des Herrn seien eben verschlungen und die Verlockungen des irdischen Glanzes hätten sie schon immer angeleuchtet.

Ich hatte, als der schwarze Engel seine bescheidene Frage nach einer Münze stellte, keine zehn Heller dabei. Taschengeld gab es zu meiner Zeit nicht, und in der Tasche fehlte es meistens.

Ich besorgte mir die benötigte Münze trotzdem, und zwar innerhalb kürzester Zeit. Wild entschlossen. Bald gingen meine gesamten Ersparnisse drauf, die ich nach der ruinösen Währungsreform wieder langsam zusammengetragen hatte. Ich konnte es einfach nicht lassen, mein Geld dem zustimmenden und dankenden Himmelsboten zu reichen. Ich war fasziniert von seinem Nicken, das lebendig war und doch nicht von dieser Welt. Der Engel bezeugte, dass es Dinge gab, die es angeblich nicht gab – dabei ahnte fast jedermann deren Existenz. So sind Engel beispielsweise real! Sie sind schwarz, stumm und höflich! Ich war so süchtig nach seinem Nicken, diesem großen Mysterium, das aber bedauerlicherweise, wenn auch folgerichtig, nur nach einem Geldeinwurf erfolgte, dass ich, nachdem mein Erspartes futsch war, auf der Straße fremde Leute ansprach, um ihnen eine Münze zu entlocken. Ich habe keine Ahnung mehr, was ich für Geschichten auftischte, damit sie sich von zehn Hellern trennten. Über den wahren Zweck schwieg ich mich wohl aus. Der Betrag war so klein, dass ihn einige Passanten einfach wortlos spendierten. Aber irgendjemand hatte es zu Hause gepetzt. Die Nachricht, ich sei ein kleiner, mittlerweile lokal bekannter Bettler, schlug mit voller Wucht ein. Meine Mutter fand mein Tun gänzlich unpassend.

Sie und mein Vater wollten natürlich wissen, zu welchem Zweck ich das Geld so dringend benötigte. Als ich damit herausrückte, in der irrigen Annahme, vielleicht würden sie dann die Kosten für das Nicken übernehmen, stieß ich auf heftige Ablehnung. Sie wurde nicht speziell erläutert, aber es wurde mir strengstens verboten, weiter zu betteln. Ansonsten fanden sie es indiskutabel, mich mit Zehn-Heller-Münzen zu füttern (im Stundentakt, das wäre ideal gewesen), mit denen ich dann meinerseits die Kirchenkasse gefüttert hätte. Wofür man mir mit einem wunderbaren Engelsnicken gedankt hätte. Mit einem ersten, resoluten Nicken und einem zweiten, das sogleich, ein wenig nachlässig, folgte. Und einem weiteren, als Zugabe und als gleichzeitige Bestätigung des vorherigen Dankeschöns. Als Prämie folgte hinterher noch ein kleines Nicken, eines, das kaum wahrnehmbar war. Ein letztes? Nur scheinbar! Wenn der Engelskopf nämlich stillstand, er so aussah, als ruhte er unbeweglich auf dem Engelshals, bemerkte der aufmerksame Zuschauer, ein wenig schwang er noch nach, nickte äußerst sanft, dann aber leider endgültig nicht mehr. Das war's. Die Augen des Engels fragten stumm und unaufdringlich: «Hast du noch zehn Heller, lieber Freund?»

~

Wenn ich jetzt dem Regen lausche, der draußen fällt und hier auf die Fensterscheiben prasselt (ein melancholischer Trommler ist er), stelle ich mir vor, ich wäre einmal zusammen mit meiner Mutter in die Kirche gegangen, um ihr mit kindischem Stolz und gleichzeitigem Lampenfieber den Engel zu zeigen. Sie hätte sich doch neugierig fragen können, was mich so zu ihm hinzog. Sie hätte kurz entschlossen drei Zehn-Heller-Münzen einstecken können. Wir wären die Treppe aus unserer Wohnung hinuntergestiegen, sie hätte mich an der Hand gehalten, und in fünf Minuten wären wir an der eisernen Kirchentür gewesen. Ich hätte meine Mutter sofort in das seitliche Kirchenschiff gelotst, ein paar Betende hätten verstohlen zu uns herübergeschaut. Die Absätze der Schuhe meiner Mutter hätten diskret, aber trotzdem fremdartig auf dem steinernen Boden geklappert. So lange hätten sie durch die Kirche gehallt, bis wir an dem Engel angekommen wären. Meine Mutter hätte dem Himmelsboten, so wie ich es immer tat, in die Augen geschaut. Dann hätte sie die Handtasche geöffnet, ein Zehn-Heller-Stück herausgenommen und die Münze nach meiner Anweisung in den Schlitz gesteckt. Sie hätte dem beharrlichen Dank des nickenden Engels (wesentlich weniger begeistert als ich) zugeschaut. Sobald sein Kopf endgültig stillgestanden hätte, würde sie eine zweite Münze herausgefischt und mir gereicht haben.

Nun wäre ich an der Reihe gewesen. Ich hätte dann, weil ich mich an dem Anblick des Zunickenden nicht satt sehen konnte, die dritte Münze erwartet. Aber meine Mutter hätte mich an der Hand genommen, und wir wären, ich natürlich verdutzt, aus der Kirche gegangen, raus aus dem Dämmerlicht in die grelle Helligkeit des Sommers oder in die frostige Weiße des Winters. Ich hätte bis heute gegrübelt, warum meine Mutter drei Münzen in die Handtasche einsteckte, aber nur zwei davon in den Kassenschlitz tat.

Und dass ich diese Erinnerung nicht habe, liegt nicht daran, dass meine Mutter kein Interesse an den Regungen meiner Seele oder keine Zeit für diese gehabt hätte. Auch nicht daran, dass ihr einfach das Objekt meiner Sehnsüchte widerlich gewesen wäre: Der schwarze Engel, der in den Zeiten, in denen man in halb Europa die Religion als das Opium der Menschheit marxistisch entlarvte und deklarierte, ihren Sohn dazu bewog, in den Straßen des vormals gutbürgerlichen Prager Stadtviertels Vinohrady und in den angrenzenden Gassen des vormals wüst proletarischen Stadtviertels Žižkov mit brennenden Augen um eine milde Gabe zu betteln … Falls wir den Engel wirklich nicht zusammen aufgesucht haben (mittlerweile zweifle ich, dass wir es nicht taten, und fange an zu ahnen, dass ich gerade eine verschüttete Episode aus den angeknacksten Verzeichnissen meines Gedächtnisses hervorgezaubert habe), dann wegen einer gewissen, ja, harmlosen Fahrlässigkeit, die bei uns manchmal den Umgang bestimmte.

Derselben, die mich das Flugzeug von München nach Berlin verpassen ließ – in München weilte ich gerade bei irgendwelchen (von heute aus gesehen) recht läppischen Dreharbeiten –, als meine Mutter starb.

Es kann aber sein, dass meine Eltern eines Abends alleine die Kirche aufsuchten, um den münzenhungrigen Engel in Ruhe in Augenschein zu nehmen. Als ich schon schlief. Um sieben Uhr, wenn die Nachrichten im Hörfunk begannen, musste ich ins Bett. Als deren «Jingle» benutzte die Radiodirektion das kommunistische Kampflied «Vorwärts mit der Linken, keinen Schritt mehr zurück». Ich hasste es! Vorwärts mit der Linken in die Heia und keinen Schritt mehr zurück zum Spielen!

Ich bin noch nicht ganz entschlossen, ob ich mich viel über die Ehe meiner Eltern auslassen will. Sie sind jedenfalls nicht oft gemeinsam ausgegangen. Aber diesen Kirchengang haben sie möglicherweise, es wäre nicht so sehr an den Haaren herbeigezogen, unternommen. Es hat sie sicher interessiert, was mich so umtriebig machte.

Meine Eltern mussten den schwarzen Engel in der Kirche erst einmal suchen. Er war, wenn ich es mir mit ihren Augen vorstelle, nicht etwas, was im Halbschatten und im Schein der brennenden Kerzen einem Besucher sofort auffällt. Ich stelle mir vor, wie sie endlich vor ihm standen. Neugierig, und, ich würde vermuten, ziemlich enttäuscht. O Gott, was hat der Junge für Flausen im Kopf!

Nach einer kurzen Weile müsste sich mein Vater der Hauptattraktion, die ich so ausgiebig geschildert hatte, erinnert haben. Ein Portemonnaie hatte er nie besessen. Folglich zog er ein paar zerknüllte Banknoten aus der Tasche und fand später endlich auch eine Münze, vielleicht ein 25-Heller-Stück. Dann sahen meine Eltern schweigend zu, wie ihnen der Engel zunickte.

Die Kirche war inzwischen leer, die Kirche des allerheiligsten Herzen Jesu. Nur der Küster wartete auffordernd am Ausgang und blickte misstrauisch meine Eltern an, quer durch die weitläufige Leere des Gotteshauses. Dieser Kirchendiener war ein urzeitliches Phänomen. Wie von einer Zeitmaschine mit einem stotternden Motor in einer kuriosen Moderne abgesetzt und dort vergessen, entgegen allen Absprachen nicht wieder abgeholt. Ein älterer, zornig aussehender Mann, der ein wenig lahmte.

Meine Eltern gingen durch die Tür davon. Während der Küster hinter ihnen abschloss, dankte der Engel immer weiter.

Vielleicht gingen meine Eltern dann ins «Jiskra». Dazu reichte es, die Stalinstraße zu überqueren. Ein Lokal, in dem sich an den Stehtischen und am Tresen eine bunte Gesellschaft der Gestrandeten (und der nur ein bisschen weniger Gestrandeten) versammelte. Mein Vater ging hier hin und wieder hin, hörte neugierig den Dialogbrocken zu und plauderte ein wenig mit den anderen. Meine Mutter hatte immer Freude daran, Menschen zu beobachten, die in Zwiegesprächen oder in sich vertieft in Restaurants oder Kaffeehäusern herumsaßen. Und es gab, was Gaststätten betraf, damals wenig Auswahl.

Mein Vater trank kaum Alkohol, meine Mutter auch nicht – aber vielleicht gönnten sie sich ein kleines Bier oder ein Glas Rotwein. Dazu aßen sie eines von den belegten Broten, die man in Prag anbietet. Mit Mayonnaise-Kartoffelsalat und einer kleinen Scheibe Salami darauf. Das Ganze mit einer blassgrünen Gurke dekoriert.

Ich kann mir den Mann gut ausmalen, mit Bartstoppeln und zerfranstem Hemdkragen, als er an den Stehtisch herantrat. Er bat meine Mutter, sie rauchte wie ein Schlot, um eine Zigarette. Sobald er sie von ihr bekommen hatte, geizig war sie nie und zu niemandem, sprach er kein Wort mehr. Er hatte bereits alle seine gut bedachten, präzise ausformulierten Sätze vorher verbraucht, als er sich durch die Traube der herumstehenden Lokalgäste, sein Ziel vor Augen, zu meiner Mutter durchschlängelte und am Stehtisch seinen Monolog ansetzte. Je mehr er sich da nikotinsüchtig ins Zeug legte, umso melancholischer schwieg er nachher. Bei seinem Schweigen stützte er den Kopf auf dem Arm ab. Die Zigarette steckte, nicht angezündet, im Mundwinkel. Er bedankte sich dafür. Mit einem stummen Nicken. Und gleich noch mit einem weiteren Nicken, einem etwas nachdenklichen, und einem anschließenden, das vielsagend wirkte, als wären dem Mann mystische Offenbarungen nicht ganz fremd. Dies geschah, bis der Kopf des Nickenden den stützenden Arm verfehlte, auf die Tischplatte prallte und schließlich auf ihr ruhte. Von einer Rumwolke umhüllt. Die Zigarette war aus dem Mundwinkel herausgefallen und lag unter dem Stehtisch.

Die filterlosen Zigaretten, die meine Mutter in Kette rauchte, hießen «Globus».

Inzwischen waren wir fast zu Hause. In einer friedlichen Nebenstraße am Ende des Parks, Vilímovská 6, Prag 12. Später Laubova 6, Prag 3. Obwohl es sich um eine ganz andere

Adresse handelte, blieb es aber weiterhin dieselbe Immobilie. Die Häuser zogen nicht um, nein. Es war kein Märchen von steinernen Behausungen, denen Beine wuchsen und die sich im Galopp aus dem Staub machten. Die Straßen wechselten in dieser merkwürdigen Epoche aus unerklärlichen Gründen die Namen, bis heute ist dieses Rätsel für mich nur andeutungsweise gelüftet (weil die Umbenennungen eben nicht nur die in politische Ungnade geratenen Straßenpaten betreffen).

Die Domizile blieben bei diesem Namenstausch natürlich unbehelligt da, wo sie schon immer gestanden haben. Mit lethargischer Konsistenz eines verstaatlichten Grundbesitzes. Mit kühlem Treppenhaus und dem ewig maroden Fahrstuhl, vor dem ein Fußabtreter an einer Kette, einem gefährlichen Hund ähnlich, lag. Man fürchtete aber nicht, dass der Fußabtreter beißen könnte, sondern dass ihn jemand klauen würde.

Eine ganze Armee von steinernen Einzelgängern, schrägen Existenzen, verlorenen Käuzen, Muskelpaketen und apathischen Fabelwesen schmückte (und tut es noch immer) die Prager Fassaden. Die unzähligen Statuen harrten (und harren fort) geduldig, an die Bauwerke gemauert, jenes fernen Tages, an dem ihnen eine Seele eingehaucht wird. Sie werden dann unbeholfen und krachend die zugewiesenen Standorte verlassen, schwerfällig die Glieder in Bewegung setzen. Bis dahin warten sie oberhalb der Hauseingänge. Oder sie dämmern in einer Mauervertiefung. Mal lebensgroß, mal verkleinert. Manchmal jedoch als überdimensionale Giganten. Die wunderschönen Frauen mit langem welligem Haar, blankem Busen und einem himmlischen Lächeln auf den abblätternden Lippen. Rittersleute in Rüstung, die mit einer defekten Lanze die brüchigen Balkone stützen. Herkules und Atlas in vielen muskulösen Nuancen. Gesandte ferner Kontinente,

Mohren und Herren mit Turban und krummen Säbeln hinter dem breiten Gürtel. Ein sittsames Mädchen, mollig, in edle Gedanken versunken, mit einem Lamm im Schoß. Die Witterung nagte an allen. So in den Häuserverputz und das Stadtbild eingeebnet waren sie, dass man sie nie als etwas Besonderes wahrgenommen hatte.

Das Nebenhaus besaß ein Dekor, das in dieser Hinsicht als Ausnahme angesehen werden konnte, damit aber die Regel bestätigte. Über dessen Portal gab es eine Art permanenter Arbeitsbesprechung. Die steinernen Menschen tagten schon seit Ewigkeiten, als ich zuerst in Prag lebte. Und als ich nach mehr als zwanzig Jahren Abwesenheit zurückkam, hatten sie noch immer nichts Endgültiges beschlossen.

Nebeneinander eingereiht, einzig durch Wohnungsfenster getrennt, standen über dem Eingang vier Männer, die nebenberuflich als Herkulen tätig waren, wobei sie kleine Vormauern und Simse stützten. Zwei von ihnen konnten, wegen der seltsamen Arbeitskittel oder Arbeitsschürzen, die wie Röcke aussahen und vielleicht tatsächlich solche gewesen waren, aber auch Frauen sein. Der steinerne Haarschopf der geschlechtlich diffusen Wesen hätte zu sportiven und emanzipiert frisierten Damen passen können. Ob nun Männer oder Frauen – sie hielten eine Papierrolle (natürlich aus Stein, klar!) in der Hand. Die hätte ein Bauplan sein können oder eine Urkunde. Oder auch eine Geheimrezeptur. Am entfernteren Ende der Statuengruppe stand ein Maurer. Er war durch seine Kleidung, den symbolträchtigen Ziegelstein und eine Maurerkelle problemlos zu identifizieren.

Der Clou des gesamten Gruppenbildnisses war aber jener Steinmensch, der dicht neben unserem Hauseingang seine Position zugewiesen bekommen hatte. Er war ungeheuer imposant, geradezu phänomenal. Der Mann steckte in einem

Anzug, die Jacke war ein eng zugeknöpfter Zweireiher. Und: Er hatte einen Telefonhörer in der Hand! Ans Ohr gedrückt. Dieser Mann wurde zum Mittelpunkt wilder Überlegungen, die zuverlässig aufflammten, sobald ich in seine Nähe kam.

Wen ruft er heute wieder an, dachte ich. Den Kartoffelkäfer? Den Sternwart? «Hallo, hallo, eine Blitzverbindung, bitte! Eine riesige Kugel wie aus Gold hängt über unseren Köpfen! Was ist zu tun, Genossen?» Ruft er Kočka an? Er solle umgehend die erbeuteten Glasmurmeln zurückgeben. Ein Befehl von oben.

Sobald wir vor unserer Haustür anlangten, fokussierte ich meinen Blick wieder einmal auf den Telefonierenden: Wird er gerade vor dem bevorstehenden Sturm gewarnt? Oder warnt er selber? Wen? Was weiß er alles? Fürchtet er, dass er von der Wand fortgerissen werden könnte? Wird er im himmlischen Luftwirbel weitertelefonieren können? Und warum gibt er seine Warnung nicht an Maminka weiter, die immer mehr ausschaut, als hätte sie sich zu etwas verleiten lassen, womit sie nicht unbedingt einverstanden war?

Durch den langen, dunklen Hausflur kam ein Mann mit einem zotteligen und schmuddeligen Hund in den Armen auf uns zu. Der Mensch trug, schlank und hochgewachsen, eine abgewetzte, nicht unbedingt passende Cordhose und ein kurzärmliges, kariertes Hemd in verwaschenen Farben. Es war Herr H., Schnelligkeit war nicht sein Ding. Der Hund in seinem Arm schnaufte und keuchte, eigentlich schnauften und keuchten beide. Herr H. rauchte zu viel, seine Finger waren gelb von Nikotin. Und der Hund war zu dick.

Herr H. herrschte, nicht ganz legal, über elektrische Felder, Impulse, Ampere, Ohm, Volt, Pole und Diapole. Man bat ihn um Hilfe, wenn es darum ging, die Elektronen, die in einem geheimnisvollen Stau stockten, wieder «flüssig» zu machen. Ich weiß nicht, welcher amtlich genehmigten Tätigkeit er ansonsten nachging. Die Partei und die Regierung, die zwei biestigen, sadistischen Schwestern, hatten längst eine Arbeitspflicht eingeführt. Wer nicht per Stempel in seinem Personalausweis eine Anstellung vorweisen konnte, hatte sich wegen «Parasitentums» zu verantworten. Die Frauen durften allerdings Hausfrauen sein, das schon, aber ein Ehegatte musste an ihrer Seite sein. Und freie Schriftsteller durften freie Schriftsteller sein, aber nur, falls der jeweilige Verband dies mit einem Stempel bestätigte.

Herr H. besaß früher ein kleines Gewerbe, aber die waren ja kürzlich alle verstaatlicht worden. So ging er vielleicht, wie die meisten, in der Morgendämmerung los, um seine Arbeitskraft irgendwo abzuliefern. Die Zigarette im Mundwinkel, schlenderte er, in den wiegenden Schritten eines Matrosen, durch den staubversetzten Morgentau. Ich hatte keine Ahnung von seinem täglichen Dasein. Ich wusste nur, dass er den Hund herumtrug und immer zur Stelle war, falls es darum ging, die elektrischen Ströme in unserer Straße zu überwachen. Das drohende Zischen, Schmoren, Flüstern, Aufblitzen und Krachen in den verknoteten Kabeln abzustellen, die Induktion zu pflegen und deren Leitungen notdürftig zu reparieren. Es gab natürlich längst staatliche Stellen, die dies zu bewerkstelligen hatten, aber die waren praktisch unerreichbar, wie Sterne in entfernten Galaxien.

Herr H., ob nun illegaler Rentier oder dem Proletariat beigemengt, wohnte in der letzten Etage, auf der auch mein bester Freund P. zu Hause war. Neben dem Dachboden hatte Herr H. einen Verschlag, dort saß er oft, von Radioempfängern aller Art umgeben, mit einer Lötlampe in der Hand. Die grünen magischen Radioaugen blitzten mich an. Sie zwinkerten mir zu, wenn ich Herrn H., wegen einer Reparatur oder auf meinen Freund P. wartend, aufsuchte. Die aufgetürmten Empfänger führten mir – entblößt, aufgerissen, geöffnet – ihr geheimnisvolles Innenleben vor, die großen Lampen, farbigen Drähte und die gewölbten Rücken der Lautsprechermembranen.

«Ganz schön warm, Frau Mannová, nicht wahr?», sagte Herr H.

Er machte ein paar wiegende Schritte über den Bürgersteig und setzte den Hund an einem Baum ab. Das Tier stand dort verzweifelt auf den eigenen vier Beinen und verrichtete nichts. Herr H. zündete sich mit den endlich befreiten Händen flink eine Zigarette an und meinte weiter: «Kaum auszuhalten die Hitze, Frau Mannová. Wenn sich nur ein Lüftchen bewegen würde, ein bisschen Wind, eine frische Brise ...» Er blies den Zigarettenrauch gegen den hoffnungslos blauen Himmel, nahm noch einen ordentlichen Zug in seine hüstelnde Lunge, packte schließlich den Hund und trug ihn Richtung Park. Jemand, der aus allen seinen gesammelten Hörfunklautsprechern, unter dem panischen Zwinkern sämtlicher grün aufgerissener magischer Augen, gerade mit einer eindringlichen Sprecherstimme vor einem Tornado gewarnt worden wäre, hätte es nicht getan. Nach einer Brise zu rufen.

Ich schaute Herrn H. und dem Hund nach. Ich zweifelte nicht daran, dass Herr H., bald zwischen den Wolken unterwegs, die elektrischen Funkenentladungen, die zackigen Blitze um ihn herum, die jeden Sturm aufhellen, kinderleicht zähmen würde. Trotzdem machte ich mir um ihn Sorgen. Und um mich auch. Es war langsam Zeit, dass irgendjemand endlich meine Unkenrufe bestätigte. Ich rief ihm zu: «Herr H.! Obacht, ein Tornado naht!» Er drehte sich um, sah mich und meine Mutter mit seinen wässrigen Augen an. Für einen

Moment schwieg er, etwas überrascht, dann sagte er: «Ein Tornado …? Schön wäre es …»

Das Mietshaus, in dem wir wohnten, hatte vier Stockwerke, jedes führte sein eigenes Duftleben. Zum Grundaroma der jeweils zwei sich gegenüberliegenden Wohnungen, das aus einer Mixtur spezifischer Gerüche bestand (über Jahrzehnte hatten sich die einzigartigen Moleküle originell vermengt), kamen als aktuell wechselnder Zusatz die Essensdüfte. Es wurde traditionell böhmisch gekocht. Man konnte die tägliche Speisekarte, während man die Treppe rauf- oder runterging, gut erriechen: die Paradiessauce, den *Svíčková*-Sauerbraten mit Knödeln, die Dillsauce mit Knödeln, das Schnitzel, den gebratenen Karfiol, die Würste mit Kartoffelbrei und den Schweinsbraten mit Knödeln und Kraut (dies war dem Sonntag vorbehalten und belegte oft einvernehmlich das ganze Haus).

In der ersten Etage des Hauses wohnte ein Herr Z. samt Ehefrau und einer blassen Tochter. Dieser Herr Z., ein zierlicher schlanker Mensch, huschte jeden Nachmittag, auf dem Weg in den Keller, wortlos an einem vorbei. Abends stieg er aus dem Untergrund wieder auf. Den Gruß, den man obligatorisch jedem Erwachsenen höflich zuwarf, erwiderte er, in Gedanken versunken oder mit Sorgen beladen, nicht. Er trug bei den Kellergängen eine seltsam grüne Bekleidung, eine außergewöhnliche Uniform. Mein bester Freund P. behauptete, Herr Z. habe einen «padldress» an (was ich als Terminus technicus in meinen Sprachfundus aufnahm). Im Keller ordnete Herr Z., meinte mein Freund P. weiter, die auf Vorrat angelegten Briketts neu, von dem Wunsch beseelt, die Stapel ansehnlicher hinzubekommen, als es am Vortag der Fall war. Diese Möglichkeit ließ einen grusen. Die Sinnlosigkeit des Lebens tat sich als eine nicht schönzuredende Eventualität auf. Gott sei Dank nur als beiläufige Episode, die man sogleich wieder verdrängte. Man widmete sich (durch die gerade vermittelte Ahnung des universellen Irrsinns angestachelt) umso energischer sinnvolleren und spannenderen Sachen – wie etwa auf dem Roller herumzuflitzen oder das Spiel «Zwei kleine Bären» (eine Zeitlang von P. und mir ununterbrochen favorisiert) zu spielen.

Erst Jahre später begriff ich, dieser «padldress» war der englische «battledress». Herr Z. hatte ihn zum Ende des Krieges irgendwo gefunden oder geschenkt bekommen. Es bleibt zu hoffen, diese Uniform besaß kein Einschussloch.

~

Immer weiter trommelt der Herbstregen ans Fenster, dabei wird mir klar: Herr Z. konnte auch ein Kriegsheld gewesen sein, der in dieser exotischen Kluft mit der ersten Invasionswelle am Abschnitt Omaha Beach landete. Er konnte im Keller bei Kerzenschein aber auch surrealistische Gedichte geschrieben oder einen Geheimsender bedient haben. Er konnte im unterirdischen Asyl Kokain geschnupft oder in pornographischen Büchern geblättert haben, in diskreter Entfernung von seiner blässlichen Tochter und der Gattin. Ebenso konnte er ein fliegendes Fahrrad konstruiert haben. Von einem solchen träumten wir zu der Zeit alle, und angeblich gab es bereits Pläne dafür, die aber verschollen waren. Oder er telefonierte über eine spezielle Leitung regelmäßig mit dem versteinerten Herrn in der zugeknöpften Anzugjacke, der über dem Portal des Nachbarhauses stand.

Maminka und ich stiegen die Treppe hinauf. Mich beschlich der Gedanke, sollte die rasende Windkatastrophe etwa nicht eintreten, würde als trüber Ersatz über mich ein ausgiebiger, dann aber privater Tornado fegen. Ich sollte ja vorher nicht umsonst kompliziert zu Tante Marcela verfrachtet werden. Dies geschah immer dann, wenn meine Mutter verreisen wollte. Wenn es sich nicht um einen kleinen Urlaub mit meinem Vater handelte, dann fuhr sie meist nach Berlin, Ost-Berlin natürlich. Maminka führte dort ab und zu Verhandlungen mit einem Verlag, der die Rechte meines Großvaters, des deutschen Schriftstellers Heinrich Mann, verwaltete. Sie glänzte auch gelegentlich mit einer fragwürdigen Anwesenheit in der Akademie der Künste, die regelmäßig einen Preis verlieh, der mit diesem Familiennamen geschmückt war.

Ein paarmal begleitete ich sie. Die Auslandsreise nach Ost-Berlin war stets mit wochenlangen bürokratischen Umständen verbunden. Kultusministerium ... Innenministerium ... Kultusministerium ... Als alles erledigt war, reisten wir mit dem Zug. Ich war äußerst verwundert, dass der Fluss, die Elbe, und die Hügel vor der Grenze, an der Grenze und hinter der Grenze sich nicht besonders veränderten. Ich erwartete eine Zäsur von ungeheuerlichen Ausmaßen, die den Strapazen und der exotischen Exklusivität eines Grenzübertritts meiner Meinung nach entsprochen hätte. Ansonsten war der Aufenthalt in Ost-Berlin immer wahnsinnig langweilig, abgesehen von den Bombenruinen und Steinhalden.

In der ersten Etage, gegenüber den Z.s, wohnte ein dicklicher Junge namens Petr. Ein wenig älter als ich. Eine seltsame Befremdlichkeit ging von ihm aus. Er wirkte wie aus einer anderen Welt, einer, die mir bitte weiter verschlossen bleiben möchte. Er lebte alleine mit seinem Opa, der ein Schulinspekteur a. D. war. Dieser war von einer runden Statur, hatte zersaustes weißes Haar, das, insofern vorhanden, dicht seine Halbglatze umrundete. Er trug breite Hosenträger, sie hielten, über das Unterhemd geführt, seine ausgebeulte Stoffhose. Die Füße steckten in Pantoffeln.

Im Hof des Hauses, in dem es eine kleine Fabrik gab, eine Tischlerei, die ein niedriger Bau mit flachem Dach war, stand ein Motorrad mit Beiwagen. Eine rote Jawa, zugedeckt mit einer Plane. In den wärmeren Jahreszeiten, wenn sonntags die Düfte des Schweinebratens mit Knödeln und Kraut sämtliche Stockwerke belegten, kam der Schulinspektor a. D. in den Hof und zog die Plane fort. Er trug dabei eine Lederhaube und eine riesige Windschutzbrille über den graugrünen Augen. Petr, das Pummelchen, machte unterdessen geübt die Flügel der beiden Haustore auf. Angestrengt schoben sie zusammen das Motorrad mit dem Beiwagen auf die Straße. Während Petr beflissen die Torflügel wieder zumachte, trat der Schulinspektor a. D. energiegeladen wie ein Wüterich auf den Kickstarter, bis der widerspenstige Motor ansprang. Petr zwängte sich in den Beiwagen; saß er drin, setzte auch er sich eine große Windschutzbrille auf. Sein Gesicht verschwand dahinter gänzlich. Im Schoß hielt er einen Rucksack. Das Duo entschwand im ersten Gang, langsam und bedächtig.

Einmal, es war ein Rätsel, wieso dies geschah, war ich mit P. bei Petr zum Mittagessen eingeladen. Der Opa hatte eine Terrine schmackhafter Rinderbrühe mit Nudeln auf den schön gedeckten Tisch gestellt. Nie zuvor hatte ich bei einem Mittagessen so herzlich gelacht. Mann, da ging es lustig zu: Die Brühe war heiß, wir pusteten vorsichtig. Genauso vorsichtig löffelten wir davon. Dann pusteten wir wieder. Mit einem Mal hatte Petr mit vollem Mund derart gepustet, dass er prustend den Mundinhalt zurück in den Teller schleuderte. Wir lachten, verunsichert, denn der Schulinspektor saß ja mit uns am Tisch. Trotzdem wiederholte Petr, offenbar den Erfolg vor Augen, die Tat. Wir lachten diesmal stürmisch, erst dann schielten wir zu Petrs Opa. Der schaute vergnügt in die Runde. Also schlossen P. und ich uns dem bis dato unbekannten, aber einfachen und umso lustigeren Essspiel an. Wir löffelten, pusteten, prusteten, schrien und lachten begeistert über die kleinen Suppengeysire. Unsere Kinderstube wurde augenblicklich von brodelnder und spritzender Rindsbrühe fortgeschwemmt.

Nach einer Weile wurden die Reprisen jedoch eintönig. Petr konnte sich nicht damit abfinden, dass sein Tun keine Lacher mehr erzeugte. Er wiederholte starrsinnig seinen Gag. Die Intensität des Prustens stieg mit steigender Verzweiflung über die verlorene Gunst des Publikums. Ich und P. nahmen, als er immer zügelloser wurde, nur noch ermüdet die Suppenreste zu uns und reagierten kaum.

Ich kann mich nicht erinnern, dass wir jemals wieder Petr und seinen Opa besucht hätten. Diese Mahlzeitepisode blieb ein Fragment.

Wesentlich später erfuhr ich, dass die Mutter von Petr im Gefängnis einsaß, aus politischen Gründen. Meist bedeutete das entweder eine versuchte Republikflucht oder ein ungeschicktes Verteilen von Flugblättern mit Sprüchen wie: «Wir verlangen freie Wahlen!» Sie war zu jahrelangem (oder lebenslangem) Kerker verurteilt. Noch später, ich war sicher schon fünfzehn oder sechzehn, war sie auf einmal da. Eine Amnestie. Die Mutter war, trotz der Walze, die über sie gerollt war, eine reizende Frau mit wunderschönen grünen Augen. Ich kam gerade aus der Schule, als sie statt des Schulinspekteurs im Morgenmantel vor der halb offenen Wohnungstür stand. Ich begrüßte sie, sie grüßte zurück. Danach stieg ich weiter die Treppen hinauf und drehte mich mittendrin noch einmal zu ihr (und den grünen Augen) um. Sie lächelte, und ich lächelte zurück.

Irgendwie waren sie, der Schulinspekteur und Petr dann nicht mehr da, wahrscheinlich verzogen.

Nur das Motorrad blieb, das nun Herr A., der angeheiratete Hausmeister, erworben hatte. Im Beiwagen saß seine Frau, die eigentliche Hausmeisterin.

Die Bilder aus der zweiten Etage sind in mir, ich wundere mich, wieso, seltsam verwischt. Links wohnte doch dieser Herr L. … Ja, genau, ein mächtiger Kerl mit einem dichten hellbraunen Vollbart und einem Rückenleiden. Ein Schmerz, den er nur mit heldenhaftem Lächeln erwähnte. Er hatte sich dieses Leiden bei einem Fallschirmsprung zugezogen, aber nicht während kriegerischer Auseinandersetzungen, sondern bei einer Übung in einem paramilitärischen Sportklub. Er hatte keine Ehefrau, aber eine blonde Tochter, die bei mir, obwohl man im Haus von ihrer Schönheit sprach, kaum Eindruck hinterließ. Umso mehr aber das Auto, in das sie einstieg, als sie nach Buenos Aires heiratete. Ein Mercedes, den der Bräutigam, es muss schon Ende der fünfziger Jahre gewesen sein, vorher ging es ja kaum (nach Buenos Aires zu heiraten; mit dem Mercedes hätte es da schon geklappt), vor dem Haus parkte. Ich sah das glückliche Paar einsteigen und davonfahren. Da ich dabei aus dem dritten Stock nach unten schaute, sah ich das dichte blonde und schulterlange Haar der Braut, in der Mitte ordentlich gescheitelt. Neben der wehenden blonden Pracht zeigte sich die kurzgeschnittene schwarze Frisur des Bräutigams. Sie wies eine unauffällig beginnende Glatze auf, die man nur aus der Höhe entdecken konnte. Und ich erblickte aus dem Fenster das silbrige Autodach, die silbrigen Kotflügel und den bläulichen Rauch des Auspuffs, der an die Zigaretten meiner Mutter erinnerte.

Jene zweite Nachbarswohnung in der zweiten Etage aber, hinter der dunklen, matt glänzenden, an einigen Stellen abgeschürften Tür, die gegenüber der Wohnung des mannhaften Rückenkranken und der nach Buenos Aires verheirateten Tochter (die übrigens nie wieder in unserer Straße aufkreuzte) lag, bleibt in meiner Erinnerung leer, als hätten nie Menschen darin gelebt. Aber jemand musste dort gewohnt haben. In Prag gab es eine lähmende Wohnungsnot, und solche Unterkünfte waren ungeheuer begehrt. Drei Generationen lebten manchmal zusammen in vier Zimmern, was natürlich zu Spannungen führte. Kein Wunder, dass hin und wieder plötzlich, über Nacht, ein Globus oder ein Notenständer auf dem Flur stand.

Nur noch ein paar Stufen entfernt, dann war das Ende unserer Flucht erreicht. Mir war inzwischen klar, im Fall des sich erhärtenden Verdachts meiner bewussten oder auch nur fahrlässigen Falschaussage über die Tornadodrohung würde die selbstlose mütterliche Schutzaktion in einen rächenden Ausbruch umschlagen. Und während sich meine Angst vergrößerte und das ganze Haus, der ganze Rayon, die ganze Stadt unter einer Glocke aus Hitze und totaler Windstille lag, komme ich, der andere, der aber immer derselbige war, kurz noch auf die vier Männer zurück (zwei davon waren allerdings vielleicht Frauen), die das Portal des Nebenhauses bildhauerisch schmückten.

Das beeindruckende Dekor war nämlich nicht durch das kommunistische Regime inspiriert worden – wie ich es lange Zeit angenommen hatte, nur weil diese Gruppierung dramaturgisch bestens zu dieser Regierung passte. Erst nach Jahren, als ich durch die Vilímovská, pardon, Laubova-Straße schlenderte, bemerkte ich den Irrtum. Das Sujet stimmte, aber die Ausführung nicht. Die versteinerten Personen verbrüderten sich nämlich nicht, auch hatten sie gutmütige Gesichter. Das ganze Ensemble strahlte etwas Friedfertiges, gänzlich Undramatisches aus: «Ich bin ein Herr und Sie sind einer, mein Herr, oder Verzeihung, sind Sie vielleicht eine Dame?»

Das dreidimensionale Bildnis war eindeutiges Ergebnis jener zivilen Euphorie, die zwischen den beiden Weltkriegen um den König-Georg-Platz herum boomte. Ich hatte also, über Jahrzehnte hinweg, diesen vier Fassadengestalten, den Kindern einer furiosen, auf Nimmerwiedersehen verschwundenen und von den Nachkommen verklärten Republik (die man als die «Erste» bezeichnet), ein schmerzhaftes Unrecht angetan. Ich hatte sie verwechselt. Mit der giftigen Seligkeit durch blutgetränkte Verbundenheit. Mit einem staatlich aufdoktrinierten Verehren von Ziegelsteinen und Bauwerkzeugen. Mit unermüdlichen Helden der sozialistischen Arbeit, den Erbauern einer strahlenden Zukunft. Mit den Heiligen des neuen irdischen Paradieses, denen die blutrünstige Dumpfheit ins Gesicht gemeißelt wurde. Mit gnadenlosen Optimisten, die sich jederzeit zum Henker umschulen lassen. Solche Bildnisse waren zu meiner Kinderzeit derart präsent, dass ein paar gutmütige Burschen, nur wegen eines schlichten Ziegelsteins in der Hand, sofort in diese eingereiht wurden.

Die dritte Etage. Endlich! Links von der Treppe befand sich unsere Wohnung. Gegenüber wohnten die T.s, unsere Nachbarn, die angesichts meiner verwandtschaftlichen Leere eine spezielle Gastrolle in diesem Vakuum einnahmen. Bei einer etwaigen Unterbringung meiner Person zwecks Beaufsichtigung standen sie an erster Stelle. Sie waren diesmal sicher verhindert, sonst wäre die Verabredung an der Tramhaltestelle unnötig gewesen.

Das Familienoberhaupt, Herr T., war ein dünner Mann. Mit einem Eierkopf. Früher Bankbeamter, arbeitete er jetzt, kurz vor der Pensionierung, im Ministerium für Binnenstaatlichen Handel. Dorthin hatte er mich einmal mitgenommen. Ich kann mich noch an die Verwirrung und Enttäuschung erinnern, die der Besuch bei mir hinterließ. Das Wort «Ministerium» hatte für mich – aber nur bis zu diesem Zeitpunkt – einen nicht ganz so schlechten Klang. Etwas Farbiges schimmerte durch die Vokabel, etwas Verspieltes: Mi-nis-te-ri-um. Die Wirklichkeit war dagegen trist: Herr T. führte mich, einen fünfjährigen Knaben, an der Hand über endlose Gänge. Ich atmete die erdrückende Ödnis der Büros ein. An einem der vielen Schreibtische, an dem man Sachen addierte, die – so würde ich heute annehmen – nie existierten, stellte er mir seine Mitarbeiter vor, die sich in dieses Ambiente bestens einfügten. So schien es mir wenigstens.

Manchmal spazierten Herr T. und ich sonntags zu einem Fußballmatch der Zweiten Liga, es waren meist kaum Zuschauer auf den Tribünen. Oder zu einem Handballturnier, in dessen Spielregeln ich unterwegs schnell eingewiesen wurde. Ich wette, weder mein Vater noch meine Mutter besuchten jemals leibhaftig eine solche Veranstaltung.

Die T.s hatten einen erwachsenen Sohn, Zdenda. Er durfte, weil seine Eltern als politisch nicht ganz zuverlässig eingestuft waren, nicht studieren. Zdenda war ein so leidenschaftlicher Skirennfahrer. Jedes Jahr kam er mit einem abgebrochenen Ski zurück, sodass ich lange dachte, es sei für ein alpines Wettrennen unabdingbar, mit einem abgebrochenen Brett nach Hause zu fahren. Der elende Rumpf stand dann jedes Mal an der Wand vor der Wohnungstür angelehnt. Hätte Zdenda gern Sport studiert? Oder Kunstfotografie? Er beschäftigte sich mit seiner Kamera mit einem heute kaum mehr nachvollziehbaren Aufwand an Leidenschaft, Zeit und Geld. Oft lichtete er mich im Kinderbett ab, nicht aus einer tieferen Zuneigung heraus, sondern weil ich trotz all der Lampen, die er dabei umständlich hinstellen und einschalten musste, um mich farbig (damals etwas Außergewöhnliches) aufzunehmen, tief und ruhig weiterschlief, den Plüschaffen fest im Arm.

Weswegen und von wem T.s politische Flatterhaftigkeit (die das Studium blockierte) diagnostiziert wurde, darüber kann ich nur Vermutungen anstellen. Worauf gründete der Verdacht? Auf Herrn T.s Eierkopf? Oder auf seiner Vorliebe für zweitklassige Sportveranstaltungen? Auch seine bourgeoise Herkunft kam in Betracht. Vor dem Zweiten Weltkrieg reiste er als Bankbeamter einfach zum Skifahren in die Schweiz. Jawohl, manchmal zeigte mir Frau T. Bilder von einer Schneewanderung in den Alpen. Ich sah auf den Fotos die jungen Herrschaften, die niemand anders als sie selbst und ihr Mann waren. Der junge Herr T. trug eine Pudelmütze, sodass die damalige Haarbeschaffenheit seines Kopfes verborgen blieb. Während Frau T. die Albumseiten, zwischen denen feines Seidenpapier war, raschelnd umblätterte, sagte sie, dass sie auf dem weißbeschneiten Hang, auf dem sie stünden, ihre Skibretter mit Seehundfell bezogen hätten, um nicht abzurutschen. Seehundfell? Mir war das unbegreiflich. Man fuhr in die Schweiz, einfach so, auf Brettern mit Seehundfell? Aha. Und wie wäre es mit einem Marsausflug?

Ob die Zweifel an der Zuverlässigkeit der T.s von Herrn A. formuliert worden waren, dem angeheirateten Hausmeister, der gelegentlich entsprechende Kanzleien dienstlich aufsuchte? Oder von Herrn Behm, dem Vorsitzenden des Straßenkomitees? Eigentlich wäre er der dafür Zuständige. Allerdings:

Es gab offizielle Zuständige, andererseits aber auch geheime Zuständige. Weiterhin hauptberufliche, nebenberufliche und nur gelegentliche geheime Zuständige. Mitunter sogar wider Willen geheime Zuständige. Nicht zu vergessen sind jedoch die begeisterten Zuständigen. Aufrichtige Flammen, vom eigenen Schwachsinn verzehrt, wie auch listige Hunde waren dabei. Von daher wäre es unrecht gewesen, es Herrn Behm von vornherein in die Schuhe zu schieben. In dubio pro reo.

Als Herr Behm am mächtigsten war, war ich zu klein, um mich vor ihm zu fürchten. Als ich groß war, schwand seine Macht. So kann ich wenig von dem Mann berichten, der in einem Ledermantel, leicht bucklig, herumschlenderte und nur mäßig Furcht verbreitete. Sein Ledermantel schien dem Filmkostümfundus, aus dem man die brutalen Gestaposchergen für die Leinwand ankleidete, zu entstammen. Schwer zu sagen, ob Herr Behm seinen Mantel aus dem besagten Fundus hatte oder die Kostümbildner leihweise von Herrn Behm diesen Mantel bekamen.

Oder wurden die T.s gar von dem im gläsernen Sarg schlummernden, bestens angeleuchteten Präsidenten direkt denunziert? Jenem mit den kunstfertig angepinselten Wangen? Hatte er seine Bedenken in spiritistischen Sitzungen des Ministeriums für Binnenstaatlichen Handel durch das Wackeln eines vertrauenswürdigen Amtstisches angekündigt? Natürlich waren die T.s für so etwas nicht wichtig genug, aber der Tod ist vielleicht auf die Dauer langweilig und ein Gespenst für jede Aktivität dankbar.

Wenn Herr T. auch gleich nach dem Krieg, also 1945, der Kommunistischen Partei beitrat: Es war ein mildernder Umstand, aber kein Blankoscheck.

Den T.s stand für ihre großzügig geduldete und recht nachsichtig geahndete Unzuverlässigkeit eine große Küche zur Verfügung. Düstere Möbel und Teppiche, ein schwarzglänzender Flügel im Wohnzimmer. In diesem verbrachten wir oft die Weihnachtsfeiertage (nicht den Heiligabend, aber einen der festlichen Nachmittage in der Folgezeit). Es traf sich dann eine Runde von politisch nicht ganz Zuverlässigen, die wahrlich nicht sehr radikal waren: Frau T. und ihre Schwester, eine Volksschullehrerin, beide in Abendkleidern aus der Vorkriegszeit mit einem überraschend tiefen Dekolleté, das mit Rüschen umrandet war, dann Herr T. selbst. Er residierte vor dem Weihnachtsbaum, Kerzen und Lametta glitzerten hinter seinem haarlosen Kopf. Am gedeckten Biedermeiertisch saß seine schrumpelige, neunzigjährige Mama, die aus einem kleinen Dorf im Grenzgebirge angereist war. Herr T. haderte mit ihr, obwohl sie so fabelhafte Kartoffelpuffer briet. Ein wahrer Schmaus, mit Knoblauch beschmiert! Herr T. und seine nach Kartoffel, Butter und Knoblauch duftende alte Mama stritten leise, aber explosionsreif.

«Zieh einen Pulli an», sprach die neunzigjährige kleine Frau zu ihrem großen Sohn.

«Nein, mir ist warm genug», antwortete der sechzigjährige Ministerialbeamte gestresst, von vornherein auf verlorenem Posten.

«Ich sage dir, zieh den Pulli an, du wirst dich sonst noch erkälten, denk an deine Bronchien.»

«Maminka, mir ist aber doch warm», antwortete der Eierkopf trotzig, zog aber folgsam den Pulli an, dumpfe Klageworte in die Wolle murmelnd, und schwitzte fortan.

Eine böhmische Mittelstandsfamilie will unbedingt, egal wohin sie einst die Skiwanderung geführt haben mochte, dass ihr Sohn studiert. Selbst dann will sie es, wenn es keinen Mittelstand mehr gibt. Es klappte daher schließlich auch mit Zdendas Studium. Allerdings nur dort, wohin keiner wollte:

Auf einer Militärakademie wurde aus Zdenda ein Ingenieur. Er trug bald die blaue Uniform der Luftwaffenoffiziere, die er aufrichtig hasste. Glücklich war er über jede Sekunde, in der er die Kluft ausziehen durfte. Später, noch während meiner Gymnasialzeit, war er bereits ein Raketenexperte und flog in geheimer Mission zu verschwiegenen sowjetischen Ostseeinseln. Auf seinem Schreibtisch – noch immer in der elterlichen Wohnung, wo auch sonst, da es ja keine Unterkünfte gab – lagen höchstvertrauliche Blaupausen. Entwicklungen ballistischer Flugkörper, die vielleicht, wer weiß, bald auf Utrecht oder Schweinfurt zielten, waren zum Teil von seinem technischen Sachverstand begleitet.

So war es eben manchmal: Da durfte jemand nicht sanfte Flusstäler im frühmorgendlichen Nebel für Buchumschläge oder hübsche Frauen für Kalenderseiten fotografisch aufnehmen, weil die Eltern politisch unzuverlässig waren. Und infolgedessen, im Wechselspiel des zähen Elternwillens und des staatlich-bürokratisch-kommunistischen Ungetüms, wurde er ein Geheimnisträger. Krakelte fortan an Geschossplänen herum, die nach einer erfolgreichen Herstellung irgendeinem Bankbeamten aus Gießen, gerade zurück aus der Schweiz, schön erfrischt von einer Skiwanderung, Seehundfelle im Koffer, den Eierkopf abreißen sollten. (Mehreren Bankbeamten, natürlich! Wenn schon, dann auch richtig.)

Die T.s litten darunter, dass die Enkel ausblieben und nur ich mit ihnen zum Handballspiel durch die menschenleeren Sonntagsstraßen spazierte. Bis Zdenda endlich die Erwählte nach Hause brachte. Die Freude von Frau T. war mit einigen Seufzern garniert. Die Braut war geschieden, mit Anhang, wie man so sagte. Das passte nicht ganz in die Träume, die Frau T. einmal hatte, als sie auf den weißbepuderten Schweizer Hängen, in der klaren Luft, von glitzernden Schneekristallen geblendet und vom Seehundfell am Abrutschen in die lautlosen Tiefen gerettet wurde. Zdendas Braut war aber eine besonders charmante und hübsche Frau. Ihre Eltern erschienen allerdings nicht zur Hochzeit, da sowohl Vater als auch Mutter im Gefängnis saßen. Zu jeweils fünfzehn und zwanzig Jahren hatte man sie verdonnert.

Ich langweile damit aus dem Grund, weil ich erwähnen will, dass selbst in einem ganz gewöhnlichen Miethaus in einer stillen Nebenstraße, mit einem dunklen Durchgang und einem ewig maroden Fahrstuhl, mit einem Treppenhaus, in dem die Düfte der Mittagessen von einer Etage zur anderen variierten, dass selbst in so einem unauffälligen Miethaus mir drei Leute bekannt waren, die schuldlos Jahrzehnte im Kerker saßen.

Zdendas Schwiegereltern hatten einen Galanteriehandel besessen. Als dieser verstaatlicht wurde, lieferten sie angeblich nicht rechtzeitig alle Spulen, Fäden, Nadeln (inklusive Nadelkissen), Reißverschlüsse und Knöpfe (Kragenknöpfe, Manschettenknöpfe und Druckknöpfe) an die neuen raffgierigen Machthaber ab. Ich glaube, man führte sie sogar in einer Kino-*Wochenschau* vor – die beiden Leute, der Bourgeoisie angehörig, die dem geschundenen Proletariat seine vergesellschafteten Fingerhüte vorenthalten wollten. Das war zu jener Blütezeit der Kino-*Wochenschauen* ein beliebter und oft gezeigter Clip: Der dokumentierte Kapitalist tat so, als ob nix wäre, aber die hellhörigen Arbeitermilizen (Männer im kleidsamen Blaumann, mit einer Handwaffe oder sogar Flinte und einer sehr verböhmisierten Baskenmütze auf dem wachsamen Kopf) entdeckten in einem Hohlraum hinter der Wand im Schlafzimmer die verborgenen Schätze. Mir wäre nie in den Sinn gekommen, dort abzuklopfen, aber die Typen mit der seltsamen Mütze und dem kleidsamen Blaumann waren ja fix und schlau und fanden die gehortete Habe. Der definitiv ertappte Kapitalist bekam einen bestimmten Blick, reumütig und über die eigene Unzulänglichkeit bitter enttäuscht. So ein dummes Versteck! Wie hatte er nur das Proletariat so unterschätzen können. Nun, es war zu spät. Der Kameramann der *Wochenschau* setzte ihm ein exzellentes Augenlicht, und der Kapitalist wurde nach ein paar Sekunden abgeführt. In die Dunkelheit.

Als ich gute zehn Jahre später meiner (da noch sehr zukünftigen) Frau zum Skifahren hinterherfuhr (keinesfalls aber in die Schweiz!), wohnte ich in einer Hütte mit einem kleinen Liftbetrieb. Das alte Ehepaar, das Hütte und Lift bewirtschaftete – nicht besaß, natürlich! –, hieß genau so wie unsere frühere Nachbarin mit ihrem Mädchennamen. (Mittlerweile waren wir und auch die T.s verzogen.) Also fragte ich nach. «Ja, das sind wir», erwiderte der Mann, «die Eltern.» Der Abend sank inzwischen herab, es war bläulich dunkel, die Sterne glitzerten und blitzten über den massigen Umrissen der Berggipfel. Der Mann war ziemlich groß und breitschultrig, mit einem grauen und faltigen Gesicht. Über die Jahrzehnte im Gefängnis, die er und seine Frau dort verbracht hatten, fiel kein Wort. Er hatte ölverschmierte Hände vom krächzenden und stinkenden Liftmotor.

Mama fischte aus ihrer Handtasche die Schlüssel, schloss auf, und wir traten in unsere Wohnung ein. Wir befanden uns nun in einer steinernen Behausung, und zwar in einer besonders vertrauten und heimeligen. Also, lieber Tornado, puste nach Kräften!

Die Wohnung hatte eine große rechteckige Diele … Ja, ich sehe sie wieder – da ist sie! Ganz leer, mit einem gemusterten Vorhang, der die Türen zur Speisekammer, zur Toilette und zum Bad mit einer übertriebenen Dezentheit abdeckte. Gleich neben dem Wohnungseingang gab es eine klitzekleine Küche. Man hatte sie aus einem früheren Dienstmädchenzimmer (für ein äußerst zierliches Dienstmädchen konzipiert) hergezaubert. Es gab ein großes Wohnzimmer, dann das Schlafgemach, das letztlich meiner Mutter allein gehörte. Diese beiden Räume gingen zur Straße hinaus. Die ursprüngliche Küche hatte man zu einem Kinderzimmer für mich umgebaut. Von ihm kam man auf einen Balkon, von dem aus ich in den Hinterhof blicken konnte. Dort gab es die schon erwähnte kleine Fabrik mit – ein willkommener Nebeneffekt – unzähligen großen Holzkisten. In diesen hauste ich mit meinem besten Freund P., wir, die zwei kleinen Bären – falls wir nicht ausnahmsweise ein U-Boot befehligten. Oder als Partisanen heldenhaft kämpften und dabei die deutschen Soldaten – zweifellos verdient – in meisterhaft gelegten Fallen (in die sie blauäugig hineingerieten) niederwalzten.

Mein Vater besaß ein großes Arbeitszimmer auf derselben Wohnungsseite wie ich. Als meine Mutter und ich zur Tür hereinkamen, hörten wir seine Stimme. Dass er zu Hause war und dass ich trotzdem bei meiner Tante, die keine war, untergebracht werden sollte, passte zum eingeführten Familiensystem. In ihm war mein Vater für das Organisieren der täglichen Mühen (unter anderem aufs Kind aufpassen, dieses beaufsichtigen und füttern) absolut nicht zuständig. Meine Mutter arrangierte Derartiges stets geräuschlos an ihm vorbei.

Ich hörte das Hämmern der Schreibmaschinentasten. Mein Vater diktierte seine Texte – Tschechisch war ja nicht seine Muttersprache (was mir nie bewusst war). Nie hatte er eine tschechische Schulbank gedrückt (was mir auch nicht klar war). In diesem Moment wurde ich jedoch während des

Diktats (ich ahnte da noch nichts davon) zu einem Literaturhelden geknetet: in Erzählungen, die von einem Papa und seinem kleinen Sohn handelten. Der Band kam zwei Jahre später heraus, er wurde ein epochaler Erfolg. In der entsetzlichen Literaturdürre, in der nur schuftende Arbeitshelden, Kriegsheroen und ätzende kommunistische Besserwisser vorkamen, waren die kleinen Geschichten um einen Jungen (der überlegt, ob er nach seinem Tod im Leichenwagen neben dem Fahrer sitzen darf oder er ein langes Erziehungsgespräch lieber gegen ein paar zeitsparende Ohrfeigen tauschen möchte) eine belebende Erfrischung. Man stand vor den Buchhandlungen Schlange, um diese Erzählungen zu kaufen.

Inwiefern mein Vater, jetzt plötzlich ein Bestsellerautor, zu den Umständen beigetragen haben konnte, durch welche eine Literaturdürre (in der er gerade eine liebliche Oase geschaffen hatte) noch zum Harmlosesten gehörte, was einen umgab, und inwiefern das zarte Licht seiner Erzählungen eine Dunkelheit durchbrach, die er einmal selber mit verursacht hatte, sind berechtigte Fragen. Zu seiner etwaigen Mitschuld fallen mir aber lauter mildernde Umstände ein. (Und sobald sie aufgebraucht sind, finde ich in meiner löchrigen Hosentasche hinter dem Stofffutter noch einige mehr davon.)

In einer der «Etüden» (*Kinderetüden* hieß das so erfolgreiche Buch) ging es um einen kleinen kindlichen Bettler und einen Engel, der Münzen, die man in einen Kasten einwarf, nickend quittierte. Es war aber bei weitem nicht die ganze Wahrheit. Die behielt ich für mich. Bis jetzt: Meine Sehnsucht nach dem nickenden Kopf des schwarzen Engels verzehrte mich nämlich weiter. Die raren Geldstücke, die mir das Leben zuwarf, reichten nicht aus. Es war mein bester Freund P., der mich darauf aufmerksam machte, dass der Engel auch dann nickte, wenn man ihm eine Kopfnuss versetzte. Nach einem kleinen Schlag wackelte sein Kopf tatsächlich genau so, als wenn in den Schlitz der Kasse Münzen gefallen wären. Zuerst war dieses Nicken überraschend heftig – die «Berührung» ließ sich eben nicht exakt regulieren. Diesem Nicken schloss sich dann ein staunendes an – der Engel war verblüfft, wie problemlos es war, ihm die Dankesbekundungen zu entlocken. Ein erneutes Kopfschütteln bezeugte zurückhaltende Vorwürfe gegenüber dem verflixten Mechanismus, der ihn zum fortwährenden Nicken zwang. Danach gab er mir (resigniert, aber doch mit einer verständnisvollen Milde) zu verstehen: «Ich weiß, du bist es! Ich nicke ... und nicke ... Ich muss es offenbar tun, leider, auch noch zum fünften Mal ... oh ... Ein aufrichtiges Dankeschön ist es aber nicht, das verstehst du doch, lieber Freund? Hast du keine zehn Heller?»

Ich glaube mich sogar eines kurzen Auflachens zu erinnern, das ich aus dem Arbeitszimmer, wohin meine Mutter sogleich eintrat, hörte. Ansonsten hatte ich kaum etwas Konkretes vernommen, außer einigen Wortfetzen wie: «Nein! ... Was? ... Bei Beneschov?»

Ich hatte aber auch nicht direkt hinter der Tür gelauscht. Gut so, denn gleich danach ging sie auf. Hinaus kamen Mama, Papa und eine dritte Person, die ich nur als ein schattenhaftes Nichts in Erinnerung behielt. Ich erkenne hierbei heute nur unklare Umrisse, zu denen ein Kopf und zwei Beine gehörten, aber ob nun auch zwei Frauenbrüste oder eben nicht, weil die dritte Person möglicherweise ein Mann war, das vermag ich nicht zu sagen.

Die Menschen, die von meinem Vater das Diktat entgegennahmen, wechselten oft. Eine Hörfunksekretärin war dabei, eine große alte Dame mit einem grauen, dichten Haarschopf, den sie zu einem schönen Knoten geordnet hatte. Sie hatte zwei dicke, wunde Beine, einen flinken Verstand und schnelle Finger. Dann gab es eine andere Frau, von ihren sorgfältig überpuderten Gesichtszügen taucht kein einziger vor meinem zurückschauenden Auge auf – nur der Duft ihrer Schminke weht zaghaft herbei. Es kam auch ein Mann, A. L., mittlerweile ist er ein sehr bekannter Schriftsteller, der heute in den USA lebt.

Später erschien Helena F., eine anmutige, feine schwarzhaarige Frau, die uns alle, was ihre Größe anging, um drei Köpfe überragte. Sie war schlank und ungewöhnlich graziös. Auch sie hatte über zehn Jahre im Gefängnis gesessen. Ihre Familie hatte einen flüchtigen Geistlichen in einem alten Brunnen versteckt, vielleicht gar einen Bischof. Helena war sehr geistreich, mochte unsere ganze Familie, nannte meinen Vater «Meister» (was im Tschechischen im Umgang mit Menschen, die als Künstler galten, aber nicht so außergewöhnlich war) und zeigte uns auf beeindruckende Weise, was christliche Sanftmut bedeutet. Helena war also die vierte Person aus dem stillen, unauffälligen Haus, die man jahrelang wegen nichts eingesperrt hatte. Denn nicht sie, sondern ihre Eltern hielten den Bischof im Brunnen verborgen. Überdies hatte der nichts verbrochen – außer Bischof zu sein.

Wer da also aus dem Arbeitszimmer mit meinen Eltern herauskam – ich weiß es nicht. Ich verdrückte mich schleunigst in mein Refugium, ich verspürte keine Lust, die fulminante Tornadowarnung noch einmal vor meinem Papa aufzusagen. Ich war aber dadurch, dass ich in meinem Zimmer verschwand (und wohin sollte ich mich bitte sonst begeben?), auch nicht von der Welt. Wer finden will, findet.

Ich begab mich zur Balkontür und schaute in Richtung des halbverfallenen, geschlossenen jüdischen Friedhofs. Wir Jungen kletterten oft über diese Mauer, um ins Verbotene zu gelangen. Später, da lebte ich längst nicht mehr in Prag, baute man auf diesem Gelände einen seltsam originellen Fernsehturm, der einer Rakete sehr ähnlich ist. Einer, bei der es schien, als wäre sie Zdendas Blaupausen entsprungen. Sie hätte es bei diesem Sprung jedenfalls nicht weit gehabt.

Ich versuchte zu erspähen, ob sich der Tornado am Horizont schon abzeichnen würde. Möglicherweise durch einige fliegende Straßenbahnen. Dies war aber nicht der Fall.

Die Dreiergruppe ging mit Papa voran, vermutlich in einer Art Gänsemarsch (ich hörte es nur, aber ich konnte die Schritte einordnen) Richtung Wohnzimmer, in das sie alsbald verschwand – der leichte Anschlag der leise quietschenden Zimmertür vermeldete es.

Ich kam wieder aus meinem Zufluchtsort heraus. Warum nicht? Ich wurde da doch nicht festgesetzt, also!

Unentschlossen, fast müßig, schaute ich mir jenes befremdliche Bild an, das in der Diele an der Wand hing, es passte zu meinem Gemütszustand. Das Rätselhafte bei diesem Farbdruck aber war vor allem, warum es eigentlich so rätselhaft war. Eine alte Lithographie der bayerischen Metropole. Auf dieser Münchener Stadtansicht – sie ist sehr bekannt, wie ich heute weiß – sieht man die Türme der Frauenkirche und alte Giebel von Häusern aus dem 18. oder 19. Jahrhundert. Darüber hing ein Banner mit dem Wort «München».

Alles auf diesem Bild war mir in einer verwunderlichen Radikalität fremd, die beiden Kirchtürme, die Giebelhäuser, die Aufschrift. Als ich dann später lesen konnte, hatte ich gehofft, meine Alphabetisierung würde das Merkwürdige erklären. Aber stattdessen kam nur ein unbekanntes Wort hinzu: «München», denn meine Mutter sprach von diesem Ort einzig in seiner tschechischen Übersetzung (Mnichov). Es war die Stadt, in der sie geboren wurde. Sie war also in einer anderen Stadt zur Welt gekommen als in der, in welcher wir lebten? In einer so anderen Stadt? Dass dieser Ort außerhalb unseres Universums lag, war unbestritten. Und zwar so sehr, dass ich nicht extra nachhakte. Meine Mutter konnte nicht, das war schmerzlich klar, nie und nimmer zu dem Park zurückkehren, in dem sie als Kind mit Murmeln gespielt hatte. (Ich zweifelte nie daran, dass sie dies getan hatte.)

Das Bild war stilisiert und für einen kindlichen Betrachter, der klare Formen, eindeutige Ansichten und handfeste Abbildungen von Menschen suchte, verwirrend. Obschon ich beim Betrachten nicht in eine winterliche Landschaft geraten war, war ich durchaus bereit anzunehmen, man bewege sich dort, in dieser merkwürdigen Fremde, auf Seehundfellen.

Komisch, als meine Mutter einmal erwähnte, ihre Großmutter stamme aus Brasilien, und andeutete – um mich für ihre Familie zu erwärmen –, sie und ihre jüngeren Brüder (die der Großmutter) seien vielleicht zum Teil Indianer, hatte ich damit keine Probleme.

Brasilien – klar! Da gab es die äußerst beliebten Berichte der zwei berühmten Weltreisenden mit Namen Hanzelka und Zikmund. Die beiden Namen sind bis heute ein Markenartikel. Damals fuhren sie mit einem silbernen Tatra 87, einem bewundernswerten aerodynamischen Fahrzeug, durch exotische Länder. Die beiden Reisenden schickten in die Tschechoslowakei Fotos, Artikel für Zeitungen und Beiträge für Kino-*Wochenschauen* über Palmen, Urwälder, Stammestänze und zur Apfelgröße geschrumpfte Köpfe der besiegten Feinde.

Urgroßmütter, davon war ich überzeugt, mussten Fabelwesen sein – und Fabelwesen pflegten nun einmal Heimstätten wie Brasilien zu haben. Manche Prager Mietshäuser, die besonders großen, wuchtigen und verschnörkelten, kommen mir heute noch wie ein verzierter Bug von einem alten Handelsschiff vor. Mit fünf Jahren brauchte ich nicht einmal die Augen zuzukneifen, um mich augenblicklich in einer Kapitänskajüte zu wähnen. Ich segelte bedenkenlos über die tobenden Meereswellen zu meiner indianischen Verwandtschaft. Gleich würde man anlegen, in eine Barke umsteigen, zum Festland rudern und dem Indianerhäuptling seine Aufwartung machen: «Ich suche meine Ururcousins, wir sind vom selben Blut, sie, du und ich, mein roter Bruder!»

Aber München …? Was war denn das?

Ich zweifelte nicht daran, dass die Suggestion, mit der ich meine Mama bewogen hatte, ihre (vermeintlichen) Reisepläne konsequent durcheinanderzuwirbeln, bald in messerscharfem Ton angesprochen werden würde. Dass dies vorläufig ausblieb, führte ich auf die Ungewissheit zurück: Hatte der Junge nun wirklich was gehört, oder hatte er es nicht gehört?

Ich vermute, dass mein Papa seine Anfragen durch Telefondrähte in alle Richtungen jagen wollte, dass aber der Apparat stumm blieb. Das konnte die Vorstufe der kommenden Katastrophe sein, aber genauso gut eine ganz gewöhnliche Unzulänglichkeit des Alltags. Die alles bestimmende Ungewissheit eben. Ich ging wieder zurück in mein Zimmer und schlief dort hitzeerschöpft ein.

Der Abend brachte ein wenig Abkühlung. Es musste sieben Uhr gewesen sein, als ich wieder aufwachte. Weil ich, als ich zum Wohnzimmer schlenderte (soll nun geschehen, was geschehen mag!), von dort das Kampflied «Vorwärts mit der Linken, keinen Schritt mehr zurück» aus dem Radio frohlocken hörte. Die Nachrichtensprecher am Mikrophon, ein Mann und eine Frau wechselten sich ab, offerierten die Erfolge der vergesellschafteten Landwirtschaft, verdüsterten dann ihre Stimmen, wenn sie die höllischen Pläne der Imperialisten auflisteten – aber über einen zu erwartenden Sturm verloren sie kein Wort.

Wagemutig und verwegen fragte ich trotzdem, ob sie im Radio etwas über den Tornado gesagt hätten. Zwei Paar dunkle Elternaugen schauten mich mit unbehaglicher Schwere an. Dann meinte Maminka: «Bis jetzt nicht.»

Ich ging wieder aus dem Wohnzimmer, um mich erneut ins Bett zu legen. Es war ja sieben Uhr, und ich folgte nur brav den andressierten Schlafsitten. (Wo ich sonst stets hartnäckig mein Glück mit – hoffnungsloser – Gegenwehr versuchte.) Ich streckte mich auf dem Bett aus und schlief angezogen ein.

Ich träumte, wir stiegen die Treppe hinab, der Fahrstuhl war ja wieder einmal defekt. Wir waren zu dritt. Ich befand mich in der Mitte, Mama und Papa flankierten mich. So kamen wir zu der eisernen Kirchentür …

Als ich aufwachte, sah ich draußen alles in dem leichten Rot einer beginnenden Morgendämmerung getüncht. Ich stand auf, verwirrt. Anschließend ging ich in die Diele, in der Wohnung war es dunkel, nur unter dem Türspalt zum Arbeitszimmer schimmerte das Licht der Tischlampe. Ich schaute vorsichtig hinein. Mein Vater lag angezogen auf seiner breiten Liege.

«Kam der Tornado?», fragte ich.

«Nein, die Meteorologen haben sich wohl verschätzt.»

«Meteorologen?»

«Wettervorhersage.»

«Aha. Und Mama?»

«Schläft.»

«Vielleicht kommt er noch.»

«Geh schlafen, ich wecke dich, falls es so sein sollte.»

Ich legte mich wieder hin. Und ich träumte den Traum,

den ich kurz vor dem Aufwachen hatte, problemlos weiter: Wir traten in die Kirche ein, kamen vor den schwarzen Engel.

«Du», sagte ich zu ihm, «hast du davon gehört, von dem Tornado, der gleich kommt, und den steinernen Behausungen, hast du es auch gehört?»

Und der schwarze Engel nickte.

Als ich diesmal aufwachte, jaulte der Wind. Der Regen trommelte wie ein exzentrischer Drummer; er hatte die Beherrschung endgültig verloren. Die roten Blüten, die noch letzten Nachmittag heiter von den Bäumen leuchteten, flogen durch die Dunkelheit wie eine zerrissene, nasse Schar fortgejagter Verlierer. Die Palmen bogen sich zum Boden.

Ich weiß nicht, warum es so lange gedauert hatte, bis ich nach Brasilien aufbrach, um das Haus, in dem meine Urgroßmutter Julia einmal ihr Leben begann – wenn auch der eigentliche Startschuss im nahen Urwald fiel –, zu sehen. Nun war ich mit meiner Frau endlich dort, in Parati, dem Ort, in dem sich diese Fazenda, vor Generationen noch Familienbesitz, befindet. «Boa Vista» hieß sie, in einer einsamen Bucht gebaut, den Atlantik zu Füßen. Sie wirkte heruntergekommen und soll heute angeblich im Besitz eines dubiosen italienischen Bankiers sein, der in der Schweiz im Gefängnis einsitzt. Wir legten in der Lagune mit einem kleinen Boot an, zu Fuß war der Weg zur Fazenda kaum möglich. Einige Kokosnüsse lagen, wie Spuren, die uns zum Eingang hinführen sollten, im Sand. Wir stiegen über die zugewachsene Steintreppe und gelangten ins verlassene Haus. Hintereinander machten wir die Fensterläden auf, durch die vielen Öffnungen flutete nach und nach das Licht in den großen, leeren Raum, der sich über den ganzen Grundriss des Hauses erstreckte. Es war, als würden Variationen ein und desselben

Bildes an eine dunkle Zimmerwand gehängt werden: mal ein Ozean, mal ein Himmel, ein Licht, dann wieder ein Schiff am Horizont, eine Palme davor.

Es gab auch Bewohner. Zu ihnen zählten wir eine Zikade, die allerdings versehrt war und schwermütig in einer Ecke der Veranda weilte. Und einen großen schwarzen Käfer, der einen verwirrten Eindruck machte.

Und nachts kam dann der Wind. Da waren wir schon längst zurück im Städtchen, im Hotel.

Als der vor langer Zeit angedrohte Wirbelsturm reichlich verspätet doch noch eintraf, war ich froh, dass wir, gut untergebracht in einer steinernen Behausung, vor allen Gefahren sicher waren.

Ich schaute in die Dunkelheit, die der Tornado wie ein Vorhang zerriss, und wartete ab, ob am nicht erkennbaren Horizont die Elektrische Numero 11 vorbeifliegen würde.

4
GRÜNE TINTE

~

Konopiště heißt ein Schloss unweit von Prag. Der österreichische Thronfolger Ferdinand d'Este ist 1914 von hier nach Sarajewo aufgebrochen. Samt Gattin. Und wir, die Klasse 1B, beinahe am selben Tag, nur vierzig Jahre später, fuhren von Prag dorthin. Mit einem grauen Bus der Marke «Karosa». Es war unser erster Schulausflug. Die Sonne war groß und gelb.

Um den abfahrenden Omnibus hatten sich Mütter und Großmütter versammelt. Mit ihren unzähligen Händen reichten sie noch schnell die Jause nach, die in unzähligen Tüten verpackt war. Dann winkten sie uns hinterher. Im Rückfenster des Karosa-Vehikels konnten wir sie sehen, es schien, als wären sie mit Nähnadeln in den Fensterrahmen gesteckt. Beim Wegfahren unseres Busses wurden sie immer kleiner, bald waren sie nicht größer als wir Erstklässler. Der Motor des Fahrzeugs krachte und brummte, der Schaltknüppel zitterte, der Diesel stank.

Während wir dröhnend davonfuhren, mahnten die Mütter und Großmütter im Rückfenster, hinter ihnen die eckige Kirche (die auch zur Miniatur schrumpfte), ziemlich lautlos, ihre Stimmen erreichten uns kaum, zum Verspeisen der kräftigenden Esspakete.

Noch heute sehe ich die um die Wette winkenden Arme.

Auch die von meiner Maminka. Sie steht ganz vorne, und ich grüße sie, leider sehr verspätet, zurück. Damals hatte ich eben keine Zeit dazu. So hole ich es, ein Hauch der Vergeblichkeit lässt sich meinem Tun nicht absprechen, jetzt nach.

Konopiště war einst großherzogliche Residenz des österreichischen Thronnachfolgers. Er verließ sie eines schönen Sommertags, um am Ziel seiner Reise als durchlöcherte Leiche zu enden, wodurch er dem Ersten Weltkrieg einen entschiedenen Schub gab. Am Ende dieses Krieges gab es eine Republik Tschechoslowakei, und das Schloss des Thronnachfolgers wurde Staatsbesitz. Und es ließ, verglichen mit dem, was man sich in der schlaflosen, reisefiebrigen Nacht vor dem Ausflug davon versprach, zu wünschen übrig. Eine Prinzessin, geschweige denn einen Drachen oder gar einen polternden kopflosen Ritter fanden wir nicht vor. Nur eine langweilige Einrichtung, dunkle Ölbildnisse und unzählige Geweihe von niedergemetzeltem Wild.

Ich hatte zwei Großmütter – und keine von ihnen begleitete mich zum Bus. Schade, ich hätte ihnen sicher gefallen mit meinen abstehenden Ohren. Mit meinem stetigen Drang (wo bist du geblieben, lieber Drang?), zu neuen Ufern aufzubrechen.

Die eine Oma hieß eventuell Paula mit Vornamen und Fisch mit Nachnamen. Dies könnte stimmen, weil einmal Verwandte aus Israel nach München kamen und es, wenn auch etwas umständlich, bestätigten.

Meine Oma Paula hatte man auf der Straße erschlagen, mit einem Stuhl – das ist die eine Version über das Ende ihres Lebens. Oder man hatte sie bei lebendigem Leib verbrannt, das ist die andere, von der mein Vater einmal zu einem Freund sprach (ich hatte gelauscht). Sie konnte aber auch erschossen worden sein, das entspräche der historischen Statistik, und zwar als die Deutschen in Stanisławów einmarschierten. Es konnte aber auch ein, zwei Jahre später passiert sein. Weil Oma sich versteckte, wie mein Vater die Geschichte ergänzte. Seine Eltern hätten sich möglicherweise vor den Mördern verborgen gehalten. Doch bevor sie es taten, bevor es so weit war – das Inferno gestaltete sich erst 1939, Polen wurde geteilt, ein Teil für Hitler, ein Teil für Stalin –, brachten sie den Sohn (meinen Vater also) zum letzten Zug, der über die Grenze quer durch die auf der Landkarte herangerückte Sowjetunion fuhr. Und umarmten ihn auf dem Bahnsteig. Bald darauf besetzte, wie gesagt, die Wehrmacht die Stadt Stanisławów.

Meine Großeltern (Ausgangspunkt ist hier die Variante, bei der sie sich verstecken konnten) wurden von jemandem verpfiffen. Er sei drei Jahre später, erzählte mein Vater, in einer britischen Uniform als Offizier der Tschechoslowakischen Legion während einer Offensive durch seine Heimat gefahren, eben durch Stanisławów, nah am Flüsschen Bystrica gelegen. In einem Jeep. Es hatte geregnet. Die Straßen seien ein einziger Matsch gewesen, und alle Soldaten hätten Regenmäntel angehabt und völlig vermummt in fahrenden Lkw-Ungetümen gesessen, während Regentropfen auf die wasserfesten Pelerinen trommelten.

Er sei dem Schicksal seiner Eltern nachgegangen, sagte mein Vater weiter. Aber er habe nicht viel erfahren. Ein angstvoller Blick von jemandem spielte in seinem knappen Bericht noch eine Rolle und irgendein Friseur. Und das ist alles, was ich von meiner Großmutter Paula weiß.

Die andere Großmutter, sie starb zwei Jahre vor meiner Geburt, hatte in Čáslav gelebt – das wiederum erzählte meine Mutter über ihre Mama. Ihr Geburtsname sei Kahnová gewesen. Was mich überraschte – nicht ihr Name, sondern der Ort, aus dem sie stammte. Alle Verwandten kamen sonst aus weiter entfernten geographischen Punkten. Endlich eine ordentliche Stadt in Mittelböhmen als Familienbezugspunkt. Man konnte in Prag problemlos auf Menschen treffen, die nach Čáslav fuhren. Der Name dieser Ortschaft tauchte in den Nachrichten auf: So hatte man in ihr eine beschleunigte Planerfüllung zu Ehren einer Tagung des Zentralkomitees der Partei beschlossen. Eine Etappe des «Friedens-Fahrradwettrennens» – dieser sportliche Wettkampf war einmal sehr populär, auch in der DDR, er war unsere Antwort auf die Tour de France! – fuhr durch diese Stadt. Der tschechoslowakische Repräsentant radelte dort der Konkurrenz im gelben Trikot davon. Mit dem Namen (Kahnová) und dem Ort (Čáslav) hatte sich aber die Auskunftslust meiner Mama erschöpft. Nur noch ein paar Details kamen über die Jahre hinzu: Die Mutter meiner Großmutter hieß Hermine, ihr Mann, mein Urgroßvater, Philip. Meine Mama sagte, er wäre ein Kaufmann gewesen. Auf jeden Fall soll er immer – nicht ganz klar ist, ob dies mit den Geschäften, die er betrieb, in einem ursächlichen Zusammenhang stand – unsinnig anmutende Schnüre Bindfaden und Bleistiftstummel in seinen tiefen Manteltaschen parat gehabt haben. Und, das habe ich beinahe vergessen, Schmierzettel unbekannten Inhalts.

Der Schriftsteller Johannes Urzidil, ein Prager deutscher Zunge, schreibt in einer von seinen vielen fabelhaften Erzählungen, wie eine Gruppe Prager Literaten zusammenkommt, um gemeinsam einen Vortrag von Heinrich Mann zu besuchen. Und bei der folgenden Plauderei, die Urzidil in seiner Geschichte wiedergibt, meint ein Eingeweihter zu den anderen am Tisch, dass der Schwiegervater von Heinrich Mann, ein Prager übrigens, ein Fabrikant sei. Die Möglichkeiten, was meinen Urgroßvater betrifft, spannten sich also von einem kleinen Kaufmann auf der einen Seite bis zu einem Fabrikanten auf der anderen.

Als ich einmal meine Mutter fragte, wie ihre Eltern die fiebrige Zeit der Inflation nach dem Ersten Weltkrieg gemeistert hätten – war ich doch kindlich begeistert von der Tatsache, dass eine Semmel 200 000 000 000 000 000 Reichsmark kostete –, meinte sie: «Na, der Großvater aus der Tschechoslowakei schickte uns manchmal Kronen. Damals war das eine harte Währung, und mit diesem Geld kamen meine Eltern über die Runden.»

Das heißt, Urgroßvaters Kleinstgewerbe – oder die Fabrik, je nachdem – florierte offenbar. Auf den wenigen Fotos, die ich kenne, ist Hermine wuchtig, Philip schmächtig, beinahe verschmitzt sieht er aus.

───

Sobald der Regen hinter den Fensterscheiben meines Arbeitszimmers nachlässt – jetzt kommt er mit einer solch kraftvollen Beständigkeit herab, selbst einen Regenschirm würde er durchlöchern –, werde ich losziehen. Da es sich wahrscheinlich nicht um die Sintflut handelt, wird sich der Regen auch mal eine Pause gönnen. Dann werde ich in die Archive gehen und nach der Familie Kahn Ausschau halten.

Es wird der zweite Versuch sein.

Kürzlich war ich nach Čáslav gefahren, nach Jahren, in denen ich es immer fest vorhatte, dies zu tun. Ich kam in ein ordentlich anmutendes Städtchen mit einigen vorsichtigen, aber gelungenen Verschönerungsversuchen, einen Katzensprung von Prag entfernt, allerdings sollte die Katze gut abgefedert sein. Ich konnte in der Ortschaft aber keine Spuren der Familie Kahn entdecken. Stattdessen erfuhr ich, dass man hier von dem famosen mittelalterlichen Hussitenfeldherrn Žižka einen Schenkelknochen aufbewahrte. Bei welcher Gelegenheit Jan Žižka diesen in Čáslav gelassen hatte, wurde nicht ganz deutlich.

Ich lauschte in einem angenehmen Gartenrestaurant bei einem guten und preiswerten Essen (die Hälfte der Prager Preise wurde verlangt, die ein Drittel der Berliner sind) den Gesprächen von Offizieren eines hiesigen Fluggeschwaders sowie einem Dialog, der am anderen Nebentisch stattfand und auf Russisch geführt wurde. Es war, als hätten die beiden Herrschaften sich dort vor dreißig Jahren gemütlich hingesetzt und vergessen, wieder aufzustehen.

Die Kahns waren eine jüdische Familie gewesen. Das war mir schon als Kind bewusst. Was es konkret bedeutete, darüber schwieg man sich zu Hause aus – Nachfragen meinerseits gab es aber auch keine.

Ich muss jetzt Oksana erwähnen. Oksana ist eine junge ukrainische Frau, vielleicht Mitte zwanzig. Sie studiert in Prag Bibliothekswesen, Archivwesen, Archäologie und Katalanisch. Doch Letzteres sei ihr manchmal zu viel, sagt sie. Das verwundert kaum, zumal sie mit ihrem amerikanischen Freund Englisch spricht, in der Uni Tschechisch und mit Freunden Russisch oder Ukrainisch.

Halb Prag – na, eher drei Viertel – hat nach der Wende Gastarbeiter aus der Ukraine renoviert und fein herausgeputzt. Meist waren und sind sie schwarz beschäftigt, somit rechtlos, und sie leben in einem parallelen und unsichtbaren (weil man auch ihm beflissen ausweicht) Prager Universum, aus dem sie in ungemütlich frühen Morgenstunden mit verklebten Augen und in wattierten Jacken auftauchen, um dann auf Baustellen zu hämmern oder irgendetwas zu schleppen. Und sobald es Nacht wird, tauchen sie erneut in ihre verborgenen Welten ein, verschwinden darin, bis der frühe Morgen ein weiteres Mal anbricht.

Als ich eine Uni-Professorin darauf ansprach – einst drückte sie mit mir die Schulbank –, ob sie einen Studenten oder eine Studentin kennen würde, der beziehungsweise die mir bei meiner bislang erfolglos gebliebenen Recherche helfen könnte, gab es nur eine einzige Person (das war symptomatisch), die bereit war, es zu versuchen: Oksana aus der Ukraine.

Durch das Fenster sehe ich augenblicklich, wie sie naht, umwirbelt von wässriger Schneeflockennacht. Ja, es schneit inzwischen, der Herbst kann nicht ewig bleiben, die Jahreszeiten schreiten voran.

Ich werde jetzt für eine Weile die Laptoptasten in Ruhe lassen, Oksana die Tür aufmachen und einen Tee kochen. Das hat man nämlich so im Kopf, dass die Ukrainer und die Russen gern Tee trinken. Besonders wenn sie sich durch ein solches Unwetter zu einem Besuch aufgemacht haben. Die Schneeflocken erinnern an Bällchen gezupfter Watte, die man vorher unter einen schmutzigen Wasserstrahl gehalten hat und die man nun herumwirft.

Oksana hat mich in eine Welt geführt, in der es eine unerwartet dienliche Bürokratie gibt. An Regale, digital verwaltet und trotzdem noch immer altertümlich verstaubt aussehend, in denen Dokumente in Aktenordnern zwar nicht in nötiger Ausführlichkeit, aber immerhin fragmentarisch zur Besichtigung bereitlagen. Vor allem Meldezettel, jene unbeteiligten Lebensbegleiter eines Mitteleuropäers. Korrektere Zeugen seiner Sesshaftigkeit oder Umtriebigkeit gibt es nicht – man muss allerdings bei der Beurteilung der Glaubwürdigkeit von diesen Zeugnissen bedenken, dass der Mitteleuropäer mittlerweile, durch Erfahrung klug geworden, oft scheut, seinen bürokratischen Meldepflichten nachzugehen. Dahinter kann schlichte Unlust vermutet werden, an irgendeinem Schalter mit Stempelmarken beschwert zu warten. Oder die Befürchtung, in Folge einer neuen, nicht veröffentlichten Verordnung vergast zu werden. Alternativ auch die Angst vor einer anderen Verfügung, ordnungsgemäß nach Sibirien verfrachtet zu werden.

Ich war mit Oksana, der kundigen Archivführerin, ein paar Tage durch diese Landschaft der wispernden Karteizettel gewandert. Halbwahrheiten wurden hier beglaubigt, und zwar durch Schleifen, Rundungen sowie elegante wie auch gestrenge Verbeugungen vorbeipromenierender Buchstaben. Ich konnte die heute vergessene Schriftschnörkelkunst bewundern, mit der man Menschenschicksale festhielt, in unwichtige Sachlichkeiten wie Wohnung, Familienstand und Beruf zerlegt. Später ging man zur Schreibmaschinenschrift über. Man ahnte sofort das gelangweilte Fräulein, dessen Finger dem Diktat folgten, während der Kopf träumte oder mit einer Migräne heroisch kämpfte. Man ahnte den verbitterten und gestressten Beamten, dessen Schönschreibkunst plötzlich ungefragt war, wobei sein ungekonntes Tippen einzig Spott hervorrief.

Urzidil hatte recht – und meine Mutter auch. Čáslav stimmte, Žižka und sein verlorener Knochen waren ein Wink, aber auch nicht mehr. Das jüdische Geburtsregister jedoch bestätigte: Am 28. Januar 1886 kam die Großmutter Maria Kahn(ová) in Čáslav zur Welt. Für ein kurzes Gastspiel von sechzig Jahren. Das Stück, in dem sie, eine Schauspielerin, die Hauptrolle gab, bot einen häufigen Szenenwechsel, was für das Publikum durchaus attraktiv war, für die Protagonistin dagegen manchmal weniger. Hier eine kurze, aber unvollständige Auswahl der Bühnenbilder: Čáslav und Prag-Smíchov, München-Schwabing (gut- bis großbürgerliche Wohnungen, mitunter mit besten Ausstattungen wie etwa Mahagonimöbel etc.), Nizza, Monte Carlo, Franzensbad (häufige Ferienaufenthalte), Orient-Express (ein Restaurant auf Rädern, in das man in München einkehrte, mit dem Gatten auf Gleisen speiste und trank, um wieder in Salzburg aus dem Zug zu steigen), Theresienstadt (ein Bett in einem stinkenden Loch, eine trostlose Vorstufe zur Hölle), eine Zweizimmerwohnung in Prag-Podolí (von den Fenstern aus konnte man die Moldau und, auf der anderen Straßenseite, einen kleinen Park sehen; über den Fluss führte eine alte Eisenbahnbrücke, auf ihr ratterten Dampfloks, in der Ferne war die Silhouette der Prager Burg zu sehen).

———

Phillip Kahn (die Schreibweise seines Vornamens – Phillip, Philip, Filip – änderte sich in den Amtsstuben nach Lust und Laune und der Nationalität des Eintragenden) wurde 1853 in Vostrov geboren, auf einem anderen Dokument wird Nepolisy angegeben. Beides sind kleine Ortschaften, die nah beieinander in Osttschechien, nahe dem Riesengebirge, liegen. Sein Vater hieß Eduard und stellte Weinbrand her wie auch später seine durch Heirat hinzugekommene Verwandtschaft in Brasilien, nämlich der Vater von Julia Mann, Johann Bruhns. Verwandt wurde man posthum, aber den Schnaps brannte man zur selben Zeit.

Die Urgroßmutter Hermine war eine geborene Nettl, eine Tochter von Nathan und Josephine. Beide stammten aus Königgrätz, ebenfalls Osttschechien. Nathan war ebenfalls Fabrikant, was auch immer unter diesem einzelnen Wort, ohne jegliche Zusätze und Erklärungen, zu verstehen war. Man hatte es knapp in den Verzeichnissen des jüdischen Geburtsregisters vermerkt. Erst in anderen Unterlagen wurde man konkret: Weinbrandhersteller. Offenbar sind also Schnapsbrenner in meiner Familie fast genauso zahlreich vertreten wie Schriftsteller. Dann kommen als Nächstes, statistisch gesehen, Schauspielerinnen.

Geheiratet haben Philip und Hermine, meine Urgroßeltern, 1882 in Königgrätz. Man blieb die nächsten siebenundfünfzig Jahre zusammen; Hermine hatte übrigens sieben Geschwister.

Bei der Erstanmeldung in der Königlichen Stadt Prag steht im deutsch ausgefüllten Formular vom 22. Mai 1889 unter der Rubrik «Character», in der überraschenderweise Berufe vermerkt wurden, ein einziges Wort. Der erste Buchstabe, großzügig, schwungvoll, gleichzeitig diszipliniert entworfen, könnte durchaus ein «J» sein (muss es aber nicht). Er greift in einer vornehmen Geste einem weiteren Buchstaben – ich würde nicht den Kopf, aber fünf Kronen darauf wetten, dass es ein «f» ist, um die schmächtige Schulter. Vom letzten Buchstaben, einem «t», meinetwegen auch einem «s», weht derselbe beschwingte Strich zurück zum Wortanfang und überdacht dabei zwei Umlautpünktchen in der Mitte. Alles definitiv unleserlich. Urgroßvaters «Character» vom 22. Mai 1889 bleibt ein Geheimnis.

Es gibt noch einen anderen Wohnanmeldeschein von Philip und Hermine, aus den Zeiten der k.u.k. Monarchie stammend. Er vergilbte in einer Schublade, um zu sporadischen Eintragungen – etwa zu Umzügen im Jahr 1913, 1935 oder 1939 – ans Licht herausgezogen zu werden, jedoch nicht zur Freiheit, sondern auf den Amtstisch. Zuletzt 1942. Da schrieb jemand das Wort «Transport» unter die Rubrik: «Abmeldung – Wohin».

Zu Anfang seiner amtlichen Laufbahn (des Meldezettels, versteht sich) ist dort der Eintrag «Filip Kahn, ein Hausierer» (auf Deutsch angegeben) zu finden. Der wesentlich modernere Begriff «Geschäftsmann» eine Zeile darunter lächelt (in tschechischer Sprache) über diesen dornigen Karrierebeginn hinweg. Anschließend folgt die Würdigung des Berufslebens, die Ruhe und Solidität ausstrahlende Bezeichnung «Privat».

Weitersuche im Prager Adressenverzeichnis: Im Jahr 1891 taucht hier Philip – oder eben, da auf Tschechisch, Filip – Kahn zum ersten Mal auf. Er wohnt im Prager Stadtteil Smíchov und besitzt mit einem Jakub Kahn – welcher Art ihr Verwandtschaftsverhältnis war, das weiß ich nicht – eine «Gesellschaft J. und F. Kahn». Es ist eine Fabrik zur Herstellung von Stahl und Stahlerzeugnissen.

Daraus kann man schlussfolgern, dass der Hausierer Philip es inzwischen geschafft hat, an einer Fabrik beteiligt zu sein. (Urzidil!)

Seit 1907 wohnt Philip Kahn, jetzt plötzlich ein «Handlungsreisender», in der Žižka-Straße, benannt nach jenem Hussitenheerführer, der seinen Schenkelknochen in Čáslav hinterlassen hatte. Philip und Hermine verbrachten mehr als siebenundvierzig Jahre in dieser Straße. (Mal auch um die Ecke, dann aber wieder zurückgezogen.)

⌁

Meine Mutter erzählte, die Familie Kahn war, unter den in Böhmen lebenden Juden, eine Minderheit, da es bei ihnen sprachlich eine Gewichtung zum Tschechischen hin gab – auch wenn man sicherlich beide Landessprachen beherrschte. Zu Hause war aber eben Tschechisch die Umgangssprache gewesen. Meine Großmutter Marie, die Tochter von Hermine und Philip, korrespondierte darin auch problemlos. Entsprechende Beispiele finde ich unter dem konfiszierten Papierzeug im Prager Literaturarchiv. (Die Beschlagnahme geschah als Folge von gesetzlichen Maßnahmen gegen Republikflüchtlinge, die wir einst waren.) Sie muss, zumindest zeitweise, tschechische Schulen besucht haben, sonst hätte sie nicht so fehlerfrei geschrieben.

Diese Oma Marie, Mimi wird sie später genannt, ging vor dem Ersten Weltkrieg zu den Komödianten. Also in den sittsamen Zeiten! Eine Frau, die aus einer ordentlichen jüdischen Familie stammt – man stellte Stahlerzeugnisse her, und ihr Vater verbarg Schnüre und Bindfäden in der tiefen Manteltasche – und zum Theater geht, zum Schauspiel, zur Schminke, zu Perücke und Rokokoschühchen, die erst mit achtundzwanzig Jahren heiratet und mit dreißig Jahren ihr einziges Kind bekommt, das war nicht das Übliche in dieser Zeit. Da war ein erwachter Wille dahinter. Ein Mut. Eine rasante Emanzipation und eine Begabung, sich verzaubern zu lassen.

Doch wenn ich mir den Philip neben seiner dominanten (natürlich gehe ich nur vom Optischen aus) Gattin auf dem Foto anschaue und seine leicht spitzbübische Ausstrahlung wahrnehme, dann muss ich konstatieren, nach einem Familienoberhaupt, das seine verheerenden Flüche auf das Haupt einer verstoßenen schauspielernden Tochter hätte niedersausen lassen können, sieht er glücklicherweise nicht aus. Auf der alten Aufnahme lächelt er verschmitzt, und in die Taschen seines grauen Überziehers sieht die Kamera nicht hinein.

Wo trat Mimi auf? Eine Schauspielerin strebt immer nach dem Besten. Das Neue Deutsche Theater in Prag, das war die erste Adresse – falls sie in Stücken auftrat, die in Deutsch gespielt wurden. Gustav Mahler hatte hier mitunter den Taktstock geschwungen.

1967 arbeitete ich in dem Neuen Deutschen Theater (dasselbe Gebäude, sonst war alles seit den Zeiten vor dem Ersten Weltkrieg anders) als Regieassistent, besser gesagt als umsonst tätiger Anwärter auf einen solchen Posten. In Israel gab es in dieser Zeit den Sechstagekrieg, und man munkelte, das Stück, in dem ich mithalf, es war der *Fiddler on the Roof* (in Deutschland kennt man es als *Anatevka*), eine lächerlich schlechte Inszenierung, die uns aber grandios vorkam und damals – heute kaum nachvollziehbar – ein Politikum war, sollte abgesetzt werden. Der Grund: der Krieg und das daraus resultierende Politikum.

Im Neuen Deutschen Theater, 1967 aber längst «Smetanovo divadlo» genannt, passte ich, während wir die Absetzung der Premiere erwarteten, mit vielen Notizen ausgestattet auf, dass der gemalte Prospekt mit dem siebenarmigen Kerzenständer passend zu den Musiktakten am Seil herabgelassen wurde. Gelegenheiten gab es dabei genügend für mich, andauernd stockte etwas im Getriebe der Abläufe, jemanden nach der eigenen Großmutter zu fragen. Mir kam eine solche Frage aber einfach überhaupt nicht in den Sinn. Dabei arbeiteten um mich Menschen, die hier seit Jahrzehnten diesen Theaterstaub einatmeten.

Ich hätte den alten Souffleur ansprechen können, Herrn Ulrich. Er hatte dichtes graues Haar, das kurz geschnitten war. Er erschien immer in einer eleganten, wenn auch abgewetzten Jacke, um den Hals einen Schal gelegt. Stets war er unrasiert, besaß feine Gesichtszüge und war von stattlicher, gelenkiger Gestalt. Er warf den Schauspielern die vergessenen Sätze in einer Art zu, in der er den Dialogen eigene schauspielerische Betonung verlieh, die aber fürchterlich laienhaft klang. Die vergesslichen Bühnenstars übernahmen in der Not des eigenen leergefegten Gehirns seine Sprechweise wie hypnotisiert. Später waren sie deswegen wütend auf ihn und schimpften ihn aus. Er zitterte dann wie ein Hund, den man aus dem Tierheim mit nach Hause genommen hatte und nun erbost zur Tür hinausjagte. Danach trank er zur Beruhigung ein Glas Rum. Sicher wäre er gern Schauspieler geworden, der erste Liebhaber. Es war ihm immer noch anzusehen, wie das Äußere stimmte. Warum sollte er nicht etwas über Maria Kahnová gehört haben? Vielleicht raschelte sie mal an ihm vorbei, im langen Kleid.

Die deutschen Bühnen wie auch die deutschen Bühnenmenschen verschwanden aus Prag im und nach dem letzten Krieg. Die Kulissen, die Besetzungslisten, die Regiehefte, die Rechnungsbücher, in denen die Namen derer standen, die Saläre bezogen hatten, die Plakate und die Aushänge, auf denen jene deutschen Namen glänzten – dies alles existiert ebenfalls nicht mehr. Vom Feuer verzehrt, das die reichsdeutschen Fackelträger 1933 so begeistert zündelten. Niemand weiß daher noch genau, welche Damen und Herren in Prag über die deutsch knarrenden Bretter, die die Welt bedeuten, schritten. Ob jemand in einer alten Requisitentruhe, einem Möbelstück aus *Kabale und Liebe*, von einem flinken Antiquitätenhändler im großen Durcheinander Mai 1945 abtransportiert, die alten Verzeichnisse, die Kostümentwürfe und Gagenbücher mit der Eintragung: «Marie Kahn, Gage für den 18. März 1911, Abendvorstellung» findet, bleibt nur Vermutung.

Es existiert allerdings eine kleine Nachricht über einen Auftritt von Maria Kahnová im Uranie-Theater in Prag-Holešovice. Nach allem, was ich bislang über dieses Haus erfahren konnte, war es jedoch eine tschechischsprachige Bühne.

1891 wurde das Uranie-Theater auf dem Gelände der glorreichen Industrieausstellung der tschechischsprachigen Landeseinwohner errichtet (die beiden Sprachgruppen liebten es sehr, mit pompösen Bauwerken und glanzvollen Veranstaltungen aufzutrumpfen). Ich hoffe doch sehr, dass dies unter Einbeziehung dieses oder jenes Stahlerzeugnisses (seien es bloß ein paar Nägel) aus der gerade neu gegründeten Firma «J. und F. Kahn» geschah. Nach Ende der Industrieausstellung ließ ein Brauereidirektor die Uranie-Bühne auseinandernehmen und auf dem Gelände der nahen Brauerei in Holešovice wieder zusammenbauen. Man gab dort Tragödien, Komödien und Operetten – Letztgenanntes mit bestem Erfolg.

Ich begutachte auf einem Foto einen der ersten Theaterdirektoren dieser Bühne. Ein schön kostümierter Cyrano, mit einem leichten Hang zur Obesitas – nach heutigem Maßstab. Die hundert Feinde, die Cyrano famos niederfocht, würde dieser Mann nach seinem Ruf «En garde» und nach der bedrückten «Allez»-Antwort der Halunken mit seinem bloßen Körperumfang bei der ersten Oktave erdrückt haben.

Das Uranie-Haus durfte übrigens einen sehr theatermäßigen Tod erleiden, in einem prallen Volksstück (Glut der Leidenschaft! Eros! Geld! Asche!): Ein nach dem Zweiten Weltkrieg eingesetzter Verwalter defraudierte riesige Beträge aus der Theaterkasse, damit er seiner Gattin, einer bezaubernden Schauspielerin, das Leben bieten konnte, das einer bezaubernden Schauspielerin nach seiner (oder ihrer?) Meinung zustand. Eines Nachts – wann auch sonst? – brannte er das Theater nieder, um seine Veruntreuung zu kaschieren. Als Brandstifter war er ein Meister, denn von dem Märchenschloss (so jedenfalls wirkt die Architektur des Hauses auf alten Fotos) blieb nichts mehr zurück. Deswegen existieren über diese Bühne keine Unterlagen, in denen Marie Kahn(ová) auftauchen könnte.

Als Verbrecher war der Zünder ein Stümper, man fasste ihn und sperrte ihn für fünfzehn Jahre ins Gefängnis weg. Das Uranie-Theater starb übrigens im selben Jahr wie meine Großmutter, nämlich 1946.

Diese einzigartige Spur (sonst ja alles verbrannt!) über das Prager Theaterengagement der Großmutter hat jedoch einen Haken: die grüne Tinte.

Im Jahr 1933 kamen Marie, die Großmutter, und meine Mutter, ihre Tochter Leonie, aus München nach Prag, als Emigranten.

In einem amtlichen Bericht (Leumund, tschechische Sprachkenntnisse usw.) wurden bei der Beantragung eines provisorischen Passes einige wichtige Tatsachen aus der Vita meiner Großmutter zusammengefasst, und zwar auf einer schreibmaschinengetippten halben Seite, in so wohlwollenden Worten, dass es auch die Großmama selbst hätte formuliert haben können (und nicht ein Beamter, dessen Aufgabe es gewesen war). Trotzdem hatte man darin offenbar noch hastig einige Verbesserungen vorgenommen. Mit einer grünen Tinte. So führte man nämlich folgenden Satz ein: «Frau Mannová trat seinerzeit im Uranie-Theater auf.» Als wollte man dadurch den ungünstigen Eindruck der ursprünglichen Aussage aufbessern. In dieser hieß es im ersten Teil: «Die Antragstellerin verließ im Jahre 1912 die Heimat Richtung Berlin ...» Dicke Striche der grünen Tinte verbargen aber lieber das Ende dieses Satzes: «... sie fuhr dorthin, um deutsche Theaterrollen zu studieren.»

Es ging im Jahr 1933 ja um einen tschechoslowakischen Pass. Da bedeutete das Auftreten auf einer *tschechischen* Bühne (eben im Uranie-Theater) zur Zeit des österreichisch-ungarischen Kaiserreichs ein gewisses Plus. Deutsche Rollen dagegen einstudieren zu wollen beinhaltete möglicherweise in diesem historischen Moment ein kleines Minus.

Zwischen den Ästen und Blättern der alten Bäume, hinter einem leichten, durchsichtigen Vorhang aus Nebel, vermischt vielleicht mit dem verwehten Dampf der Lokomotiven, war das Hotel Esplanade zu sehen. Es sah aus wie eine hinter Tüll versteckte Bühnendekoration. Hier, im Café, trafen sich einmal pro Woche, so wird es erzählt, die Impresarios und Theaterdirektoren der festen Häuser wie auch verschiedener Wandertruppen, um sich mit den Adepten der Bühnenkunst zu unterhalten. Aber auch mit gestandenen Stars, die gerade eine Vakanz hatten. Erster Liebhaber, Zweiter Liebhaber, die Unschuld vom Lande, die Gräfin, der Diener und der Held, die Femme fatale …

Ein sechsundzwanzigjähriges Fräulein verließ das Hotelcafé und durchquerte den Park Richtung Franz-Josef-Bahnhof.

So en passant wurde bekundet, bei einer Melange, die der Mann am Cafétisch unappetitlich laut schlürfte, etwas unverständlich zudem, wie anders auch, wenn einer spricht und gleichzeitig schlürft, dass man leider nichts hätte. Nach all dem Lächeln und den gemachten Komplimenten kam es aus diesem Mann am Cafétisch heraus, als definitive Aussage hinter der bis dahin eigentlich doch recht netten Unterhaltung. Er winkte (als Bestätigung seines Bescheids) auch gleich einen neuen Kandidaten herbei: «Herr Ulrich bitte.» Ein klebriger Jüngling, ein Vorstadtephebe trat heran. Frischer Teint, dichtes Haar, gequältes Lächeln, vor Aufregung zitternd. Ein Grashalm, der nach Schnaps roch.

Marie stand auf, noch immer ein Lächeln auf den Lippen, das die Unwichtigkeit des Ganzen kommentieren sollte. Im allgemeinen Kaffeehausgemurmel, in dem undeutlichen Geschwätz und Geplapper, vernahm sie auf einmal ganz deutlich seltsame Sätze: «Bei den Türken soll ich das Geld investieren?

Und warum fahre ich gerade nach Berlin?» Das sagte einer, der irgendwo weit hinten im Raum saß.

«Fahren Sie eben nach Triest, lieber Freund», antwortete eine Stimme auf Deutsch, aber mit einem fremdländischen, keinesfalls böhmischen Akzent. «Setzen Sie nach Konstantinopel rüber. Im Hafen am Pier eins erwartet Sie ein Esel. Der heißt Ali Hassan und ist grau meliert.»

Was war das bloß für ein idiotisches Gespräch? Zwei Männerstimmen. War es ein Schauspielerdialog im Rahmen eines Vorsprechens oder die Konversation eines Klienten mit einem dubiosen Börsenmakler?

❦

Der Stempel ist deutschsprachig, die Amtssätze sind tschechisch. Die Kaiserliche und Königliche Polizeidirektion in Prag hat einen «Begleitschein» über das Ausstellen und Entgegennehmen eines «Reiseblatts» für Maria Kahn seinerzeit ad acta gelegt.

Das Reisedokument wurde demnach am 30. Dezember 1911 ausgefertigt und in Prag am 2. Januar 1912 gegen eine Unterschrift, die sehr tschechisch lautet, nämlich Marie Kahnová, von dieser entgegengenommen:

Der Name: Marie Kahn-ová
Character (nicht gut oder schlecht, herzenslieb oder zahm, aufbrausend, mies oder unbeherrscht, widerborstig, auch nicht undurchsichtig oder gar gütig und mild, sondern)*:*
Schauspielerin
Geburtsort: Čáslav
Heimatrecht: Nepolisy – Nový Bydžov
Wohnort: Smíchov 1091, bei den Eltern

Die Personenbeschreibung:
Geboren des Jahres: 1886, am 28. 1.
Der Mund:
Die Nase: (Hier gibt es so etwas wie eine feine, mit einem Federstrich gezogene Schleife über die beiden Rubriken. Schwer jetzt zu sagen, ob der Beamte – Beamtinnen gab es wohl damals nicht – es als ein Durchstreichen gedacht hat. Nicht in dem Sinne, dass Nase und Mund nicht vorhanden waren, sondern dass es keine Besonderheiten gab, die Nase und Mund betrafen. Oder wollte er die Nase und den Mund des Fräuleins mit diesem geheimnisvoll abstrakten Zeichen, das heute jeden Sprayer neidisch machen würde, skizzieren? Ein wenig sieht die gekonnt lässig gezogene Linie wie ein Herzchen aus.)
Die Gestalt: mittlere
Das Gesicht: rund
Das Haar: schwarzbraun
Besondere Zeichen: keine
Die Religion: mosaisch (Wobei unter dieser Rubrik die allererste Angabe mit einigen drastischen Federstrichen unleserlich gemacht worden ist. Was ausschaut, als hätte der Beamte, der vorher die Nase und den Mund verträumt abbildete, routinemäßig «römisch-katholisch» hingeschrieben, bis er deswegen von der Antragstellerin zurechtgewiesen wurde. Oder von den Unterlagen, die er außer Acht gelassen hatte, weil er an das Näschen und die Lippen gedacht hatte.)
Die Augen: braun
Stand: ledig
Die Eltern: Filip und Hermína Nettel-ová
Reiseziel: Europa
Gültigkeitsdauer: 3 Jahre

5

**EINE GROSSE LIEBE UND DIE
SCHAUSPIELERIN**

Es scheint, dass sich einmal ein Mann und eine Frau liebten. Der verliebte Mann hieß auch Mann. Es war mein Großvater. Die Frau hieß Kann. Sie lebte aber mit ihrem Mann in Wien, der nicht Mann hieß, sondern Kann. Es passierte im Jahr 1911, und im Jahr 1912 geschah es, dass man sich traf und Briefe schrieb – und dann nur noch Briefe schrieb. Frau Kann ließ sich 1916 scheiden, obwohl die Korrespondenz durchaus die Vermutung nährt, dass die Beziehung zwischen meinem Großvater und ihr an der Unmöglichkeit von Frau Kann, sich von dem Gatten zu trennen, scheiterte.

Sie heiratete später einen anderen, der aufgrund seines hohen Postens in der Industrie eine schützende Hand über sie hielt, als 1938 Hitler und seine Deutschen in Österreich einmarschierten. Manche Österreicher hatten dann eine Riesengaudi, wenn Menschen, die man als Juden deklarierte, was für Frau Kann zutraf, mit der Zahnbürste den Heldenplatz putzen mussten.

Es ist einfach nur absurd, sich dabei jene Frau vorzustellen, die ich einzig von einem kleinen Foto aus dem Jahr 1911 kenne. Sie trägt auf diesem einen langen hellgrauen Rock, einen Rock, der ihre elegante Figur wie durch einen Irrtum dem Blick preisgibt. Wobei er uns allen Ernstes weismachen will, Verhüllen sei seine einzige Aufgabe. Ich sehe, wie sie in ihrer weißen Bluse mit langen Ärmeln, die bis über die Knöchel ihrer Hände reichen, zurückhaltend und grazil, möglicherweise nicht ganz bequem vor dem Objektiv steht. Ein großer Sommerhut ziert ihren Kopf, der das schwarze Haar, vermutlich dicht und lang, vor Sonne und Wind schützte. Die Kamera befand sich mit Sicherheit auf einem Stativ, den unsichtbaren und unbekannten Fotografen kann man sich, bestimmt nicht ganz falsch, versteckt unter einem dunklen Plaid denken.

Als ihr zweiter Ehemann, der über sie die schützende Hand hielt, starb, schaffte Edith Kann es noch, 1940 mit ihrer Tochter aus Österreich zu fliehen. Sie ging nach Argentinien, wohin ihr Kind aus erster Ehe schon einige Jahre zuvor emigriert war. Frau Kann und ihre beiden Töchter aus zwei verschiedenen Ehen hielten sich nun in Argentinien auf. Unter welchen Umständen sie da lebten, weiß ich nicht genau, besser gesagt, überhaupt nicht. Aber gleich nach ihrer Ankunft hatte sie einen Bekannten gebeten (wahrscheinlich wusste sie noch nicht, wo sie unterkommen würde), einen Koffer mit Dokumenten aufzubewahren. Den Koffer holte sie niemals mehr ab. Er wartete auf dem Speicher auf sie, und nicht nur auf einem, denn die Aufbewahrer zogen öfters um.

In dem Koffer – man machte ihn erst vor einigen Jahren auf – waren die alten Liebesbriefe meines Großvaters an die Frau, die er offenbar über alles liebte. Briefe, die sie auf der lebensrettenden Flucht über den Ozean bis nach Südamerika schleppte, aber trotzdem auf dem Speicher eines Hauses in Buenos Aires vergaß. Oder absichtlich liegenließ.

Wie lange die Liebe gedauert hat? Das werden nur Frau Kann und mein Großvater gewusst haben. Sie korrespondierten jedenfalls im Jahr 1911 sehr intensiv miteinander, dann gibt es noch einige Zeilen, die von 1912 stammen, die letzten im November geschrieben. Aber da heißt die Anrede nicht mehr «Liebste Edith», sondern «Verehrte, liebe, gnädige Frau».

Wenn ich die Briefe durchblättere, dann scheint es, als wären in dieser Zeit der Begegnung und des sie begleitenden Briefwechsels zwei Schauspiele entstanden. Beide, inspiriert durch die privaten Katastrophen des Autors, hatten nur geringen Erfolg gehabt. Die verschlüsselten Autobiographien wurden in den Kritiken als zu platt besprochen.

In dem ersten Schauspiel, das geschrieben wurde, als Frau Kann noch «Liebste Edith» sein durfte, geht es um den Selbstmord von Carla Mann. Im zweiten um die Liebesbeziehung zwischen Heinrich Mann und Edith Kann, eine Romanze, bei der die Beteiligten es für möglich hielten, die Welt aus den Angeln zu heben – und von der nur ein Koffer auf dem Speicher in Buenos Aires übrig blieb.

Carla Mann – auf dem Foto, das ich in Händen halte, ist sie eine Schönheit – brachte sich um. Sehr drastisch, hinter einer verschlossenen Zimmertür, während ihre Mama, vor ihr stehend, immer eindringlicher fragte, was denn da drinnen vor sich gehe, aber dennoch nicht die Tür aufbrach. Sie hörte Carla gurgeln, womit diese die Schmerzen des ätzenden Zyankalis zu lindern versuchte. Vielleicht dachte Julia auf der anderen Seite der Tür: Wer gurgelt, der lebt.

Heinrich Mann schrieb später, dass der unerwartete Tod seiner geliebten Schwester das Schlimmste und Erschütterndste gewesen sei, was ihm je passierte. Ich las, dass er sich in der Umgebung von Bozen aufgehalten hatte, als er davon erfuhr. Bevor ihn die schreckliche Nachricht telegraphisch erreichte, vernahm er den lauten Schrei seiner Schwester – was ihn verblüfft hatte, denn er wusste ja, dass sie ganz weit weg war. Sie hatte seinen Namen gerufen. Da draußen, auf einem Spaziergang unterhalb von Berggipfeln, auf einem staubigen Pfad zwischen Wiesen hatte er es gehört.

Mich berührte diese Lektüre. Nicht nur wegen der Tragik des sinnlosen Todes und des mysteriösen Aufschreis. Als ich das las, befand ich mich gerade in Bozen. Meine Eltern lebten dort, und ich, der sie häufig besuchte, war überrascht, dass schon der Großvater in dieser Gegend spazieren gegangen war. In dieser sonnig und saftig grünen Gegend, in der überall Wein und Äpfel wuchsen. Und während er das tat, war an ihm wahrscheinlich die Seele seiner geliebten Schwester vorbeigeflogen, unterwegs zu dem Ort, wohin Seelen fliegen. Falls es sie gibt und falls sie fliegen.

In dem Stück, das *Die Schauspielerin* heißt, versucht Heinrich Mann den Gründen nachzugehen, die seine geliebte Schwester Carla auf den Gedanken brachten, sie habe sich umzubringen. Er versucht ein Wesen zu zeigen, das solchen Einflüsterungen Gehör schenkte. Das Schauspiel hatte 1911 in Berlin Premiere. Die Schauspielerin, um die es darin geht, das Alter Ego von Carla, heißt Leonie.

Zwei Jahre später, 1913, hatte im Berliner Lessingtheater das zweite Stück, *Die große Liebe*, seine Erstaufführung.

Meine Großmutter war 1912 von Prag aus nach Berlin gefahren.

Ich fragte eine Germanistin, ob sie wüsste, wo meine Großmutter meinen Großvater kennengelernt hätte. Sie glaube, gab sie zur Antwort, sie hätte in irgendwelchen Notizen, Tagebüchern oder Briefen gelesen, Marie, die Großmutter, und ihr späterer Gatte, mein Großvater, begegneten einander in jenem Lessingtheater.

Natürlich muss das nicht stimmen. Falls aber doch, so stelle ich mir vor, wie die Theaterproben zu dem Stück *Die große Liebe* abgelaufen sein könnten: Der Autor, mein Großvater, hält sich von dem Regiegrüppchen dezent abseits (aber auch nicht zu sehr), die Zuständigen hinter dem Regiepult bemühen sich beflissen, die Personen, die nach dem Munde des Autors reden, auf der Bühne hin und her zu schicken. Eine famose Diva, Tilla Durieux, ein Bühnenstar ersten Grades, agiert im geprobten Theaterstück auf der Bühne trefflich als Liane Löwen. Ein nicht sehr wohlwollender Kritiker beschreibt es später so: «Man hatte die Durieux bald an runde, bald an eckige Säulen gelehnt ...»

Und einzig der Autor weiß dabei um das Geheimnis («Verehrte, liebe, gnädige Frau» ist die aktuelle Anrede der vormals «liebsten Edith» Kann): Nicht nur Liane Löwen (so heißt die Person im Stück) liebt auf der Bühne einen Künstler, sondern vor allem Edith Kann in der Erinnerung des Autors ihn selbst.

Und weil da gerade eine Vase auf einer der besagten Säulen fehlte oder der zu lange Rock die ewig darüber stolpernde Diva nervte, wurde die Probe kurz unterbrochen. Es wird gehustet, ein kurzer, einsamer Lacher ist zu hören. Ein Mensch geht knarrend davon, ein anderer setzt sich hin, der Stuhl im Zuschauerraum quietscht unbarmherzig. In diesem Moment mag eine unbekannte Schauspielerin vorbeigekommen sein, vielleicht um einen Text abzuholen, vielleicht um eine Freundin beim Theater zu treffen, beim Vorbeiraschelnn entspinnt sich ein kurzes Gespräch zwischen Freundin, Autor und der jungen Dame: «Ach, kann ich dir meine Freundin vorstellen, Fräulein Mary Kahn aus Prag.» – «Wie, bitte, war Ihr Name noch, Fräulein Ka...nn?»

«Kahn.»

Hätte Edith in Prag gelebt, sie hätte von sich als Kann-ová gesprochen.

An einem «h» muss der Versuch einer Wiederaufführung nicht scheitern.

~

In einer Skizze über seine Schwester Carla, in der er versucht, für sich dicht zusammenzufassen, was am Ende so verhängnisvoll in ihr und um sie herum wirkte, schrieb Heinrich Mann: «Sie war eine Komödiantin ... Mit siebenundzwanzig der Überdruss. Es wird Zeit, Wärme ins Leben zu bringen, ein Obdach zu suchen, bevor die hochgemute Widerstandskraft vollends verloren geht. Sie wählt ihre erste Liebe in einer neuen Welt, der französischen, spricht ihre ersten wahren Liebesworte in einer neuen Sprache, wird Mensch sein unter einer anderen Nationalität, ihre Kinder werden von ihrer früheren Existenz nicht einmal die Worte verstehen ...»

Er hätte ähnliche Worte über meine Großmutter formulieren können. Eine siebenundzwanzigjährige Komödiantin war sie, als sie sich getroffen hatten. Eine unentwegte Schieflage hatte sie nach Berlin gebracht. Eine Verzweiflung, die keiner sieht, auch die Verzweifelte nicht. Ein Übermut, der langsam über sich zu staunen beginnt. Eine emanzipatorische Kraft, die nicht genug belohnt wurde und die sich vielleicht in eine künstlerische Ambition verwandelte, die nicht ganz aus dem Vollen schöpfen konnte.

Und wenn man das Französische durch das Deutsche ersetzt, so glückte hier in Berlin der angebliche Plan von Carla (nachträglich) vollkommen (und ersatzweise). Im Schauspiel, wahrscheinlich auch in der Wirklichkeit, brachte sich Carla wegen des kläglich gescheiterten Versuchs einer radikalen Lebensänderung um, der eine Heirat mit eingeschlossen hätte.

Marie fand aber für sich eine neue Welt und ein «Obdach».

Meine Mutter sprach dann in der Folge nicht die Muttersprache ihrer Mutter, ich nicht die Muttersprache meiner Mutter und meine Töchter nicht meine Muttersprache.

Herr Heinrich Mann heiratete im Jahr 1914 Fräulein Marie Kahn.

1916 ist meine Mutter zur Welt gekommen, in München.

Ihr Rufname ist Leonie. Leonie heißt die Heldin in dem Stück *Die Schauspielerin*.

Im selben Jahr heiratet Frau Kann in Wien zum zweiten Mal.

6
DER PAPAGEI, DER HUND
UND DIE KATZE

Mein Großvater zog 1928 (seine Affäre mit einer Schauspielerin schlug hohe Wellen) kurzentschlossen nach Berlin, in die Uhlandstraße. Die Großmutter und meine Mutter blieben allein in München zurück, in der Leopoldstraße. Der Straßenname wurde von Maminka gelegentlich mit einer leichten Nostalgie erwähnt. Ein Flanierboulevard wurde skizziert. Meine Enttäuschung, als ich 1968 selber auf ihm flanierte und eine Art verstopfte Schnellstraße erblickte, hielt sich aus pietätvollen Gründen in Grenzen.

Jener Korrespondenz, die ich kürzlich unerwartet in irgendeiner alten Schachtel fand, ein nie richtig ausgepacktes Umzugsgut, konnte ich entnehmen, dass die ganze Angelegenheit der Trennung nicht einfach war. In einigen dieser Briefe, die von Sorgen und Schwierigkeiten handeln, die längst keinen mehr bedrücken, versucht ein Rechtsanwalt, ein Freund des Großvaters, diesem seinen Entschluss, eine Scheidung anzustreben, auszureden. In einem höflichen Satz gibt der Anwalt zu verstehen, er hätte doch sein gutes Urteilsvermögen damit bewiesen, dass er immerhin sechzehn Jahre davor probiert hätte, dem Schriftsteller von der Eheschließung abzuraten.

Die Anwaltsbriefe sind schreibmaschinengetippt, einige der

Buchstaben tänzeln übermütig über den Zeilen, als würden sie die anwaltliche Verstaubheit mit etwas Cancan durchbrechen wollen. Anderen vergilbten Papierblättern ist zu entnehmen, dass Mahagonimöbel, noch aus Lübeck, aus dem Haus des Senators Mann stammend, der Tochter und der Ehefrau überlassen werden, als gerechtfertigte Gegenleistung für verschiedene (unbezahlte) Rechnungen und Forderungen meiner Großmutter. Die Erwiderungen der Erwiderungen werden in der Anwaltspost festgehalten – und wiederum erwidert.

Auf dem Mahagonitisch stand eine Tasse heiße Schokolade. Die Schneeflocken tänzelten anmutig und verträumt hinter dem Fenster. Wie die Buchstaben in der Anwaltspost, die aber schwarz waren, während die Schneeflocken weiß daherkamen (was sie auf diese Weise, man fällt gern darauf herein, märchenhaft macht). Auf dem Flanierboulevard flanierten die Münchener, der herabrieselnde Schnee taute auf ihren Mänteln auf.

Ich kenne ein Foto von meiner Mutter aus dieser Münchner Zeit – es befindet sich in einer von jenen Dokumentensammlungen, die die staatliche Obrigkeit, hier die tschechoslowakische, sich konfiskatorisch angeeignet hat.

Ich konnte die Aufnahme im Schein der Tischlampen, die für alle Archivalienforscher bereitgestellt waren, beliebig wenden. Gemütlich gelb war der Lichtkegel, der meine Mutter aus der Dämmerung des Archivs hervorholte. Ich sah ein schlankes Mädchen, hübsch, winterlich angezogen, in einem dicken Pulli, mit einer weißen, seltsam putzigen Wintermütze, die gut zu ihrem dunklen Teint passte. Den Kopf hatte sie etwas kokett zur Seite geneigt, die Hände wärmten sich in einem Muff, der ihr mit einer Kordel um den Hals hing.

Maminka hat übrigens nie in meiner Gegenwart von ihren Freundinnen gesprochen. Das fällt mir plötzlich ein, wenn ich mich des alten Fotos meiner Mutter als Mädchen erinnere. Man hat doch so aufregende Freundschaften in diesem Alter! Aber alle diese einst so wichtigen Verabredungen, jedes strahlende oder schiefe Lächeln, sämtliche bedeutenden Halbsätze, verlogenen Ansichten, festen Absichten, zurückgenommenen Entschlüsse, das vertrauliche Einhaken und glückliche Kichern, die vernebelnden Kopfschmerzen und das erwartungsvolle Beäugen – sie behielt es für sich. Warum sollte sie mir aber auch von Freundinnen erzählen, wenn sie nicht einmal von ihren Eltern und Großeltern und dem Onkel und der Tante ein Wort zu viel verlor?

Wenn meine Mutter etwas aus der Vergangenheit erwähnte, dann waren es der Hund, die Katze und der Papagei. Der Papagei hieß Lora, und der Hund war lustig. Er wedelte mit dem Schwanz, bellte, sprang Maminka an und hauchte ihr seine warme Liebe in einer Beinahe-Mund-zu-Mund-Beatmung ein. Die Katze wiederum hatte sanfte Pfoten und war mit dem Hund innigst befreundet. Sie ruhten beisammen, ein großer Halbkreis und ein kleiner Halbkreis von zwei dösenden Tieren. Wie ein Zirkel sahen sie dabei aus – vier Fünftel des Zirkelstrichs hundedick, ein Fünftel katzenzierlich.

Der Papagei und die Katze aber waren sich nicht ganz grün. Vielleicht deswegen, weil der Papagei grün war. Er flog in der Wohnung frei herum. Dabei rief er begeistert und krächzend seinen Namen: «Lora!» Er war stets bemüht, der Katze auszuweichen und auf dem Rücken des Hundes zu landen. Sobald es ihm gelang, dort Position einzunehmen und den Hund zu einem Reitpferd zu degradieren, wurde wüst durch die Wohnung galoppiert. Der Papagei hielt das Gleichgewicht zwischen den Schulterblättern des Vierbeiners und schaute dabei um sich wie ein grün befederter Triumphator. Die Katze sprang parallel vom Mahagonitisch auf den Mahagonisessel, dann auf den Teppich und hoch auf die Mahagonikommode.

Ich mochte diese Geschichten. Aber nicht so, wie sie es verdient hätten. Sie klangen einfach zu phantastisch, wie zu meiner Unterhaltung erdichtet – jedoch nicht gut genug erdichtet. Es gab keine Pointe. Der Papagei war in der Erzählung immer nur grün, der Hund ununterbrochen lustig, ein ewiges Opfer für die Scherze der beiden Kleinbiester, eines davon beflügelt, das andere samtpfotig.

In dem Prager Literaturarchiv – in einem Kloster ist es untergebracht, hinter den Fenstern ist die Prager Burg zum Anfassen nah –, in dem die seinerzeit beschlagnahmten Familienunterlagen, also Briefe, Fotos, Postkarten, Visitenkarten etc. gelagert sind, gibt es noch andere Bilder von meiner Mutter. Erst Jahre nach ihrem Tod habe ich sie an diesem Ort zum ersten Mal gesehen.

Auf einer der Aufnahmen, sie strahlt ein sommerliches Flair aus, erkannte ich das kurzgeschnittene schwarze Haar meiner backfischartigen Maminka und den Papagei, der auf ihrer erhobenen Hand Platz genommen hatte. Es scheint ihm hier genauso gut zu gefallen, als wenn er auf dem Hunderücken sitzen würde. Jenes Sommerfoto mit Lora auf Maminkas Hand, das sofort gute Laune verbreitete, war aber nicht immer beschlagnahmt – dies geschah erst nach unserer Flucht. Warum hat sie es uns nie gezeigt? Wahrscheinlich hätte ich nach immer mehr Geschichten von Lora und dem Hund verlangt – und nach einem eigenen Papagei sowieso.

Ich erfuhr von Maminka, dass Lora später in einer Kino-*Wochenschau* aufgetreten sei, als die uniformierten Schreihälse («Sieg Heil!») mit Fackeln durch die Straßen marschierten.

Zwei Generationen lang dauerte die Blütezeit der *Wochenschauen*. Beglückend war es nicht, was man uns, meiner Maminka und mir, anbot, kommentiert von der blechartigen Stimme eines Sprechers und untermalt von öden Streicher- und Harfenklängen, bejammernswerte symphonische Fragmente: Immer ging es um Kapitalisten, die ihre Fingerhüte oder sonst was der Verstaatlichung entziehen wollten. Und eben um den Papagei meiner Mutter, der «Heil Hitler!» rief. Die bleierne Kommentatorstimme machte die Zuschauer damit bekannt, aus welcher Familie dieser Papagei stammte. Ein solcher Beitrag musste zur Erheiterung des Publikums am Ende der *Wochenschau* montiert worden sein, nach den Festivitäten und epochalen Aufbauleistungen. Danach hatte nur noch der Sport seinen Auftritt. Die musikalische Untermalung bei Lora (meine Erfahrung spricht dafür, gesehen habe ich es nicht) fiel eher lustig aus, eine quakende Posaune oder ein Xylophon … ja, aber dann dazu der krächzende Ruf «Heil Hitler!»? Der Führer und Xylophonklänge?

Sicher nicht. In den *Wochenschauen* hatte man eine ungeahnte Virtuosität entwickelt. Die Stimme des Kommentators, gerade noch scherzhaft, wurde auf einmal bitterernst. Die Musik, eben noch Xylophon, artete in symphonischen Dimensionen aus, sodass der Ruf des Vogels, des bekehrten Papageis, von Wagner-Klängen akzentuiert werden konnte.

Gesehen hatte Maminka die *Wochenschau* ebenfalls nicht, sie erzählte es mir aber trotzdem. Man hatte es ihr wohl geschrieben. «Liebe Goschi (so wurde meine Mutter immer genannt), uns geht es gut! Gestern haben wir Eure Lora im Kino gesehen. Er sah prächtig aus. Gesund und munter! Auch sein Sprachschatz ist wesentlich größer geworden.»

Der Schnee rieselte herab. Die späteren martialischen «Heil-Hitler!»-Fackeln warteten noch irgendwo vergraben, in das weiße Wintermärchen hätten sie eher nicht gepasst. Sie wären sicher zischend im nassen Treiben ausgegangen. Die eine oder andere hätte dann als Nase eines Schneemanns gedient. Die Passanten, die friedlichen wie auch die bald so sehr unfriedlichen, tänzelten, den vereinzelten Buchstaben im Anwaltsbrief gleich, zwischen den Schneeflocken umher. Und wenn es auch manchmal bloß der Versuch war, der Kälte und Nässe ein Schnippchen zu schlagen – es sah sehr beschwingt aus.

Vor dem milchig-schneeigen Fensterlicht setzte sich scharf die dunkle Silhouette eines ergebenen und endlos hoffenden Bittstellers ab. Zwei treue Augen schauten, zwei treue Ohren hörten. Die treuen Augen sahen eine Tasse mit heißer Schokolade, wie sie von der Hand meiner Mutter, sie ist da zwölf Jahre alt, zum Mund getragen wurde, um daraus den letzten Rest zu schlürfen. Was die treuen Ohren exakt hörten, und die treue Schnauze witterte etwas Süßes.

Die Tasse wurde abgestellt. Es wird sich schon ein dienlicher Geist des verwaisten schmutzigen Geschirrs annehmen. Bevor das geschehen wird, konnte man aber mit dem Teelöffel die süßen Reste vom Boden der Tasse aufsammeln. Ein Teil der in die Tasse hineingeschütteten Zuckermasse hatte sich mit den Schokoladenresten vermengt, und dieses Gemisch war so unglaublich köstlich, wenn man es vom Löffel genüsslich abschleckte. Der wartende Hund, der treue und vergeblich hoffende, bekam davon keinen Happen. Es war nichts, was für einen Hund in Frage kommen würde, das wusste er bloß nicht, weil er bis zum Beweis des Gegenteils alles für hundemäßig in Frage kommend hielt.

Die Katze saß die ganze Zeit über konzentriert auf der Fensterbank und schaute nach draußen. Es war eine gebildete

Katze, sie wusste um die Eigenschaften des Fensterglases, das die vom Himmel fallenden weißen Flocken von ihr trennte. Dagegen entging einem, dessen Augen wie hypnotisiert die Tasse und den Löffel anschauten, das Flattern der grünen Flügel und der siegreiche Ruf «Lora, Lora!». Und schon wurde ein Hund zu einem Tragetier.

Meine Mama schob die Tasse mit der Geste eines leicht verzogenen Kindes, das kein Dasein als Aschenputtel führte, noch nicht, auf der Tischplatte von sich weg.

Da muss doch, völlig logisch, ein ganz normales Gespräch, wie man es kennt, stattgefunden haben: «Mama, ich gehe jetzt raus.» Das sagte meine Maminka zu ihrer. «Wann kommst du zurück?» Das wird die Mutter gefragt haben, oder sie befahl kurz und keinen Widerspruch duldend: «Um vier Uhr bist du zurück, verstanden, spätestens.»

Um vier Uhr nachmittags ist es draußen schon dunkel, und man will da ein Mädchen, ob nun ein zwölfjähriges oder ein vierzehnjähriges, nicht allein auf der Straße lassen. Aber das Kind findet es natürlich am tollsten, wenn es längst schon dunkel ist, langsam heimzuschlendern, untergehakt bei einer Freundin (obwohl sie mir ja nie von einer berichtet hat). Man plaudert, am Himmel glitzern und flimmern die Sterne und in den Straßen die Auslagen. Die Schneeflocken verlieren, durch die Autoscheinwerfer angestrahlt, das Märchenhafte, sie sind grell wie Leuchtreklamen, so wie es die Zukunft sein wird. Da, hinter der Ecke, wartet sie bereits, lüftet galant den Hut, sie hat ein strahlendes weißes Lächeln und einen Piratenring im linken Ohr. Sie schaut wie Douglas Fairbanks aus, und sie tanzt Quickstepp.

7
ANKUNFT IN ATLANTIS

Als Hitler im Jahr 1933 an die Macht kam, erzählte mir Maminka, hätte meine Oma beschlossen: «In Deutschland bleiben wir nicht, es gibt hier bald einen Krieg.» Diese Erkenntnis war recht hellseherisch. Aber nicht hellseherisch genug, räumlich betrachtet. Das wäre aber auch zu viel verlangt gewesen. Da gab es andere, die jahrelang dicke Saläre bezogen hatten, die hätten es besser wissen können. Sie hatten Landkarten studiert. Und sie hatten sogar selbst Grenzen bestimmt, indem sie mit Bleistiften, Zeigestöcken und Memoranden herumfuchtelten, mit Spionen fleißig konferierten, tiefsinnige Gespräche mit Auslandskorrespondenten und Diplomaten führten. Sie alle wussten am Ende nicht einmal das, was meiner Oma gleich zu Anfang klar war.

Am 27. Februar 1933 brannte in Berlin der Reichstag. Am 28. Februar 1933 wurde eine Notverordnung des Reichspräsidenten «zum Schutz von Volk und Staat» erlassen. Am 24. März 1933 gab es die Hitler'schen Ermächtigungsgesetze. Zu diesem Zeitpunkt hatten meine Großmutter und meine Mutter Deutschland bereits verlassen.

Hätte die Ehe gehalten, wäre die Familie gemeinsam nach Frankreich gegangen. Ich wäre jetzt nicht ich, vielleicht aber ein Hauch davon. Und alles an meinem Äußeren wäre von einer beneidenswert angeborenen Eleganz.

Aber die Ehe hatte nicht gehalten. Mein Großvater emigrierte nach Frankreich und meine Großmutter mit der Tochter in die Tschechoslowakei.

Es war eine Flucht (es wurde kaum etwas mitgenommen). Gleichzeitig war es die Rückkehr einer Frau in ihre Heimat, von der aus sie vor zwanzig Jahren in die weite Welt aufgebrochen war. Mimi, Marie, ist meine Großmutter – aber sie war ja natürlich auch eine Tochter. Von Hermine.

Ich kann die Halbsätze, die da die Mutter zu ihrer Tochter sagte, fast hören: «Ich hatte dir das doch prophezeit, Kind! Einen Schriftsteller willst du heiraten, einen Deutschen? Wer ehelicht schon einen deutschen Schriftsteller? Kennst du eine Person, die es gemacht hätte? Ich nicht. Nur dich. Der junge Taussig, du kennst ihn, der hat inzwischen eine Hutfabrik. Exportiert einen Fes nach dem anderen in die ganze Welt. Bis nach Kairo. Sein Geschäftspartner aus Konstantinopel hat seinem jüngsten Kind einen Esel geschenkt. Er steht im Garten vor Taussigs Villa. Einen lustigen Namen hat er. Filip, wie heißt der Esel des kleinen Taussig?»

Maminka und Oma Mimi kamen in ein sagenumwobenes Land von vorgestern, in die Erste Tschechoslowakische Republik. Dies geschah, ich kann hier mit einem Datum glänzen, am 12. März 1933.

Zu Zeiten meiner sozialistischen Kindheit, zwanzig Jahre nachdem die beiden Frauen aus dem Zug gestiegen waren, betrachtete man diese Erste Republik wie ein verschwundenes Atlantis, von dem es überall Spuren und Zeugnisse gab. So fuhren auf den Prager Straßen noch etliche Exemplare längst nicht mehr existenter Automobilmarken der erstrepublikanischen Provenienz: Praga, Tatra, Walter, Aero. Ihre glücklichen Besitzer pflegten diese Boten der Vergangenheit sorgfältig, war doch kein Ersatz in Sicht.

In dem verschwundenen Atlantis (es existierte in den Jahren 1918 bis 1938) brummten außerdem noch CZ- oder Jawa-Motorräder über die Landstraßen. Die Feinmechanik von Kolben Daněk summte ölig, und Elektrizitätsturbinen von Škoda schickten Elektronen auf lichte Wege, zu Hause oder in der weiten Welt, wohin sie Herr Škoda exportierte, ansonsten hatte er noch Kanonen parat. In Kanzleien und auf Bällen bewegte man sich in Schuhen von Bata, und je mehr man damit knarzte, desto mehr expandierte dieser mährische Schuhmacher, baute für seine Fließbänder eine Stadt auf und ein paar andere in Indien und Südamerika. Und es gab Rundfunkgeräte von Tesla. Man entdeckte nämlich bald den Ozean der Rundfunkwellen, der ahnen ließ, dass eine unsichtbare Welt doch existierte. Sodass man für diesen hypothetischen Fall auch die große eckige Kirche auf dem Platz, der König Jiří gewidmet war, errichtete. Falls es eine unsichtbare Welt gibt, kann es eben auch den unsichtbaren Gott in seiner Dreieinigkeit geben. Man ließ den Gedanken durchaus zu, obwohl die neue Republik sich modern, aufklärerisch und recht radikal vom alten katholischen Reich distanzierte. Mit den Rundfunkwellen schwammen «Mein Vaterland» von Smetana heran, Swing, weiter auch mährisches Volksliedergut. Poetismus, Dada und Surrealismus revoltierten zart in den literarischen Zirkeln, auf den Bühnen und in den Büchern (die zu meiner frühen Jugendzeit oft unerreichbar waren). Dazu schenkte man Absinth für Schöngeister aus, Bier für die Gemeinen, beides für gemischte Naturen. Die Leckermäulchen besuchten Delikatessengeschäfte, in denen es Waren gab, die ich als Kind nicht einmal vom Begriff her kannte (Spargel oder Artischocken beispielsweise), und man baute die Hauptstadt aus (aber nicht nur die): Ganze Straßenzüge und halbe Stadtbezirke sind in dieser Zeit entstanden. Man konstruierte Konstruktivismus, schlenderte zum Landesamt, holte sich seinen Pass (später, als man sich sozialistisch nannte, war das mit monatelangen Strapazen verbunden), fuhr damit nach Paris und verkehrte dort mit Picasso und spielte vierhändig mit Strawinsky. Es gab Jazz und dumme, provinzielle Revuefilme, Bohuslav Martinů und Karel Čapek und seinen Bruder Josef, einen wunderbaren Maler (man hat ihn in Mauthausen erschlagen); es existierten Zeitschriften und Verlage zuhauf, Groschenromane, die, als ich sie bei meinem besten Freund P. im Schrank seines Vaters gebunkert entdeckte, so gut rochen und endlich mal nicht von sowjetischen Partisanen handelten.

Die Erste Tschechoslowakische Republik war in vielem eine glückliche Schwester der Weimarer Republik: in einem Umsturz nach dem Ersten Weltkrieg geboren. Man glaubte aber, es gehe ab jetzt immer nur aufwärts, man fühlte sich als Sieger. Der neue Staat wurde von einer staatstragenden Mehrheit gewollt, geführt und gebaut. Nun war diese Mehrheit aber nicht so mehrheitlich, wie sie es sich einredete. Die deutschsprachigen Menschen, etwa ein Drittel der Bevölkerung, hatten viele Gründe, beiseitezustehen und leicht mürrisch abzuwarten. Bald befand man sich als Staatsgebilde in einer beinahe rührenden Außenseiterposition zu den Nachbarn. Denn in den ermüdenden Wirren nach dem Ersten Weltkrieg lechzte man in Europa allmählich nach den gegenteiligen Werten von Demokratie und Liberalität, die diese Erste Republik inspirierten. Während man in den umgebenden Ländern von einem Unbehagen zum Missstand und von der Inflation zur Pleite taumelte, hatte man in Prag das Gefühl, hier sei endlich alles eingerenkt.

Es war wie ein vibrierendes Frühlingserwachen inmitten eines trostlosen Herbstes.

~

Ich stelle mir die beiden Frauen vor, die eine siebzehnjährig und die andere siebenundvierzigjährig, wie sie aus dem Bahnhof kamen. Der Frühling wehte vom kleinen Park her, der den Wilson-Bahnhof, den einstigen Franz-Josef-Bahnhof, vom eigentlichen Stadtzentrum trennte. Neben dem Bahnhof stand das Neue Deutsche Theater. Ein Stück weiter, auf derselben Straßenseite, das Nationalmuseum.

In dem ornamentalen, vergoldeten Bahnhof hätte man wunderbar Theater spielen und in dem Neuen Deutschen Theater die Vitrinen mit den seltsam zusammenhanglosen Exponaten des Nationalmuseums, den vielen Schmetterlingen, alten Münzen und noch älteren Steinen, aufstellen können. Und im Nationalmuseum hätte man, ohne Irritationen auszulösen, Bahnsteige auslegen oder einen bemalten Vorhang anbringen können – die drei Nachbarsbauten verband ein sehr ähnlicher Stil.

Später werde ich einmal kolossal beeindruckt sein, wenn mich Maminka, der Prager Sitte entsprechend, gerade in dieses Nationalmuseum ausführen wird. Jetzt aber, als Siebzehnjährige und Emigrantin, wittert sie vor allem einen der vielen Prager Frühlinge ihres neuen Lebens.

Ich werde dann einmal, den Kopf nach hinten verrenkt, einen riesigen Wal bewundern (natürlich nur sein Skelett), den ein patriotischer Forscher aus fernen Meerestiefen nach Prag geschafft hatte. Bis heute träume ich manchmal davon, von diesem Skelett, das unterhalb der Decke des Museums hing, über mehrere Räume hinweg. Ich bin sehr klein und gehe langsam unter diesen Knochen in Richtung Kopf. Mama hält mich an der Hand, sonst würde ich stolpern, denn meine Augen sind nach oben gerichtet, zu dem Monstrum, nach Prag gebracht, um es im Nationalmuseum staunenden Winzlingen vorzuführen.

Ich kenne die damaligen Prager Taxifahrer nur von alten Dokumentaraufnahmen. Sie lachen, sind vergnügt, zeigen ihre Zähne und ihre Limousinen. Die blankgeputzten Karossen wiehern fast vor Übermut. Die Männer tragen eine Schiebermütze.

Musste der Motor eigentlich mit einer Kurbel angeworfen werden? Wie auch immer, der Taxichauffeur schaltete in einer nächsten Amtshandlung das Taxameter ein. Hing es eigentlich draußen? Mit dieser Handbewegung wechselte man auch gleichzeitig das «Frei»-Schild in «Besetzt» um. Aus der Karosserie schnellte eine brandneue technische Innovation heraus, kleine Zeigerstöcklein, die die Einbiegerichtung anzeigten.

«Nach Smíchov, bitte, Žižkova ulice», sagte meine Großmutter auf Tschechisch, als sie einstiegen. So nehme ich es mal an.

Meine Mutter schwieg die ganze Zeit über, weil sie diese Sprache nicht konnte und dies auch nicht kundtun wollte.

Man fuhr Richtung Nationalmuseum, zur vorderen Balustrade mit dem breiten Treppenaufgang zu beiden Seiten. Zwischen den Stiegen befand sich die halbrunde Fontäne mit Wasserstrahlen, die unentwegt wie stetig nachwachsende, dünne Haarsträhnen über eine rosa geschliffene Steinmasse flossen.

Kürzlich erzählte mir jemand, beim Bau der U-Bahn vor dreißig Jahren habe man diese Balustrade und die Fontäne auseinandernehmen und nach der Schachtausgrabung wieder aufstellen wollen. «Halt!», warnte ein Statiker, ein uralter

Mann, wahrscheinlich in einer der musealen Vitrinen vergessen und für ausgestopft gehalten und aus guten Gründen dort vergessen. Seine Stunde war erst jetzt gekommen, denn nun konnte er in einer dringlichen Warnung den Finger hochheben und mahnen: «Halt! Wisst ihr denn nicht, dass die Balustrade und die Fontäne das Museum halten? Man hat es schief projektiert, noch schiefer gebaut, und wenn man diese Stütze wegnähme, würde das Ganze auf den Wenzelsplatz krachen. Die Walknochen werden zersplittern und zerbrechen im Staub, wenn das Museum auf das Pflaster einschlägt.»

Der Taxifahrer schaltete in den zweiten Gang herunter, um zum Hauptplatz der Stadt einzubiegen, dem früheren Pferdemarkt, jetzt nach dem heiligen Wenzel benannt. Er war der erste christliche König der Böhmen, vom eigenen Bruder wurde er erdolcht. Aus Bronze neu erschaffen, reitet er mit seinem behelmten Kopf auf seinem ebenso bronzenen Pferd, ständig auf der Flucht vor dem musealen (einsturzgefährdeten) Prachtbau hinter ihm.

Nein! Ich widerrufe! Der Landespatron war doch nie ein Feigling gewesen! Mit der Lanze in seiner Hand ist er Tag und Nacht bereit, den Museumsbau im Fall der Fälle mit seinem breiten königlichen Rücken zu halten, so lange eben, wie die Kräfte einer Statue dazu reichen.

Wenn man die Balustrade abtrüge, würde die Schieflage des monumentalen Nationalmuseums auf einmal sichtbar werden. Das Gebäude würde langsam kippen, die Münzen und die Steine in den Vitrinen herumrollen und klimpern, der ausgestopfte Storch ausgestopft staunen. Die Situation der beiden Damen, eine Beinahe-Matrone und ein Noch-Backfisch, im Fond einer großen Praga-Limousine, wies schon seit fünf Jahren eine Schieflage auf. Keine Balustrade war in Sicht, die sie stützen mochte.

Es gibt zwar einen Vater und Ehemann, der kann es aber nicht ganz übernehmen, er hat sich vor einiger Zeit privat woandershin verfügt. Nun ist er auch ein Flüchtling, und man hat ihn in Deutschland seiner Mittel beraubt. Dann gibt es noch Mimis Eltern. Filip Kahn wird aber achtzig dieses Jahr, Hermine wird an Heiligabend siebzig.

Die Neonreklamen leuchteten auf. Die Luft und das Pflaster spiegelten die farbenfrohen Lichter wider. Das Auto hielt und ließ der roten Tram die Vorfahrt. Ein Funke sprang aus der Leitung und übergoss für den Bruchteil einer Sekunde die Welt mit einem bläulichen Licht. Hellblau schien sie zu sein: Eine Frau lachte in ihr, ein Hund bellte, der uniformierte Polizist wedelte mit den Armen, eine Dame, bei einem Herrn untergehakt, überquerte die Fahrbahn.

Die Straßenbahn klingelte, der Droschkenfahrer fluchte, Großmama lachte, freute sich über die kernigen Worte der wieder in ihr lebendig gewordenen Muttersprache. Meine Mutter schwieg. Sie fühlte sich beim Blick durch die Autofenster, als würde sie, in einem Aquarium sitzend, in ein anderes schauen, in dem sehr quirlige Fische Bratwürste verspeisten. Passanten umlagerten ausgelassen die Verkaufsstände, sie aßen diese Prager Spezialität, den Schmaus, wobei sie ihren Körper vorbeugten, um die Kleider vor dem triefenden Fett und dem zu vielen Senf zu schützen (vergeblich).

Man fuhr (der Duft von Bratwürsten kam mit) am Palais Lucerna entlang, einem riesigen Wohn- und Geschäftshaus. Es verbindet den Wenzelsplatz und die umliegenden Straßen mit einem großzügigen Geflecht von Passagen und Durchgängen, ein Kino oben, ein Konzertsaal unten, alles eine grandiose Konstruktion. Mimi erzählte meiner Mutter, dass dort unten im Konzertsaal lustige Maskenbälle stattfänden, vielleicht gäbe es noch einen Saisonnachzügler. Man könnte dann ja dort hingehen und den Fasching in diesem ein wenig missratenen Jahr nachfeiern. Herrlich würde es sein! Als was könnte man sich aber verkleiden? Goschi? Die Großmutter bekam auf ihre Frage keine Antwort, und sie erörterte es auch nicht weiter. Aber der Taxifahrer hörte die deutschen Worte – und schwieg beredsam.

Oder er wollte wissen, woher die Damen kämen. Aus München, soso ... Und die Hakenkreuzler, was würde man von diesen neuen Kasperln halten?

Möglich war auch, dass der Chauffeur, nachdem er die deutsche Sprache vernommen hatte, die unverbindliche Konversation über Preise, Mode und Filmstars übergangslos in einem guten Deutsch fortsetzte.

In einem damaligen Zeitungsartikel, genauer gesagt im *Večer (Der Abend)*, lese ich, dass man darüber besorgt sei, der tschechische Charakter der Hauptstadt könne verfälscht werden. Mittlerweile würde man überall auf der Straße Deutsch hören, obwohl die Deutschen kaum mehr als zehn Prozent der Prager Bevölkerung ausmachen, aber es seien eben doch zu viele Emigranten in der Stadt. Besonders angestachelt schien die Leserschaft des *Večer* angesichts einer großen, meterhohen blauen Leuchtreklame des deutschen *Montagsblatts* zu sein, die den Wenzelsplatz schmückte und auf dem Helm des reitenden Länderpatrons bläulich reflektierte. Das *Montagsblatt* war eine antinazistische Exil-Wochenzeitschrift. Den sich tschechisch-völkisch gebenden *Večer* störten offenbar mehr die deutschen Wörter, als ihn der antinazistische Inhalt erfreute.

Bevor das Taxi vom Platz abbog, passierte es das moderne sechsstöckige Bata-Gebäude. Es war verglast und schlank, vollgestopft mit Schuhen, die nur darauf warteten, loszuziehen, um zu tanzen, zu trampen, zu schreiten, zu laufen, zu verzaubern (wenn das Bein dazu passte) und zu ruhen (die Pantoffeln!).

Maminka sah kurz zwei Mädchen in ihrem Alter, die vor der Auslage standen, die Köpfe eng zusammengesteckt. Ein Stück weiter wartete an der Ecke ein junger Mann mit erwartungsvollem Blick. Die Praga-Limousine bog links in die Nationalstraße ein, zur Rechten war der Prager Graben. Die Sezession (wie man hier und in Wien den Jugendstil nennt) promenierte beidseitig des Korsos, mit in sich verschlungenen Linien und verspielten Putzornamenten.

Ich denke gerade an die Memoiren eines tschechischen Literaturwissenschaftlers und Kritikers, der als flammender Kommunist begann, als Reformer sich versuchte und als ein vom kommunistischen Regime Verfemter seine besten Männerjahre und das Alter erlebte – ein nicht sehr außergewöhnlicher Lebenslauf. Er, Sergej Machonin hieß der Mann, ich kannte ihn sogar flüchtig, schrieb in einem Buch, wie er als Siebzehnjähriger aus dem Prager Hauptbahnhof trat und augenblicklich diese Jugendstil-Schmuckkästchen erblickte. Er hatte nur Verachtung für sie übrig, und aus heutiger Perspektive ist dieser Kritiker davon überzeugt, dass mit der Verhöhnung der verschnörkelten Sorglosigkeit dieser Bauwerke seine folgenschweren politischen Irrtümer begannen.

Die Nationalstraße war schon von einigen neuen, mit viel Fensterglas versehenen Häusern durchsetzt, moderne Quadrate, aber letztlich nicht ganz so schlicht, wie man im ersten Moment denken könnte. Wenn man sie sich eingehender anschaut, zeigen sie eine heitere Raffinesse. Es folgten ein paar weitere Triumphe der verwehten Walzerepoche, etwa das Topič-Verlagshaus, und diesem gegenüber bald das Nationaltheater.

Und dann kam auf einmal dieses bekannte Stadtpanorama: die Burg, hoch über der Moldau. Die Karlsbrücke. Der grüne Hügel von Petřín. Die Türme der Kirchen. Barock und Gotik. Die zu erahnenden engen Gassen. Die Dächer der alten Häuser. Der Fluss davor. Breit und forsch, als ob der Ozean gleich in der Nähe wäre. Die Wolken oben. Die Möwen dazwischen. Weiß. (Der Ausblick taucht so unerwartet auf, wenn man durch die Nationalstraße, einen Boulevard, aber irgendwie alltäglich und verstaubt, zum Quai kommt, dass der Atem immer ein wenig stockt. Auch wenn man eine Viertelsekunde später bereits wieder in Gedanken die Miete mit den Semmelnpreisen addiert.)

Das Auto erreichte die Brücke der Legionäre, man fuhr langsam neben der Elektrischen her. Die Gelenkigen und Winderprobten unter den Fahrgästen, die sich auf die halb offene Plattform in der Mitte des Wagens gestellt hatten, nahmen die Karosserieinsassen unmittelbar ins Visier – und umgekehrt. Die anderen, die drinnen in der Straßenbahn saßen und von hellen Deckenleuchten gelblich angestrahlt wurden, trugen leger aufgesetzte Hüte, wiesen mal ein Lächeln, mal schläfrige Augenlider auf, einige warfen einen neugierigen Blick zum Taxi hin. Ein Tag, der einfach so zum Abend wird. Ein Rendezvous, neue Schuhe für 99 Kronen und 99 Heller, preiswert!, das Klingeln der Tram, das vergnügte Fluchen eines Passanten, der hinterherrennt und es noch schafft, aufzuspringen, der Duft der Bratwürste.

Nachdem man die Brücke überquert hatte, einen Häuserblock weiter, bog die Tram nach rechts, Richtung Burg und Kleinseite. Das Taxi fuhr aber nach links, Richtung Smíchov. Und ab da verliert das Auto sich für mich, als ob es in einen Nebel hineinführe, in dem man nur noch das Motorengeräusch hört und bald auch das nicht mehr.

Ich bin in Prag aufgewachsen, und es gibt Ecken, die ich

viel besser als jeder Fremdenführer und Taxifahrer kenne. Doch seltsam, in den ersten zwanzig Jahren meines Lebens, die ich hier verbrachte, kam ich fast nie in den Stadtbezirk Smíchov. Smíchov ist zum Teil industriell mit großen Fabrikhallen, zum Teil gutbürgerlich, etwas abseits liegt Bertramka, ein kleines Schloss (eher Villa), das Mozart beherbergte. Aber das alles war irgendwie außerhalb meines Radius und meines Interesses. Und nie hat meine Mama gesagt: «Komm, lass uns mal einen Spaziergang durch Smíchov machen. Ich zeig dir, wo meine Großeltern und ich und deine Oma lebten … Hier, da habe ich eingekauft, und dort. Ach, und hier …»

8
PASSAVANT

Die Signalglocke bimmelt, wenn die Schreibmaschinenwalze am Ende der Schiene angelangt ist. Ein Formular, vorgetippt. Die konkreten Anfragen werden unter den einzelnen Rubriken beantwortet – nach den Angaben der Antragstellerin. Die Schreibschrift ist modern, sachlich, nach vorne strebend, zum nächsten Punkt, perfekt lesbar.

Es ist ein Protokoll über eine passlose Ausländerin. Geschrieben wurde es auf dem Polizeipräsidium Prag am 23. April 1933. Es betrifft Mann-ová, Marie, geboren am 28. Januar 1886 in Čáslav, Kreis Čáslav, Staatsangehörigkeit: Lübeck (so steht es dort, wenn es auch verwundert). Heimatzugehörigkeit: Lübeck, Beruf: Schriftstellergattin, geschieden, Religion: jüdisch ...

Der Ehemann heißt hier Jindřich Mann, so wie ich (man übersetzte den Vornamen ins Tschechische), und nett ist, dass meine Mutter von dem Beamten, der das Formular ausfüllt, mit Verkleinerungsformen bedacht wird: «Kindchen», «Töchterlein».

Es gibt eine feste Rubrik, in der man den «Grund der Flucht aus Deutschland» angeben soll. In dieser Zeile steht «politisch». Der Beamte fügte als Zusatz hinzu: «Von Hakenkreuzlern verfolgt und bedroht».

Ein Ringeltanz der Papiere. Von den Sitten und Ritualen

abgesehen, die der trüben Amtsstubenseele entstammen und dort das geistige Leben in Trab halten, sind diese Archivalien in ihrem verstaubten Gestus wohlwollend.

Über meine Großmama korrespondierten in einer etwas umständlichen Ausführlichkeit das Polizeipräsidium, das Innenministerium, ein ominöses Landesamt und das Polizeibezirkskommissariat in Smíchov. Es ging dabei einerseits um eine Aufenthaltserlaubnis ohne gültigen Reisepass, andererseits um die Ausstellung eines provisorischen Reisepasses. Diese Eingaben samt Begleitschreiben wanderten, jeweils mit einem Boten befördert, von einem Amtshaus zum nächsten. Über die Straßen, zwischen laut rufenden Stimmen und anderen tagtäglichen Geräuschen hindurch. Fahrzeuge hupten, quietschten oder bremsten, Passanten eilten oder bummelten, die Liebenden liebten oder litten, Hungrige aßen oder hungerten, Arbeiter arbeiteten und Diebe klauten. Währenddessen wurden die Ersuche durch die verwinkelten Gänge der Ämter und durch die Kanzleien zu einem zuständigen Beamten getragen, der nun eine Entscheidung zu treffen hatte. Da lagen jetzt die Materialien auf dem entsprechenden Schreibtisch vor einem prüfenden, pensionsberechtigten Auge (wenn sich auch zwanzig Jahre später das Pensionsversprechen, das des Auges Schärfe noch mehr schärfen sollte, als falsch erwies). Schnell und sorgfältig las der Beamte die Unterlagen. Er hatte sich angewöhnt, es immer mit einem Bleistift in der Hand zu tun. Um die relevanten Tatsachen zu unterstreichen, die zu einer Entscheidung führen konnten. Eine Arbeitsüberlegung, die aus der verlangten Sorgfalt resultierte.

Beim Ausmalen dieser behördlichen Routine komme ich aber nicht umhin, mir die Szene wie in einem der tschechischen Filme aus der Vorkriegszeit vorzustellen. Kein Wun-

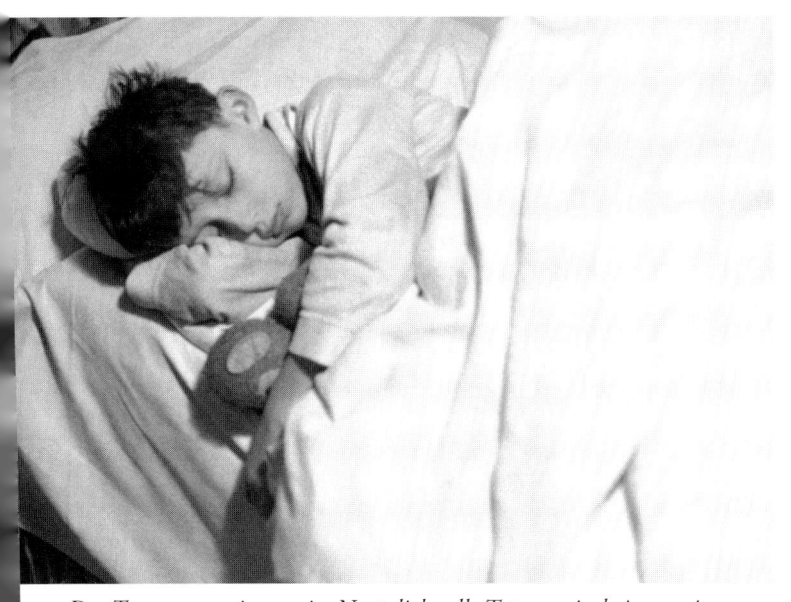

«Der Traum war eigenartig. Natürlich, alle Träume sind eigenartig.»
Als schlafender Junge, 1953

«Man kletterte über die halb verfallene
Mauer und schlich zwischen den liegenden und mit grünen
Pflanzen überwachsenen Grabsteinen.»
Jüdischer Friedhof Žižkov heute

«Den Limousinen wollte ich begegnen,
den eckigen Lieblingen, den gerundeten Avantgardisten
sowie den sportiven Langnasen ...»
Prag, 1937

«Ich hatte, als der schwarze Engel seine bescheidene Frage nach einer Münze stellte, keine zehn Heller dabei.»

«In der Metropole der hundert Türme, wie man Prag nennt, gibt es nur einen Glockenturm, der so groß und dabei gleichzeitig eckig ist.»
Herz-Jesu-Kirche in Prag, gebaut von Josip Plečnik, 1928–32

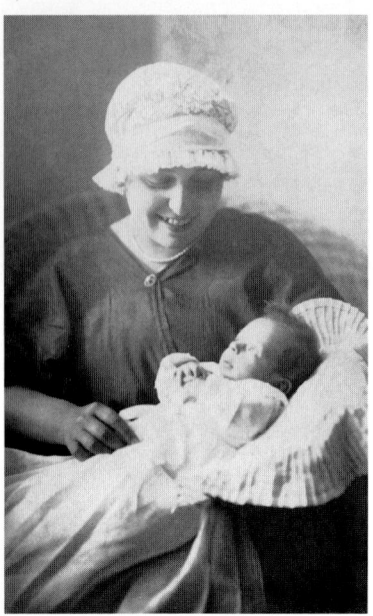

«1916 ist meine Mutter zur Welt gekommen, in München. Ihr Rufname ist Leonie.»

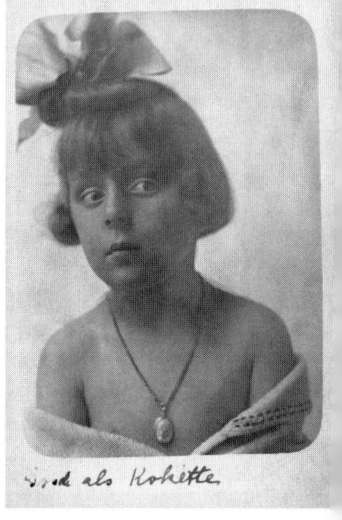

«... so wie es die Zukunft sein wird. Da, hinter der Ecke, wartet sie bereits, lüftet galant den Hut, sie hat ein strahlendes weißes Lächeln und einen Piratenring im linken Ohr.»
Meine Mutter, ca. 1924

*«Hätte die Ehe gehalten, wäre die Familie gemeinsam
nach Frankreich gegangen.»*
Meine Großeltern Heinrich und Mimi mit ihrer Tochter Leonie
an der Ostsee, um 1925

*«Dass es diese schicksalhafte Märznacht war, in der
der Diktator sein Leben lassen musste und in der ich als türkischer
Kavalier verkleidet tanzte.»*
Auf einem Maskenball mit Fes, 1953

*«Es traf sich dann eine Runde von politisch nicht ganz Zuverlässigen,
die wahrlich nicht sehr radikal waren.»*
Bei der Familie T., v. l. n. r.: eine Verwandte von Frau T.,
die neunzigjährige Mutter von Herrn T., Herr T., mein Vater,
meine Mutter, ich und Frau T., 1955

«Hauen Sie ab, ich kannte Ihre Mutter aus Franzensbad, sie war so eine nette Dame.»
Mimi in Franzensbad, in den dreißiger Jahren

«Die Passbesitzerin vermittelt den Eindruck einer wohlernährten und geschmackvoll gekleideten Vertreterin des Mittelstands.»
Mimi, meine Großmutter, 1933, ein Passfoto

«Ich entschied mich dann dafür, aufs Land zu meiner Mutter und zu meinem Bruder zu fahren.»
Unsere Sommerfrische in Vlkánčice

«Sie habe einen dunklen Mantel getragen, über den sie gestolpert war. Das rührte ihn.»
Meine Mutter, 1947

«Halt! Wisst ihr denn nicht, dass die Balustrade und die Fontäne das Museum halten?»
Vor dem Nationalmuseum, 1954

«Der Großvater! Eingestiegen ist er sicher zu Hause, in Stanisławów.»

«Zu Zeiten meiner sozialistischen Kinderzeit betrachtete man diese Erste Republik wie ein verschwundenes Atlantis ...»
Prag, 1938

*«Mein Großvater A. war ja nicht sehr groß,
wie mein Vater es auch nicht war, zudem feingliedrig und von einer zierlichen Statur, wie dies
wiederum bei meinem Bruder der Fall ist.»*
Meine Mutter mit meinem Bruder Ludvík
Mann, ca. 1960

*«Die Feier, zu der man sie eingeladen hatte, hob sich
unter den Veranstaltungen hervor, die man dort sonst mit dem
Namen Mann verbindet.»*
Mit meiner Mutter in Lübeck bei einer Familie-Mann-Feier, wohl 1981.
Rechts neben mir mein Vetter Frido mit seiner Frau Christine

«Der Tramlenker überließ nun das Steuerrad der Tram,
des roten Luftschiffs, einem kleinen, offenbar äußerst fähigen
und unerschrockenen Jungen ...»
Postkarte von 1930

«Da kam meine Maminka ...»
Meine Mutter und ich,
ca. 1954

«So flog auch ich, knapp einundzwanzig Jahre alt, über das Plaste-Elaste-Reich von Punkt A nach Punkt B (West).»
Berlin, 1972

«M. G.s schwarzer Zopf war nicht zu übersehen ...»
M. G., 1973

*«Sie blickt die beiden Männer an, und obzwar ich dies
auf dem Bild nicht sehen kann, erkenne ich es trotzdem: die begeisterte,
unschuldige Achtung in ihrem Gesicht.»*
Regisseur P., mein Vater und die Dramaturgin H. K.
im Theater Divadlo na Vinohradech, 1967

*«Verschiedene Dichter und ein paar Dichterinnen,
fein in Schale geworfen ...»*
Heinrich Mann (sitzend), seine Tochter Leonie (links vom Vater),
Karel Čapek (hinter meiner Mutter), Max Brod (neben Čapek) und
andere auf der P.E.N.-Tagung in Prag, 1934

Leonie Henriette Mann, um 1983

der eigentlich, denn ich kenne eben die Erste Republik, die sagenhafte, nur aus Kinofilmen.

Ich habe keine Zweifel, welchen Darsteller man für die Rolle des Beamten besetzt hätte: einen schlanken, durchaus hübschen, aber soliden Mann. (Man nahm ihm allerdings später seine eleganten Filmrollen übel, und er musste bei der Errichtung des riesigen Stalin-Denkmals hoch über Prag mit Hand anlegen, natürlich in proletarischer Manier, um sich zu läutern.)

Augenblicklich sehe ich die filmische Architektur in einem Atelier der Barrandov-Studios, in dem er seinen Büroauftritt gekonnt meistert: Der Raum ist großzügig, aber es kostet mich einige echte Mühe, die Idee loszuwerden, ein knisternder Kamin würde hierher gehören. Es knisterte doch immer so betulich und harmonisch in den Filmkulissen jener Jahre ... Nein, wir sind doch in einem Amt!

Wahrscheinlich ging es in diesem Film aus dem Jahr 1933, der erste Drehtag war am 12. März, wie stets um eine Liebesgeschichte. Es könnte auch ein Lustspiel gewesen sein – was die Liebesgeschichte keinesfalls ausgeschlossen hätte.

Die bürokratische Begebenheit, auf die es mir einzig ankommt, der Fall meiner Großmama und Mama, wäre in dem Ganzen natürlich nur eine kleine Nebenepisode. Ein paar Minuten. Notabene, es überkommt mich wie Malariaanfälle – immerfort muss ich an Revuetänzerinnen denken. An viele Revuetänzerinnen! Auf einer Treppe sehe ich ihre Darbietungen. Die reizenden Röckchen umhüllen die einen Hauch zu kräftigen Schenkel kaum ... Die kleine Szene flimmert, etwas verschrammt, auch etwas verrauscht der Ton, auf der silbernen Leinwand. Auf den Plätzen neben, vor und hinter mir rascheln die Tüten mit den Bonbons. Das Eskimo-Eis am Stiel schmilzt klebrig. Halb leer ist das Lichtspielhaus. Wer geht schon vormittags ins Kino? Einige verlorene Seelen, die die Stars ihrer Jugend sehen wollen. Oder jemand schwänzt die Schule. Ein spontanes Absetzen von den Wissenschaften des Herrn Holubář kann durchaus in eine Dunkelheit mit krächzender Vertonung führen. Die Tüten knistern weiter, ein Kichern möchte aufkommen, eine Komödie wurde angekündigt, aber das Gezeigte ist ein wenig öde. Die uns jetzt interessierende Filmszene ist, kaum einer ahnt warum, zwischen zwei handlungsvorantreibenden Sequenzen eingeschoben. Der Beamte, ein schlanker, durchaus hübscher, aber solider Mann, von seinem späteren Hämmern an Stalins übergroßer Nase nichts ahnend, geht zum Fenster und klopft, ins Grübeln versunken, mit seinem Bleistift rhythmisch ans Fensterglas. Er brütet über das vorliegende Gesuch ... Sein durch das Versprechen der Pension geschärfter Blick hat die problematischen Worte gleich fokussiert. Und unterstrichen. Mit einem feinen, energisch geradlinigen Bleistiftstrich. Er überlegt. Kehrt zum Tisch zurück. Da liegt die gesamte Akte. Obenauf befindet sich ein Brief des Polizeipräsidiums:

Die Aktennummer: 236169.
Die Sache: Marie Mannová, reichsdeutsche Angehörige, Aufenthalt in der Tschechoslowakei ohne einen Reisepass.

Dem Landesamt zu Prag

Dem Polizeipräsidium in Prag liegt in der Beilage ein Gesuch der reichsdeutschen Angehörigen Marie Mannová, geboren 28. Januar 1886 in Čáslav, in Böhmen, nach Deutschland zugehörig, geschieden, Privatier, <u>jüdischen</u> (leichte Bleistiftunterstreichung) *Glaubens, wohnhaft zu Prag-Smíchov, Žižkova-Straße 6, um die Aufenthaltserlaubnis in der Tschechoslowakei vor, ohne* *die Möglichkeit, sich dabei mit einem ordentlichen Reisepass auszuweisen.*

Die Antragstellerin reiste in die Tschechoslowakei mit einem deutschen Reisepass Nr.: Z 6026/5, ausgestellt in München am 23. Juni 1928, gültig bis zum 23. Juni 1933. Die Gültigkeitsdauer zu verlängern, hat das deutsche Konsulat in Prag aus politischen Gründen abgelehnt. Nach Prag ist sie am 12. März 1933 gekommen, mit ihrer Tochter Leonie. Sie lebt in Prag-Smíchov, Žižkova-Straße 6, bei ihrem Vater Filip Kohn (ein Schreibfehler, er hieß ja Kahn. Wahrscheinlich erinnerte sich die Schreibkraft der vielen jüdischen Witze um einen gewissen Kohn, die bis heute bei jedermann, mich eingeschlossen und ausschließlich des Herrn Kohn, vergnügtes Schmunzeln hervorrufen). *Auf fremde Hilfe ist sie nicht angewiesen, <u>da sie bei ihren Eltern wohnt, welche wohlhabend sind</u>* (auch dies mit einem leichten Bleistiftstrich markiert). *Sie ist eine frühere tsch. Staatsangehörige. Als den Grund ihrer Flucht aus Deutschland führt sie die ~~Feindschaft~~* (das Wort ist durchgestrichen und durch «ablehnende Haltung» ersetzt). *Als den Grund ihrer Flucht aus Deutschland führt sie die ablehnende Haltung der amtlichen deutschen Stellen zu der schriftstellerischen Tätigkeit ihres <u>geschiedenen</u>* (auch das unterstrichen) *Gatten Heinrich Mann an, der vor einer sicheren Verhaftung aus Deutschland nach Paris geflohen ist, wo er sich derzeit aufhält. Die Genannte hat vor, nach Frankreich zu reisen, und hat gleichzeitig um die Ausstellung eines provisorischen Reisepasses nachgesucht, das Gesuch wird gleichzeitig unter der Nummer 336168 der Behörde zur weiteren Erledigung gereicht. Ordnungshalber ist zu vermerken, dass die Antragstellerin sich, laut eigenen Angaben, von Heinrich Mann nur formell hat scheiden lassen (aus finanztechnischen Gründen) und sie eigentlich weiterhin mit ihm zusammenlebt.*

Bei der hiesigen Behörde ist über sie in sittlicher oder poli-

tischer Hinsicht nichts Negatives bekannt, und gegen die Aufenthaltserlaubnis in der Tschechoslowakei, ohne sich dabei mit einem ordentlichen Reisepass ausweisen zu können, gibt es keine Einwände.

Der Polizeipräsident
(eine unleserliche Unterschrift)

Die unterstrichenen Bedenken des sorgfältig prüfenden Beamten wurden archiviert. Den jüdischen Glauben und den Status einer geschiedenen Frau hatte er, der namenlose Torhüter, markiert. Darüber war er ein wenig gestolpert, da musste er erwägen und abwägen (einen Monat lang; behördenmäßig gesehen, da gelten ja andere Maßstäbe, recht flott). Er hatte dann das Anliegen, trotz seiner möglichen Besorgnisse, befürwortet. Wahrscheinlich half, als ausgleichender Pluspunkt, als ein Licht in der Düsternis nagender Zweifel, dass meine Großmutter bei ihren Eltern wohnte, welche wohlhabend waren.

Es wird ein provisorischer (staatenloser) Pass ausgestellt, *passavant*, wie es französisch im Kopf des Dokumentes vermerkt wird.

Auf dem Bild des Dokuments sehe ich meine Großmutter: kurzgeschnittenes schwarzes Haar, professionell frisiert, in kleinen dezenten Wellen ansprechend an den runden Kopf gelegt, hübsches Gesicht. Es erinnert mich entfernt an meinen Bruder, es ist aber viel ovaler als das seine. Ein mächtiger Busen verrät eine nicht besonders grazile Gestalt. Es könnte ein Sommerkostüm sein, was sie anhat. Weit geöffnet ist die Jacke, aber der Ausschnitt ist dezent und wohlerzogen durch ein Leibchen, es könnte aus echter Seide sein, verhüllt. Um den Hals trägt Oma eine Perlenkette. Die Passbesitzerin vermittelt den Eindruck einer wohlernährten und geschmackvoll gekleideten Vertreterin des Mittelstands. Wobei, wenn der Pass provisorisch ist, könnte der Mittelstand, zu dem sie gehört, auch nur provisorisch sein.

Aus reiner Sentimentalität widme ich diesem unwichtigen Papierzeug, dem grauen Gefolge von Formularen und mühsam verformten Wahrheiten, so viel Raum. Für mich sind diese Zeugnisse wie ein Familienadelsprädikat, diesmal von einem anderen Landesfürsten bestätigt. Ich erinnere mich meiner so sehr ähnlich verfassten Gesuche und Ersuche, welche die Herren und Damen in der Münchner Ettstraße, im dortigen Polizeipräsidium, und in der Regierung von Oberbayern zu bearbeiten hatten – und es auch pflichtgemäß taten. Ähnliches muss wohl auch mein Großvater Mann in Frankreich und in den USA hinter sich gebracht haben, verschiedene Male auch meine Eltern. Und ebenso waren die anderen Manns reichlich damit beschäftigt, die Familie meines Großonkels Thomas etwa. Und ich vermute, selbst Julia Bruhns, als sie den Atlantik per Schiff überquerte, das von Brasilien aus Bremerhaven (oder einen anderen Hafen) ansteuerte, wird spätestens in Lübeck entsprechende Formalitäten erledigt haben.

9
EIN WILLKOMMENER EHRENGAST

Mein Freund M. J. hat zu einem Jubiläum ein Fotobuch für die ČTK, die Tschechoslowakische Presseagentur, zusammengestellt. Zuerst war die ČTK das offiziöse und später, über lange Zeit hinweg, das offizielle Sprachrohr des Staates. Der Titel des Buches: *Die willkommenen und die nicht willkommenen Gäste.*

M. J. hatte dabei einen guten Einfall: Die Fotografien wurden nicht nach Jahreszahlen oder einer fragwürdigen Gewichtung der abgebildeten Personen geordnet, sondern alphabetisch. Auf diese Weise ergab sich auf ein und derselben Buchseite manchmal ein eigenwilliges Rendezvous neben einem anderen, und zwar von Persönlichkeiten, die der Republik Ehre oder Verderben gebracht hatten. Oder nur an ihr vorbeigestreift waren.

Unter dem Buchstaben «M» ist eine Aufnahme aus dem Jahr 1934 zu sehen. Ein Gruppenbild von der P.E.N.-Club-Tagung in Prag, in der Mitte ist der (willkommene) Ehrengast zu sehen: Heinrich Mann, eingehakt bei seiner lächelnden Tochter, meiner Mutter. Die ČTK bezeichnet sie allerdings als «Erika», was ungefähr der Präzision entspricht, mit der man über Menschen und Ereignisse (über die man gut Bescheid weiß) etwas aus der Presse erfährt. Ein Gruppenbild. Verschiedene Dichter und ein paar Dichterinnen, fein in

Schale geworfen. Nie hatte mir jemand erzählt, dass diese Aufnahme existieren würde, nie hatte man mir von diesem gesellschaftlichen Ereignis berichtet. Meine Mutter jedenfalls erwähnte es nie. Es wurde mit jedem Tag, der sie davon entfernte, unwichtiger. Nachdem der Fotograf die Gruppe abgelichtet hatte, war zu viel anderes geschehen. Als hätte man irgendwann einmal das Bild in kleinste Bestandteile zerrissen und einem reißenden Wasserstrudel überlassen.

Vorne, in der Mitte der Gruppe, sitzt der mir persönlich unbekannte Großvater, zärtlich, aber auch entschlossen untergehakt bei seiner Tochter Leonie. Maminka, eine achtzehnjährige junge Dame, hatte sich zu diesem Anlass angemessen und kleidsam angezogen. Sie lächelt nett und arglos ins Objektiv. Auf dem Kopf trägt sie eine Mütze, die ihr gut steht. Ihr Vater, mein Großvater, macht ein korrektes, ernstes Gesicht, ohne jeden Anflug eines Lächelns, und trotzdem sieht es nicht traurig aus. Sein schwarzer Anzug ist gestreift, dazu Weste und eine helle, gepunktete Krawatte. Er schaut aus wie ein Bankier, ein Gelehrter, Kunstmäzen und Philosophiefreund, nicht wie ein aus seiner Heimat verjagter Romancier, der im Rentenalter ohne Pension dasteht.

Auf dem Bild sind noch weitere siebzehn Schriftsteller zu sehen, darunter vier Frauen. Erkannt habe ich Karel Čapek, der hinter meiner Mutter steht und einer der besten und beliebtesten tschechischen Schriftsteller ist. Neben ihm befindet sich Max Brod, der in Urzidils Erzählung seinerzeit über den Schwiegervater Philip Kahn plauderte. Dies sind allerdings auch die beiden einzigen Namen, die, neben Heinrich Mann und meiner Mutter (zu Erika umbenannt), der Begleittext erwähnt.

M. J. hat mir von dem Foto eine Vergrößerung gemacht und sie eingerahmt. So großformatig, wirkt das Bild noch seltsamer. Das frohgemute, arglose Gesicht meiner Mutter, die erprobte Würde ihres Vaters. Der sichtlich sich deplatziert fühlende Karel Čapek in der letzten Reihe (vielleicht empfand er es nur in der Sekunde der Aufnahme). Neben meinem Großvater erblicke ich eine Frau, die eine unerklärliche Grimasse schneidet. Rechts von ihr glaube ich eine Romanschriftstellerin zu erkennen, sie flirtet sehr ausgelassen mit einem alternden Spitzbuben. Dieser blitzt wild mit den Augen, er hat einen spöttischen Zug um die schmalen Lippen, frech bis dreist, würde ich sagen, ob auch charmant, das ist Ansichtssache (für die Romanautorin jedenfalls ja). Nicht zu übersehen, er freut sich diebisch. Noch immer, auch nach dreiundsiebzig Jahren, sitzt die Fliege korrekt um den Hals, in der schwarzen Anzugjacke, die seinen spitzgewölbten Bauch zu eng verhüllt, steckt in der Brusttasche ein weißes Tuch.

Ein anderer Herr, mir unbekannt, aber sicher auch jemand aus der schreibenden Zunft, steht hinter meinem Großvater. Er hält ein dünnes langes Zigarillo elegant zwischen den Fingern. Wozu auch sein weltmännisches Gesicht passt. Ob als plumpe Maske aufgesetzt oder in der Ferne, auf den Meeren und in geistigen Höhen tatsächlich erworben – darüber kann ich nichts sagen. Dreiundsiebzig Jahre ist es her, und er hat es schon längst abgelegt. Ad acta, wie man auf den Dokumenten des Prager Polizeipräsidiums vermerkte.

Neben diesem Weltmann erblicke ich eine hübsche schwarzhaarige Frau. Sie hat die gleiche Mütze auf wie meine Mutter, ähnlich elegant aufgesetzt. Auch die Frisur dieser beiden Frauen ist nahezu identisch, es fehlte noch, die zwei würden eine Schuluniform tragen.

Die Zähne im lächelnden Mund meiner Mutter strahlen so weiß, weißer geht es nicht mehr. Ich denke an den Kummer, den sie mit ihrem Gebiss hatte, als ich klein war.

Zu den merkwürdigsten Zahnärzten hatte ich sie als kleiner Knirps begleitet und im Wartezimmer mit ihr mitgelitten. Auf diesem vergrößerten Foto jedenfalls hätte sie Werbung für Zahnpasta machen können!

Korrespondierend zum alternden Filou ist am linken Bildrand ein großer Mann erkennbar. Die Ärmel seiner dunklen Anzugjacke sind zu kurz, und die etwas klobigen und herausschauenden Hände lassen ihn unbeholfen und beinahe verzweifelt aussehen. Er überragt alle anderen um mindestens zwei Köpfe. Sein Haar ist mühevoll nach hinten gekämmt, mit viel Wasser gebändigt, und trotzdem ahnt man, dass es am Hinterkopf steif absteht. Vielleicht versucht er zu lächeln (die Lippen lassen die Mutmaßung zu), unabhängig davon schaut er düster und traurig zum Fußboden. Es kann sein, dass er ein bekannter Prager Autor ist, den jeder – außer mir – kennt. Oder er ist ein rumänischer Essayist, der in Brünn lebte und auf Französisch schrieb, und zu seiner Zeit schätzte man es ungemein, mit ihm abgebildet zu werden. Er schaut ebenfalls düster, gleichzeitig fast wie beschämt zu Boden. Nur er, Karel Čapek und die kokette Schriftstellerin blicken nicht in das Objektiv des Fotoapparats. Die Novellistin flirtet ungeniert mit dem alternden Juxmacher, Karel Čapek ist benommen, und dieser große schlanke Mann schaut mit verdunkelter Miene zu Boden. Als läge da ein Spiegel, der die schwarze Zukunft widerspiegeln würde. Aber niemand nimmt sie wahr. Alle starren den Fotografen an, der mit den Fingern schnippt, um sämtliche Augenpaare gemeinschaftlich zu fixieren. Und so sehen sie auch nicht, was der traurige Mann am linken Bildrand erblickt: die Zahnschmerzen meiner Mutter. Čapeks Tod in vier Jahren, dessen Herz brach, nachdem das Land Hitlers Beute wurde. Den neunundsechzigjährigen Ehrengast der Tagung auf einer Flucht durch die Pyrenäen, 1940, außer

Atem, über die wunden Füße stolpernd, von seiner zweiten Frau, einer Bardame, über die Grenze geschleppt. Er sieht Max Brod um seinen von den Nazis ermordeten Bruder in Palästina untröstlich weinen. Und die flirtende Dame vorne rechts in vierzehn Jahren die brutalen kommunistischen Todesurteile, verbreitet durch die ČTK, in poetischen Sätzen feiern – mit einer permanenten Träne im Auge, gerührt über so viel Klassengerechtigkeit.

Ich überlege, ob der Großvater Heinrich Mann Maminka in der Žižka-Straße abgeholt hatte, um sie von dort (untergehakt würden sie die Treppe hinabsteigen, sie mit klappernden Stöckelabsätzen, und er würde denken, wie groß sie doch schon sei, seine Tochter Leonie) zu dem fotografisch festgehaltenen gesellschaftlichen Ereignis auszuführen. Dann wären sie beide ein Stück des Weges über Smíchovs Pflaster zu Fuß gegangen und hätten zusammen auf die rote Trambahn gewartet. Auf der Haltestelleninsel. Quietschend und mit sanftem Bimmeln wäre die Tram fahrplanmäßig angekommen. Leonie und ihr Papa wären eingestiegen, und er hätte gleich souverän seinen Hut gelüftet – so tat er es immer, erzählte mir einmal meine Mutter. Dabei würde er laut auf Tschechisch, zur Verwunderung der Fahrgäste, gerufen haben: «Má úcta ... Habe die Ehre.» Eine irritierend höfliche Geste in einem volkstümlichen Gefährt wie der Elektrischen, in der man miteinander entweder großstädtisch-jovial oder vergrämt und grantig kommunizierte.

Maminka fuhr eher allein mit der Straßenbahn zu der kleinen P.E.N.-Club-Festivität – die Zeit des Ehrengastes war sicher ziemlich verplant. Sie stand wie die anderen jungen Leute auf der Plattform. Von einer Brise begleitet, überquerte sie den Fluss, die Innenstadt lag, von Smíchov aus gesehen, jenseits der Moldau. Meine Mutter war aufgrund des bevorstehenden Zusammentreffens ein wenig aufgeregt, vielleicht aber auch in Gedanken versunken. Sie versuchte, das Gefühl der Fremdheit – es lag immerfort auf allem, wie eine feine, durchsichtige Verpackung, wie eine wenig durchlässige Folie – mit luftigen Bildern vertrauter zu machen. Irgendwann sollte auch ein Mann darin langsam Konturen bekommen. Galant würde er den Hut abheben: «Habe die Ehre, Fräulein.» Er trug einen goldenen Ohrring und ließ seine Zähne in der Dämmerung aufblitzen. Der Mann sah – ein zu lautes Geräusch reichte allerdings aus, und er löste sich in nichts auf – ein wenig wie Douglas Fairbanks aus. Seine Sprache war Deutsch, er war vor den Hakenkreuzlern geflohen, indem er vom Chinesischen Turm im Englischen Garten auf ein vorbeifliegendes Flugzeug gesprungen war, einen Doppeldecker. Dann warf er den tonnenschweren Göring raus, schoss wie befreit in himmlische Höhen, landete in Prag und stand jetzt unten am Wenzelsplatz, an der Ecke zum Graben, direkt neben dem Bata-Haus. Seine Hand umklammerte in der Tasche den Griff einer Pistole, falls die Agenten der Hakenkreuzler, als harmlose Pantoffelkäufer maskiert, aus dem Schuhhaus stürmten. Dabei sehnte er sich nach einem Flirt oder einer Tasse heißer Schokolade.

Das Foto stammt aus dem Jahr 1934. Gern mal würde ich für ein paar launige Stunden in jene Prager Zeit eintauchen. Nicht in das Bild, da wäre ich deplatziert. Aber sollte ich etwa die eigene Mutter, diese achtzehnjährige Schiffbrüchige, aber noch im Rettungsboot sitzend, sollte ich sie in ihrer wie auch immer übertünchten und unmerklich flatternden Unsicherheit beobachten? Meine Mutter, knapp ein Jahr im fremden

Land, gerade unter der Crème de la Crème der einheimischen schriftstellerischen Zunft? Sollte ich denn die eigene Mutter, das junge Fräulein, verstohlen aus den Augenwinkeln betrachten, prüfend, um herauszufinden, was für eine Person sie ist? Sie dann unverbindlich ansprechen, mit diesem und jenem Satz, garniert mit einem kleinen Witzchen, schließlich charmant fragen, wie sie sich die eigene Zukunft vorstellt? Was ihre Gedanken zur weiteren Entwicklung in Deutschland sind? Und wie, ihrer Ansicht nach, ihre dortigen Freundinnen über das Ganze denken? Hat sie noch ein wenig Kontakt zu ihnen? Empfindet sie Sehnsucht nach Deutschland?

Und sollte ich mit dem eigenen Großpapa (so viel älter, als ich jetzt bin, ist er bei diesem P.E.N.-Empfang auch nicht) tiefsinnig plaudern? Ich könnte ihn ja auf seine irrtümlichen Ansichten über die Sowjetunion hinweisen – etwa einleitend mit dem Satz: «Und was ich noch im Übrigen auf dem Herzen habe, nimm mir das bitte nicht übel ...» (Aber hatte er diese Auffassungen schon bei dem P.E.N.-Treffen in Prag? Von Nachteil für mich könnte auch sein, dass es mit den Nachrichten über den Schrecken bislang haperte: Stalin war 1934 noch ein wenig zaghaft bei der Ausführung seiner Vernichtungsaktionen, andererseits aber holte er das Versäumte ganz gut nach.)

Meine oberflächlichen Kenntnisse über meinen Großvater, hier etwas angelesen, da etwas aufgeschnappt, stimulieren mich, sich den etwaigen Disput über ein so strittiges Thema als sachlich ernst und höflich im Ton, bar aller hysterischen Ausbrüche, vorzustellen. Aus diesem Grund ist anzunehmen, dass ich mich den besseren Eigenschaften meines verwandtschaftlichen Gegenübers angepasst hätte. Trotzdem würde ich die Debatte lieber früher als später beenden – könnte ich mich auf mich verlassen? – und an Karel Čapek herantreten.

Mit einem teils schlängelnden, teils tänzelnden Schritt eines erfahrenen Partygängers.

Čapek ist, als damaliger Vorsitzender des tschechoslowakischen P.E.N.-Clubs, der Gastgeber und damit zur Höflichkeit verpflichtet, die über die ihm sowieso nachgesagte hinausgeht. Er ist ein Schriftsteller, den alle mögen. Die etwas einfältigen Leser wie die, die das Komplizierte und Verschachtelte schätzen. Er hat eine sanfte und trotzdem würzige Sprache, auf die kommt es an, und auf die Herzfrequenz und die Seele des Erzählten. Die Seele konnte er einhauchen, die Herzfrequenz bestimmen.

Ich würde also an ihn herantreten, und ehe er anfinge, sich über meine Erscheinung zu wundern, würde ich loslegen: «Wenn Sie schon diese zwei Erzählbände geschrieben haben», würde ich erhitzt sagen, «die *Geschichten aus der einen Tasche* und die *Geschichten aus der anderen Tasche*, dann schreiben Sie doch bitte noch welche aus einer dritten und vierten Tasche, der Brieftasche sowie der Westentasche. Zwei Taschen sind zu wenig. Jeder wird sie in den nächsten dreiundsiebzig Jahren tausendmal gelesen und dreihundertmal verfilmt haben – und wie soll es dann weitergehen? Bei nur zwei Taschen?»

Und dann würde ich mir, wie immer zu spät, plötzlich und schmerzhaft der wahren Umstände bewusst werden. Würde ihn da stehenlassen, in seiner Verwirrung – dabei hätte ich noch vieles auf dem Herzen gehabt.

Ich würde mich aber abrupt abwenden und schnell zu dem Backfisch, meiner Maminka, eilen. Sie lächelt, ganz weiß, und will Tänzerin werden. Aber sie stößt mit ihrem Ansinnen auf eine bestimmte, wie es mir scheint, nicht ganz unbegründete Skepsis. Ihr Papa rät ihr diskret – er will sie nicht kränken –, aber doch eindringlich, sie möge etwas Handfestes erlernen. Schreibmaschine tippen, zum Beispiel. Als ob mit dieser Fähigkeit eine goldene und gesicherte Zukunft garantiert wäre. Im Trommeln der Tasten und dem Bimmeln der Signalglocke, wenn die Walze das Ende der Schiene erreicht hat: nach Diktat verreist, während des Diktats verhaftet, vor dem Diktat auf Nimmerwiedersehen verschwunden.

Ich würde zu dem jungen Fräulein, zu Maminka, gehen und sie bitten, mir zu vergeben, weil ich das Flugzeug von München nach Berlin 1986, als sie starb, so idiotisch und fahrlässig verpasste. Und ich würde mich, einfach so, aus heiterem Himmel, und warum auch nicht, bitte sehr, das gehört sich gewiss so bei einem Opa, ich würde mich also meinem Großvater mit meinen dreiundsiebzig Kilogramm auf seine Knie, die bald bei der Kletterpartie in den Pyrenäen ziemlich beansprucht werden, setzen und verlangen: «Erzähl mir doch ein Märchen, bitte, Opa. Ja, die vom Hasen und dem einbeinigen Zinnsoldaten. Wie der auf dem Langohr, den abgebrochenen Säbel heldenhaft gezückt, zu einer gläsernen Balletttänzerin reitet. Zu der kleinen Balletteuse, die, entführt und in dem grünen Moos versteckt, bewacht von feindlichen Knollenblätterpilzen und erwartungsvoll beäugt von Hallimaschen, unverdrossen die gläsernen Arme, Schwanenflügeln gleich, ausbreitet und weiter ihre täglichen Übungen macht.»

Und da würde dem langen Kerl, dem rumänischen Essayisten aus Brünn, da würde dem düsteren Knaben der Geduldsfaden reißen, er würde aus seiner verdunkelten Lethargie aufwachen und mich, zur Erleichterung des ganzen, etwas verunsicherten P.E.N.-Clubs, am Kragen packen, mich wie ein Gepäckstück unter die Achsel klemmen und auf die Straße – ich glaube, es war die Nationalstraße – befördern.

Aber da wollte ich ja von Anfang an hin, ich wollte gar nicht in das Bild, mir war ja klar, dass ich da nur ein Durcheinander verursachen würde.

10
AUF DEN BOULEVARDS DER
ERSTEN REPUBLIK

~~~

Hierher wollte ich, auf die Nationalstraße, auf diesen Prager Boulevard, und das im Jahr 1934. Unter die Flanierenden und die Geschäftstüchtigen. In dieses Treiben, das in einigen alten Dokumentaraufnahmen, die man sporadisch zu sehen bekam, so fröhlich aussah. Ich wollte zu den täglichen Sorgen, manche drückten auch entsetzlich, aber letztlich waren sie federleicht, verglichen mit der kommenden Last der Zukunft.

Den Limousinen wollte ich begegnen, den eckigen Lieblingen, den gerundeten Avantgardisten sowie den sportiven Langnasen, die noch zu meiner Kinderzeit durch die Straßen glitten. Wie Tiere einer ausgestorbenen Welt durch unsere Träume. Zur Zeit meiner Kindertage waren sie schon gut über zwanzig Jahre alt, mit vielen ausgebesserten Beulen, die PS getunt, die Kotflügel poliert (immer wenn ich Fotos aus dem heutigen Havanna sehe mit den tausendmal geflickten Straßenkreuzern, muss ich an die Autos meiner Jugend denken). Diese uralten Karosserien waren vererbt, verkauft, gekauft und verehrt. Ich hätte sie gern in ihrer Glanzzeit erlebt, als man sie den Leuten anpries. Als man noch dachte, dass das Benzin duftet und ein Ozonloch höchstens in der Seele existiert.

Ja, als der Gedanke auftauchte (und damit die Möglichkeit), wollte ich auf diesen Prager Boulevard im Jahr 1934, als die sagenhafte Erste Republik an der Macht war. Nur kurz natürlich, einen Nachmittag lang und den Abend noch dazu. Vielleicht auch noch die Nacht, meinetwegen durchgezecht. Aber dann nichts wie weg. Die Zeiten werden bald wirklich nicht schön werden, und die Überlebenschancen in ihnen sollten für manche Menschen äußerst gering sein.

Hätte man aber in einem der vielen Cafés bei einer Tasse türkischem Mokka (den man in Prag trank und noch heute trinkt und einen «Türken» nennt – allerdings wurde er mit der Zeit immer weniger «türkisch» und immer weniger «Mokka») in den Zeitungen geblättert, freundlicherweise von einem Kellner gebracht, hätte man in ihnen nur sehr ungenaue Hinweise auf das Kommende finden können.

Es ist nicht so, dass man die europäischen Vorgänge nicht wahrnimmt. Aber eher beschäftigte man sich ausgiebig mit einer Verhütungsmethode namens Knaus-Ogino (über sie wurde viel spekuliert, besonders in männlichen Zuschriften). Oder es ging um die Förderung der Automobilindustrie (endlich), den Bau eines Bahnhofs für 100 Millionen Kronen, die steigenden Zucker- und Hopfenpreise (sehr gut), die Devisenkurse der Nationalbank und die Bedeutung des Tonfilms. Und natürlich wird auch aufmerksam über die Vorgänge im Deutschen Reich berichtet. Nicht nur in der Wochenzeitschrift *Přítomnost (Die Gegenwart)*, einem intellektuellen Flaggschiff jener Jahre. 1934 erscheinen in dieser Publikation Artikel von Lion Feuchtwanger, weiter ziemlich detaillierte und sehr interessante Zeugenberichte von Deutschen, die anonym die Umstände und das Umfeld der Hitler'schen Machtergreifung beschrieben. Es wurde darin auch über die ostpreußischen Junker berichtet, über die spendable Osthilfe (gab es schon damals), Hindenburgs Sohn, Franz von Papen, Schleicher.

Es wurden Beiträge von Journalisten veröffentlicht, die das

Reich bereist hatten. Ausführlich wurde von einem geselligen SA-Wirtshausabend in der Provinz erzählt (noch vor dem Röhm-Putsch), von einer Wanderausstellung, in der man zeigte, wie man den Ersten Weltkrieg nicht verloren hätte, und über die Stimmung in einem Berliner Kinosaal, während ein SA-Held auf der Leinwand sein Schicksal mit den anderen Volksgenossen in die Hand nimmt. Und in kleineren Notizen wurden die täglichen Brutalitäten, die Grobheiten des neuen deutschen Regimes kolportiert.

Der Leser hatte das Gefühl, hinter einer dicken, soliden und gut schützenden Glaswand passiert ein entsetzliches, aber auch irgendwie skurriles Geschehen. Es zu beobachten erschien lehrhaft, und gleichzeitig brachte es eine angenehme Erleichterung – man befand sich ja auf der richtigen Seite der Glaswand.

Wenn ich schon mal auf dem Prager Boulevard im Jahr 1934 bin: Ins Theater würde ich gern gehen, ins «Befreite Theater», und mir diese beiden legendären Clowns, Voskovec und Werich, anschauen, die Lieblinge auch meiner Generation, die sie aber leibhaftig nicht mehr sehen konnte.

Sie hatten in einem Studentenkabarett angefangen, ihr Weg führte dann zu einem großen Revuetheater, mit Bigband im Orchestergraben und Komödien auf der Bühne, die sie selbst schrieben und in denen sie die Hauptrollen spielten: immer zwei Gesellen, zwei Wanderer, zwei Eigenbrötler, zwei Taugenichtse. Im Gegensatz zu den anderen Mitspielenden waren sie nie ganz realistisch im Habitus, waren weiß geschminkt, hatten einen breiten Mund und aufgemaltes Haar. Sie jonglierten mit improvisierten Pointen, dann führten sie einen Blues oder einen Foxtrott auf. Ihre Liedertexte kennt heute noch fast jeder Tscheche auswendig.

1934 hatte im Befreiten Theater das Stück *Der Henker und der Narr* Premiere. Man ist im Mittelalter: Auf der Bühne singen Jiří Voskovec und Jan Werich. Sie erzählen in ihrem Lied, fetziger Swing natürlich, dass es mal einen König gegeben habe, den niemand fürchtete. Das Volk war froh darüber, einzig der König beklagte sich – bis ihm eine Hexe riet, er bräuchte einen Henker, damit das Volk was zum Fürchten hätte, und einen Narren, dem allein es erlaubt sei, den König auszulachen. Die Zeiten aber schritten voran, mit ihnen die Zivilisation, und so heißt es am Ende des Songs:

> *... plötzlich kommt da einer her,*
> *redet nicht, brüllt immer mehr,*
> *ich muss kriegen, was ich will,*
> *auf seine Schulter lud er viel.*
>
> *Er macht es allen klar:*
> *Er ist König, Henker und der Narr,*
> *womit der Spannungsfall gekommen war*
> *und ein neues Geschöpf durch das Tor,*
> *ein närrischer Diktator ...*

Klingt das Lied aus (hier nur in meiner dürftigen Übersetzung, wobei das Original sofort aus dem Gedächtnis auftauchte – auch eine Aussage!), lacht und klatscht das Publikum im Saal, das Orchester swingt eine Strophe dazu; es ist ein befreites Lachen im befreiten Theater. Darauf folgte, beinahe schon Routine, eine geharnischte Demarche der Deutschen Botschaft. Man sei gut im Bilde, wer mit dem «närrischen Diktator» gemeint sei. Das deutsche Volk verbitte sich derartige Beleidigungen des deutschen Reichskanzlers. (Oder war es schon der Führer?) Die tschechoslowakische

Regierung möge einschreiten, andernfalls werde sie die Konsequenzen zu tragen haben.

Gut, die tschechoslowakische Regierung wird schon eine Antwort finden, aber wie sollte ich mich verhalten? Soll ich, hätte ich Karten für das Theater bekommen, mit allen lachen, die Stärke in sich fühlen, die Stärke der republikanischen Freiheit? Oder betreten herumsitzen, schwitzend vor Verlegenheit? ... O Gott, Leute ... in vier Jahren, und in fünf erst ...

Ein paar Blicke würden, trotz der Lachsalven, auf einmal kühl und bohrend zu mir schweifen, es registrieren, mein befremdliches Verhalten. Die Hände um mich herum klatschen euphorisch, aber die Augen schielen nach mir. Der eine oder andere würde hinter vorgehaltener Hand kurz in ein nachbarliches Ohr flüstern. Aber auf der Bühne geht es schon weiter: Schwamm drüber. Vielleicht hat er Magengeschwüre, der Arme (ich bin gemeint!), vielleicht hat er gestern zu viel getrunken. Aber wenn es ein Spion der Hakenkreuzler ist? Na, dann würde er doch gerade laut lachen, um nicht aufzufallen. Sollten wir es nicht der Polizei melden? Sag mal, dass jemand nicht lacht, ist noch lange kein Grund, ihn anzuzeigen. Wir sind hier nicht in Deutschland.

II
SMÍCHOV – CÔTE D'AZUR – SMÍCHOV

Im Frühjahr ist das Wetter an der Riviera angenehm. Im Sommer, der in den folgenden Zeilen erst am Ende eine kleine Rolle spielt, ist es heiß, aber auch nicht so drückend wie an anderen Küsten. Und im Herbst kann man zur Côte d'Azur nur mit neiderfülltem Blick schielen. In Zeiten, in denen die Menschen im sonstigen Europa mit ihren Nasen im Nebel aneinanderstoßen (aus welchen sowieso nur der Schnupfen tröpfelt), sitzt man zwischen Menton und Antibes in der Sonne und nippt an einem Gläschen Rotwein.

Das weiß man, das kennt man, die Engländer auf der Promenade des Anglais in Nizza genauso wie die Impressionisten, Surrealisten, Kubisten, Feinschmecker und Yachtbesitzer, die durch diesen durchsonnten Rayon heiter schwebten und schweben. Und im Jahr 1936 war es sicher nicht anders.

Wie es dagegen im Prager Stadtteil Smíchov zugeht, das wissen nur die Einheimischen, es interessiert sonst kaum jemanden, Berichte darüber sind rar. Aber gerade aus dem Jahr 1936 gibt es einen ziemlich minutiösen Report aus einer Wohnung in Smíchov, aus der Žižkova-Straße 30, in der Maminka und ihre Mutter wohnten.

Es ist eine sorgfältige Bestandsaufnahme. Sie ist detailliert in der Schilderung, sachlich im Duktus, objektiv in der Einschätzung, melancholisch in der Aussage. Der Schreiber gibt gleich zu Beginn seines Briefs zu (und um den geht es hier im Weiteren), dass es ihm nicht leichtgefallen sei, die Sätze, die er niedergeschrieben habe, zu formulieren. Ob das, was der Verfasser mit seinem Tun beabsichtigte, auch von Erfolg gekrönt war, entzieht sich meiner Kenntnis. Sollte er den Adressaten überzeugt haben – und das ist naheliegend, denn die präzise dargelegten Umstände, Kostenpunkte und Lösungen sind sehr eindeutig –, so ist es doch fraglich, ob der Überzeugte auch in der Lage gewesen wäre, aus seiner so gewonnenen Einsicht die notwendigen Schlüsse zu ziehen. Und selbst wenn er es getan hätte – bis man die brieflich geschilderte Not mit Kapitalaufstockung bezwungen hätte, wäre eine neue da gewesen, die die erste als ein goldenes Zeitalter erscheinen ließ.

Dieser Brief, der mir einen Blick in Maminkas Alltag in jenen Zeiten erlaubte, wurde natürlich nicht deswegen, dafür aber nach einem Konzept getippt, denn auf den fünf Schreibmaschinenseiten wurde kaum nachverbessert. Geschrieben wurde er am 23. November 1936, in Praha, Plzeňská 177 (so der Briefkopf). Damals wohnte Golo Mann hier. Die Plzeňská ist eine der Hauptstraßen in dem eher bürgerlichen Teil des Prager Bezirks Smíchov und lag wahrscheinlich nicht weit von der Žižkova-Straße (die genauer zu lokalisieren nicht einfach ist, weil sie inzwischen unter diesem Namen in Smíchov nicht mehr vorhanden ist).

Nach der Anrede «Lieber Onkel Heinrich» geht der Briefschreiber in medias res: «Hier schreibe ich Dir nun einen Brief, der Dir ärgerlich kommen und von mir auch nicht zur Lust geschrieben wird. Wäre Mimi nicht augenblicklich gesundheitlich sehr herunter, so würde sie ihn selbst schreiben …»

Ein verschlafenes Nest in den böhmisch-mährischen Hügeln, etwa auf halber Strecke zwischen Prag und Brünn, abseits von allen Hauptverkehrsadern: Es heißt Proseč und hat per Rathausbeschluss 1936 der Familie Mann, heimatlosen Flüchtlingen, die «Gemeindezugehörigkeit» und in der Folge dann das daraus resultierende Bürgerrecht, also die Staatsangehörigkeit, und die wichtigen Reisepässe einer (noch) geachteten Republik verliehen. Das betraf Thomas Mann, seine Frau Katia, die meisten ihrer sechs Kinder sowie Heinrich Mann und seine Tochter Leonie.

Meine Mutter sieht auf dem Foto des Passformulars (frische Staatsbürgerin) unerwartet hellhaarig aus und damit auf einmal ihrem Papa sehr ähnlich.

Wo sie, die Passfotoblondine (ihr ganzes Leben lang schätzte ich ihr südländisches, gar südamerikanisches Aussehen), ihre Urkunden entgegengenommen hatte, ist mir nicht bekannt. Von Thomas Mann gibt es Fotos und Filmaufnahmen, wie er in einem standesgemäßen Automobil samt Familienanhang in Proseč eintrifft. Heinrich Mann schreibt, dass er auf dem tschechoslowakischen Konsulat in Marseille eingebürgert wurde. Ich hoffe, er vergaß nicht, beim Eintreten «Má úcta» zu sagen.

Es gab in Proseč einen Ratsherrn namens Rudolf Fleischmann, der sich sehr für die bekannte Emigrantenfamilie einsetzte, deren Einbürgerung setzte er gegen einen gewissen Widerstand per Mehrheitsbeschluss durch. (Die Koalition der Gegner des zu verleihenden Bürgerrechts war nicht ganz homogen, aber lautstark: Die deutschsprachigen Ratsvertreter witterten Deutschverräter, die tschechischsprachigen Deutsche, beide Gruppen dann Juden.)

Mimi Mann, Marie Mannová selbst, in Čáslav gebürtig (mit Eltern, Oma, Onkeln und sonstigem Familienanhang, der seit Generationen im Land präsent war), wurde 1936 in Prag, unabhängig von den Vorgängen in Proseč, eingebürgert.

Alle waren also nun «Einheimische» geworden. Wenn auch Onkel Heinrich, der Adressat des besagten Briefes, in Nizza weilte, wohin ich mich auch jedes Mal sehne, wenn der November vor der Tür niest.

Diese Jahreszeit – ein Monat vor Weihnachten, mit der bis zur Decke reichenden Tanne meiner Kindheit, eine trotzige Geste meiner Mutter für alle verpatzten Heiligabende seit 1928 – ist in Prag, wettermäßig, äußerst trostlos. Die feuchten Sekunden taumeln vergrippt durch die halbdunklen Tage in die schwarzgraue Abenddämmerung hinein, der dann eine kaltnasse, hüstelnde Nacht folgt.

Es kann sein, dass diese Misere des Prager Spätherbstes bezüglich Golos Entschlossenheit, diesen Brief zu schreiben, eine Rolle spielte: die tiefhängenden Wolken, die schmutzigen Wassertropfen, die die Fahrer der Karosserien herumspritzten, wenn sie durch die Pfützen in einer nieselnden Endzeitstimmung jagten: «Aus dem Weg, ihr feuchtes, gummivermummtes Fußvolk!»

Der schale, lauwarme Tee – man hatte ihn zu lange auf dem Tisch stehenlassen –, selbst erkältet, hustet alle Illusionen fort.

Mimi war 1936 fünfzig geworden. Aus Golos Brief geht hervor, dass sie auf die Geldüberweisungen ihres Exmannes angewiesen war. Der hatte aber auch sich und seine neue Lebensgefährtin zu ernähren. Er, der Flüchtling in Nizza, schrieb an diesem Ort jedoch einen großen Roman und belieferte viele verschiedene Zeitungen mit Artikeln, die kluge Überlegungen verbreiten und Einnahmen bringen sollten (und irgendwie wohl auch brachten). Er verfügte über Honorare, eine gewisse Barschaft und einige Wertpapiere. Golo schreibt ihm, dass Mimi, solange es ihre Gesundheit zuließ, erfolgreich versuchte, mit «Annoncen vermitteln und Ähnlichem» ein Zubrot zu verdienen. Nun aber, in der Zeit von Golos herbstlicher Reportage aus der Wohnung in der Žižkova-Straße 30, klappte es mit dieser Tätigkeit nicht mehr.

So fehlten mindestens 500 französische Francs – die Überweisungen wurden in dieser Währung aufgegeben – monatlich an Einnahmen. Dies wurde in den Briefzeilen, die nicht zum Amüsement geschrieben wurden, genau errechnet. Der fehlende Betrag musste durch neue Schulden finanziert werden. Sie türmten sich mehr und mehr auf – und ließen den Schatten nur länger werden.

Golo Mann ist, wie er anmerkt, seit vier Wochen, in denen er in Prag ist, jeden Tag bei meiner Großmutter und Mama zum Essen. Dezent gibt er zu verstehen, dies geschehe nicht zu deren Nachteil, dafür aber zu seinem Vorteil. Woraus ich schließe, dass er Kostgeld bezahlte und die Mahlzeiten gut schmeckten. Darüber hinaus schätzt er die angenehme Unterhaltung. Weiter lobt er den Unterricht im Tschechischen (wahrscheinlich von meiner Oma oder sogar schon von meiner sprachbegabten Mutter erteilt) und die französische Bibliothek seines Onkels.

Ich entnehme dem, dass man in einer großzügigen Wohnung lebte, immer noch behaglich eingerichtet, mit Möbeln und Büchern, die man – eine Rarität im Dasein eines Emigranten – nachträglich von zu Hause herangeschafft hatte. Aus der sehr konkreten Rechnerei in Golos Brief geht hervor, dass im Hause meiner Großmutter 50 Kronen für die täglichen Speisen kalkuliert werden, bezogen auf drei Personen, wobei die dritte ein «Mädchen» war, eine Haushaltshilfe. Das «Mädchen» kostete 175 Kronen im Monat, inklusive Krankenkasse.

In der Wohnung gab es ein Telefon, meine Mutter hatte eine Monatskarte für die Straßenbahn (90 Kronen), man kochte mit Gas, was weitere 130 Kronen im Monat verschlang, und es wurde mit Kohle geheizt (150 Kronen). Maminka nahm Tanzstunden, und die gab ihr ein «vorzüglicher» Tanzmeister, der beste in der Stadt, laut Briefaussage. Zu einem Vorzugs- und Spottpreis, wird zusätzlich vermerkt.

Der Ex-Ehemann und Vater überwies aus Frankreich monatlich 1750 Francs, konstatieren die Zeilen des Briefes, umgerechnet 2300 Kronen. (Ein Bankangestellter verdiente damals rund 2750 Kronen im Monat.) Dazu kamen 500 Kronen von der *Neuen Weltbühne*, auf die Heinrich Mann zugunsten seiner Exfamilie verzichtet hatte. Aber es reichte letztlich nicht aus. Und auch die Gegenrechnung, die auf Einsparungen hinauslief, brachte, laut dem Neffen, keine Erleichterung. Obwohl Golo dies zuerst für den Ausweg ansah – bis er die Einzelposten sezierte, addierte und prüfte. So überdachte er die Nachteile und Vorteile eines Umzugs in eine kleine Zweizimmerwohnung, eine «Garçonniere» mit einer «Centralheizung», in der man das «Mädchen» einsparen könnte. Die restlichen Möbel, die man nicht hätte stellen können, hätte man in einer billigen Landwohnung unterbringen oder auch verkaufen können. Es wurde auch ein Umzug aufs Land in Erwägung gezogen, ein Verzicht auf das Telefon – alles wird in dem Brief sorgfältig abgewogen und letztlich mit der Bitte abgetan, der Ernährer möchte einfach versuchen, ein wenig mehr Unterstützung aufzutreiben.

«En voilà assez» – mit diesen Worten endet der Schreiber gottergeben. «Ich habe noch nie einen solchen Brief geschrieben und möchte sobald keinen zweiten schreiben. Aber da ich einmal in dieses Milieu hineingeriet und mich wohl in ihm fühle, so glaubte ich es übernehmen zu müssen.»

Weiterhin heißt es am Schluss: «Von Goschis Talenten und Aussichten weiß ich noch nicht recht, was ich halten soll. Die Tatsache, dass der erste Tanzmeister der Stadt ihren Privatunterricht übernommen hat, beweist jedenfalls, dass sie Veranlagung hat. Auch ist sie ja jetzt als Elevin an einem Avantgarde-Theater tätig und hat, dank der Protektion, die sie genießt, eine Chance, dass sie ans Stadttheater kommt; in diesem Falle wäre sie bald im Genuss eines kleinen Gehältchens. Übrigens bin ich überzeugt, dass dies so sehr wohl geratene, intelligente und besonders sprachbegabte Kind, selbst wenn es mit der Schauspielerei nichts wäre, noch später außerhalb des Künstlerischen eine Tätigkeit finden könnte.»

~

Ich höre das friedvolle Klappern der Esslöffel in den Tellern mit der Kartoffelsuppe. Aus der Žižkova-Straße klirrt es bis hierher. Die Suppe ist gut gewürzt, wärmt und sättigt in dem bejammernswerten Herbstwetter. Oder war es eine Knoblauchsuppe, die der Erkältung präventiv und geheimnisvoll immunologisch die Stirn bietet und darüber hinaus wirklich kaum den Etat belastet? Eine Rindsbrühe mit kleinen Leberknödeln kochte meine Mutter auch sehr gut, das konnte sie nur von zu Hause gelernt haben, wie auch die Tomatensuppe mit Reis. Und was gab es als zweiten Gang? Dillsauce mit Knödeln? Ich wäre, besonders in diesem Fall, gern dabei gewesen!

Meine Mutter steht vom Tisch auf und verschwindet im anderen Zimmer. Sie macht dort ihre Ballettübungen. Bald kommt nämlich der beste Tanzmeister der Stadt, der ihr zum Spottpreis Unterricht gewährt. Gab es denn eine Ballettstange in der Wohnung und einen großen Spiegel? Arabesque, die

Attitüde, die Pirouette, dann die Fouette! Hopp und Sprung, Position eins, zwei und drei. Und noch einmal!

Die Löffel in dem leeren Suppenteller, die Kelle in der Schale, das ganze Geschirr, alles zittert und klappert. Entrechat!

Alle Zeitzeugen sind verlegen, wenn sie auf die Ballettkünste meiner Mutter zu sprechen kommen. Sie hüsteln und schauen betreten zur Seite. Ich auch, wenn ich die Fotos sehe, auf denen sie in einer versteinerten Tanzstellung, mit einem niederschmetternden Enthusiasmus strahlend lächelt. Auf beiden Aufnahmen, die ich kenne, hat sie irgendeine Tracht an. Ein Hauch der Verzweiflung, einer dunklen und bodenlosen, weht mir aus diesen lustigen Bildchen entgegen.

Meine Mama Leonie wurde nach einer Schauspielerin aus einem Stück ihres Vaters benannt. Der Name war ein kodiertes Wort für ihre Tante Carla – die Geliebte, die Schöne, die Unglückliche, der das Gift durch die Kehle floss. Vielleicht versuchte Maminka mit ihren Tanzschritten dem aufgetragenen Erbe gerecht zu werden. Längst war es aber mit dieser Kunst vorbei, als ich auf der Welt war.

Auf den zwei Ballettfotos erscheint sie mir wie jemand, der in dem Augenblick des Triumphes eingefangen ist. Wie jemand, dem das Wort «Zweifel» noch nie über den Weg gelaufen ist. Ich vermute, Balletttänzerinnen müssen auf diese seltsam heroische Art lächeln. Sie werden gleich zu Anfang ihrer Karriere (selbst wenn diese nie stattfindet) darauf eingeschworen. Auch ein zarter Schwan auf der Bühne, vom Rotbart verfolgt, lächelt ausdauernd, in einer Distanz zum vorgetanzten Schicksal, als müsste er von seinem vom Librettisten aufgezwungenen Liebeskummer permanent abrücken. Vor den Vorhang schließlich, wenn alles Leid und alle Liebe vertanzt sind und der Beifall in einer kaum zu überbietenden Stärke – «Brava, Brava!» – tobt, bricht jenes bis dahin im Zaum gehaltene, nun aber grenzenlos strahlende Lächeln final aus. Und für diesen Triumph werden die Ballettelevinnen eingeübt.

Im Frühjahr 1936 weinte Mama aber. Sie schluchzte eine ganze Nacht lang – und zwar deshalb, weil ihr Besuch bei ihrem Vater in Nizza zu Ende gehen sollte. Sie wollte bei ihm bleiben. Sie wollte nicht weg. Zum Teufel mit irgendeiner unwichtigen Weihnachtsfeier, die er früher versaut hatte, genauer gesagt 1928, als er wegzog. Und seine neue Freundin, die scheinbar einem guten Tropfen nicht abgeneigt ist? Na und!

Jahre später, im Mai 1968, war der Prager Frühling – der jahreszeitliche kam immer wieder und der politische verpuffte bald – in voller Blüte. Meine Mutter meinte, ihr sei ein wenig bange, weil doch ziemlich klar sei: Die Russen würden einmarschieren und alles nach ihren Maßgaben regeln.

Ich glaube, sie prophezeite dies in der Küche. Sie kochte gerade, sie war zu dieser Zeit ganz und gar Hausfrau. Dennoch hörten wir uns auch ihre Meinung an, wir, die Männer. Die Gescheiten. Mein berühmter Schriftstellervater und ich, sein Kronprinz. Zudem befanden wir uns im Zentrum des Geschehens. Prag ist klein, die Intellektuellenzirkel waren ineinander verzahnt. So hetzten die Informationen, Vorstellungen und Witze, manche «top secret», von Bierglas zu Bierglas, von einem türkischen Mokka zum nächsten. Aber selten, vielleicht sogar nie, vernahm ich dabei eine solch einfache Überlegung wie jene meiner Mama, die sie damals in der Küche geäußert hatte. Es war die einzige, die zutraf.

Sie hatte ein Gespür für die tatsächliche Lage, aber sie hatte es sich angewöhnt, ihre Meinungen nicht besonders laut zu präsentieren. Natürlich besaß sie dieses Gespür auch nicht immer, und sie war sicherlich manchmal auch leichtsinnig, naiv, beeinflussbar, unernst und unbedacht in ihren Äußerungen. (Welches Wort ist das passende? Und auf wen passt es manchmal nicht?)

Im Frühling 1936 wollte sie jedenfalls in Nizza bleiben. Wenn es so weit gekommen wäre, sie hätte den Marsch über die Pyrenäen mitgemacht, um sich in Lissabon einzuschiffen und in die Staaten zu gelangen. Sie wäre mit Sicherheit die Einzige aus ihrer Familie gewesen, die ein richtiges Amerikanisch gelernt hätte. Sie war lebensfroh und hatte viel Energie. Wäre dies geschehen, dann wäre ich jetzt vielleicht ein Kalifornier oder ein Mexikaner. Vielleicht auch eine Frau mit schwarzen Haaren und einem unbändigen Drang zum Tanzen.

Der Vater meiner Maminka, mein Großvater, wollte nicht, dass sie bei ihm in Nizza blieb. Er konnte sich die Koexistenz seiner neuen Frau, der Tochter und seiner Arbeit nicht gut vorstellen – meine Mutmaßung. Das Gewicht seiner Entscheidung, seine vorausbestimmende Schwere, hatte er nicht bedacht – auch eine Vermutung von mir.

Er ging wohl davon aus, es würde sich bei seinem Entschluss nur darum handeln, ob man sich täglich oder eben nur ein paarmal im Jahr mit der erwachsenen Tochter treffen würde.

Meine Mutter fuhr dann zurück nach Prag, in den Herbst hinein und zu den Tanzschritten. Und lächelte mit blendend weißen Zähnen. Man versuchte, in die sich auftürmenden Rechnungen Ordnung zu bekommen, und Cousin Golo erwies sich dabei als ein recht guter Freund in der Not.

Aus dem Nebenzimmer spielte die Begleiterin des Tanzmeisters auf dem Klavier, immer dieselben Takte. Dies kostete 200 Kronen die Stunde, aber inklusive des famosen Tanzmeisters. Ein Sprung, ein paar schnelle Atemzüge zwischendurch, dann der energische Ausruf des stadtbesten Choreographen. Die Arabesque, die Attitüde, die Pirouette und die Fouette!

Als Mimi 1936 eingebürgert wurde, beantragte sie einen Pass. Einen, der endlich nicht provisorisch sein sollte. Ich sehe das Passformular. Darauf ihr angeheftetes Bild. Sie trägt eine trostlose Mütze – wenn auch diese mit einer Glitzerspange verschönert wurde –, unter welcher sie die Frisur versteckt. Über dem Foto musste eine Unterschrift geleistet werden. Mitten beim Wort «Mannová» versagte aller Wahrscheinlichkeit nach kurz Mimis Hand und geriet auf abstürzende Abwege – es war aber nur eine kleine Zäsur, die Unterschrift wurde schließlich beendet. Die Tinte floss aber inzwischen das Passfoto hinab. In einem langen, nicht enden wollenden Tintenstrich, wie ein schmaler Fluss mit drei kleinen Biegungen, wie eine endlose Träne, die noch nach über siebzig Jahren nicht richtig vertrocknet aussieht.

Erst einunddreißig Jahre später fuhr meine Mutter wieder an die Côte d'Azur. Im Frühherbst 1967. Sie hatte mit einer Freundin eine Mittelmeerkreuzfahrt bei dem staatlichen tschechoslowakischen Reisebüro (CEDOK) gebucht. Natürlich war ein solches Kreuzfahrtangebot etwas sehr Außergewöhnliches, und innerhalb von Stunden konnte man es nicht mehr buchen, obwohl diese Reise sehr teuer war, nahezu unerschwinglich. Maminka, massiv protegiert, unterstützt wahrscheinlich von einer satten Schmiergeldzahlung, bekam für sich und die Freundin die ersehnten Schiffsplätze. Ich hatte damals kaum darüber nachgedacht, warum ihr diese Plätze so viel wert waren. Erstens waren mir ihre Ferienwünsche zu dieser Zeit nicht so wichtig, und zweitens war es auch einleuchtend: die Riviera! Der goldene Westen in bester Kulisse!

Die Reise hatte ihre Tücken. Was aber bei einem staatlichen tschechoslowakischen Reisebüro im Jahr 1967 zu erwarten war. So, als wäre dies Bestandteil des Vertrages, ein versprochener Bonus. Das Kreuzfahrtschiff (war es ein russisches, rumänisches oder ein DDR-Schiff, oder war eine griechische oder gar eine westdeutsche Reederei mit CEDOK handelseinig geworden?) konnte am Ende nicht die gebuchte Kajüte für meine Mutter zur Verfügung stellen. Als Ersatz erhielt sie ein Kabuff neben dem Maschinenraum. Es war dort laut und unerträglich heiß. Maminka kam total zermürbt und unausgeschlafen von der Côte d'Azur zurück. Ja, schön war es trotzdem gewesen, hinreißend … Natürlich, wie hätte es auch anders sein können, an der Riviera.

Nie erzählte mir meine Mama etwas vor ihrem Besuch 1936 in der Gegend zwischen Menton und Antibes. Auch nicht, als mir das Foto in die Hände fiel, auf dem sie mit ihrem Vater zu sehen ist. Beide sitzen am Strand im Sand. Diese Schwarzweißfotografie lässt nichts von den Düften und Farben und dem Meeresrauschen ahnen, welche das abgelichtete Paar, Vater und Tochter, umwehten, blendeten und mit aufbrausender Eintönigkeit beruhigten.

Das soll die berühmte Riviera sein?, dachte ich als Junge. Sand, ein Himmel, zwei Menschen, eine graue Masse dahinter. Das Meer. Mama lächelt auf der Aufnahme, Großvater versucht, erfolgreich, die Würde zu wahren – trotz seines Schwimmanzugs, der die Männerbrust schamhaft bedeckt.

Nie sprach Maminka in meiner Gegenwart von ihren Tränen und der Reise zurück in den Herbst und nach Prag.

Kein Wort von dem, was ich bislang über das Jahr 1936 schrieb, könnte ich mit einer Aussage aus ihrem Munde beglaubigen. Nicht ein einziges Mal berichtete sie etwas von einer Begleiterin, auch nicht von einem Tanzmeister.

An einem spätherbstlichen Tag im November ging ich einmal mit meiner Frau die Uferpromenade in Nizza entlang. Mehr als ein halbes Jahrhundert später, nachdem Golo Mann seine Zeilen hierher geschickt hatte. Der Abend sank und mit ihm der Nebel, der zu einem feinen, fast durchsichtigen Vorhang wurde, purpurrot angehaucht. Eine Kühle kam auf. Wie ein Besucher, der sich zwar verirrt hatte, aber sich trotzdem unpassend breitmachte, stur in seinen verbrieften Ansprüchen.

Irgendwo am Ende des Weges, die Prachtbauten der Stadt lagen hinter uns, tanzten ältere Herrschaften auf einer kleinen Anhöhe einen Tango. Die Musik krächzte aus einem Kassettenrecorder. Die älteren Damen und Herren waren schlank, nein, hager. Die Frauen trugen enge Kleider, die Männer gestreifte Anzüge, einer von ihnen hatte einen Frack an, ein anderer einen weißen Smoking mit einer roten Rose im Knopfloch. Ihre Gesichter wirkten fahl, ein wenig verblichen sahen sie aus, aber ihre Glieder waren noch gelenkig. Die Damen bogen sich rückwärts, die rhythmisch begabten Greise hielten sie dabei in unerwartet starken Armen fest. Sie hoben sie dann hoch – zurück in die Leidenschaft. In einem flüchtigen Moment, nicht länger als ein Akkordeonseufzer, schlangen die betagten Frauen schalkhaft das in einem Stöckelschuh steckende Bein um das lackbeschuhte des Tanzpartners – wie Efeu, der sich um einen Baumstamm windet.

12
«ES WIRD KEINE ANTWORT ERWARTET»

Die Abtrennung der tschechoslowakischen Grenzgebiete vom Rest der Republik und ihre Übergabe an das Deutsche Reich wurden im Jahr 1938 auf einer Konferenz beschlossen. Man wollte dadurch dem drohenden Krieg ein Schnippchen schlagen. Diese sagenhafte Konferenz nennt man, durch die Lokalität des diplomatischen Meisterwerks inspiriert, «Münchener Konferenz». Und jene Abmachung, die dabei herauskam, das «Münchener Abkommen».

Die englische, französische und die italienische Regierung sowie der Führer persönlich zeichneten die neuen Grenzen ein, erst so, dann radierte man doch noch ein wenig herum. Die Dritte Französische Republik war aber der Hauptverbündete der damaligen Tschechoslowakei. Ein Geflecht von Beistandspakten und militärischen Verflechtungen sorgte dafür, dass Großbritannien, als Verbündeter Frankreichs, daran mittelbar beteiligt war.

Die Vertreter der Tschechoslowakischen Republik, die mit einer imposanten grundbuchmäßigen Umwandlung konfrontiert wurden, saßen nicht mit am Konferenztisch. Klar, sie hätten nur dazwischengefunkt und mit Ansprüchen um sich geworfen. Dennoch hatte man zwei hohe Diplomaten aus Prag nach München gebeten, damit sie die neue Landkarte und den Zeitplan für die Gebietsübergabe entgegennahmen. Innerhalb von vier Tagen musste die Räumung eines Drittels des Staatsgebiets vollzogen sein.

Obwohl sie in einer derart betrüblichen Mission unterwegs waren, Diplomaten waren sie allemal, und aus diesem Grund wurden sie standesgemäß im Hotel Regina Palast am Lenbachplatz, eine der besten Adressen in München, untergebracht.

In den Jahren unmittelbar vor der Katastrophe brütete man in der Tschechoslowakei über eine Lage, deren Wahrnehmung sich nur in einigen geringfügigen Nuancen von der tatsächlichen Lage unterschied. Diese kleinen Abweichungen reichten aus, dass man sich fatal irrte.

Man rechnete mit der Kraft der Demokratien, mit einem Frankreich als einer militärischen und politischen Macht im positiven, ja charmanten Sinne. Mit einem Platz an der kultivierten Tafel der gefestigten Westkräfte. Mit der eigenen Armee, in die man reichlich investiert hatte. Mit irgendwelchen Grenzbefestigungen, die bis heute verklärt werden (hochtechnisierte Geschütze würden auf Knopfdruck aus unterirdischen Bunkern hochfahren, vernichtendes Feuer ausspucken und sich selbst automatisch nachladen). Man war insgesamt ziemlich zuversichtlich. Die grandiose Verkennung der Tatsachen lehrt uns viel über das Einschätzungsvermögen derer, die etwas einzuschätzen haben.

Das sinnlose Schlachten des Ersten Weltkriegs lag nur läppische zwanzig Jahre zurück. Und da sollte es etwa schon wieder losgehen? Wegen ein paar Bauern oder Glasbläsern irgendwo am Rande eines zivilisierten Europa, die gleichzeitig Deutsche waren und es auch wieder nicht waren und die in Dörfern und Städtchen lebten, die nie zu Deutschland gehörten und trotzdem immer schon Deutschland gewesen waren? Und wegen solcher Differenzen sollten nochmals 100 000 junge Männer in Verdun krepieren? Das wenigstens dachte man in den Staatskanzleien in London und Paris.

Die Sudetendeutschen – ich weiß nicht, wann der Begriff seinen Gesamtvertretungsanspruch siegreich exekutierte und das Wort zu einer Bezeichnung für die deutschsprachigen Böhmen schlechthin wurde. Die Sudetendeutschen existierten nämlich schon lange vor dieser Benennung. Die linguistische Entwicklung hing vielleicht mit dem Aufstieg Adolf Hitlers kausal zusammen.

Die Materie ist reichlich ineinander verknotet. Meine Versuchung, sie besser links liegenzulassen, ist groß. Aber sie gehört zum weiteren Szenenablauf.

In Ländern der böhmischen Krone lebten spätestens seit dem Mittelalter viele Menschen, die Deutsch sprachen. Solange das Dorf und die Religion die Identität bestimmten, spielten die Sprache und die von ihr abgeleitete Nationalität bei der Selbstbestimmung des Einzelnen nicht die Rolle, die sie im 19. Jahrhundert innehatten. Wenn ich aus Vereinfachung die verschiedenen Zeitperioden umschiffe, vieles außer Acht lasse und auch so manches verflache – die tschechischsprachigen Böhmen stellten die Mehrheit im böhmischen Königreich, jedoch nicht in allen Landstrichen. Die Länder dieses Königreichs wurden schließlich Teil des österreichisch-ungarischen Kaiserreichs, und die deutschsprachige Minderheit in Böhmen konnte sich dadurch zum deutschsprachigen Block – der größten homogenen Sprachgruppe – im österreichisch-ungarischen Reich zählen.

Je mehr mit der Zeit das Gefühl einer vermeintlichen nationalen Zusammengehörigkeit in der Seelenverfassung der Menschen eine Rolle spielte, umso mehr Reibereien gab es zwischen den beiden Sprachgruppen in Böhmen. Je konstitutioneller die Monarchie wurde, desto größeren Einfluss gewannen die verbohrten Querulanten auf beiden Seiten.

Nach dem Ersten Weltkrieg und der Niederlage von Österreich-Ungarn zerbrach das Vielvölkerreich. Die Tschechen und Slowaken (auch keine unkomplizierte Gemeinschaft) gründeten eine Republik, die mehr als drei Millionen deutschsprachige Einwohner auf ihrem Gebiet hatte, die nicht zum neuen Staat gehören wollten, nicht zu dieser Tschechoslowakischen Republik, die (später wird sie die Erste genannt) sich der Demokratie verschrieben hatte. Von einer planmäßigen, per Gesetz legitimierten Unterdrückung dieser deutschen Minderheit war also keine Rede. Eher von lästigen Schikanen, da bei einem Postschalter, dort bei einem Büroleiter, hier eine hässliche Bemerkung, dort eine deutliche Ungerechtigkeit – ich verweise auf die oben erwähnten Querulanten.

Natürlich gab es in der Republik deutsche Schulen, deutsche Universitäten, und deutschsprachige Zeitungen gehörten zu den renommiertesten im Land. Auch deutsche Parteien waren im Parlament vertreten (einige Male waren sie auch an einer Koalitionsregierung beteiligt).

Die Weltwirtschaftskrise von 1929 schlug dann in den «mehrheitlich deutschsprachigen» Gebieten besonders zu. Die Arbeitslosigkeit war höher als anderswo. Diese Regionen waren auch diejenigen, die am meisten industrialisiert waren. Je mehr Hitlers dunkler Stern stieg, desto mehr Einfluss hatten die «Seinigen» unter den tschechoslowakischen Deutschen. Ein Herr Konrad Henlein, privater Turnlehrer von Beruf, gründete ein halbes Jahr nachdem Hitler in Deutschland zum Reichskanzler ernannt wurde, eine Sudetendeutsche Partei. Henlein wurde mit seiner Partei – sehr kurios war das – stärkste Kraft im Prager Parlament. Anfangs hatten alle Bürger so gewählt, wie man eben normalerweise wählt: sozialdemokratisch, konservativ, liberal, kommunistisch – oder man zog eine Bauernpartei vor. Auch die Bewohner der deutschsprachigen Landstriche machten es zuerst nicht anders. Dann, je länger Hitler schrie, machten sie alle ihr Kreuz bei der Sudetendeutschen Partei – bis auf ein paar hartgesottene Sozialdemokraten und Katholiken.

Die Sudetendeutsche Partei plädierte für die Abtrennung der Gebiete, die, zu welchem Anteil auch immer, deutschsprachig besiedelt waren. «Heim ins Reich» war ihr Slogan.

Es handelte sich dabei aber um keine kleinen Landstriche, sondern um ein Drittel der gesamten Republik. Und Teil eines der deutschen Herzog- oder Fürstentümer, wie wild und verworren die Geschichte in Europa auch immer verlaufen ist, waren diese Gebiete (von kleinen lokalen Ausnahmen abgesehen) vorher nie gewesen, auch gehörten sie nie zum deutschen Staatsgebiet.

Noch im Jahr 1937 (ein Jahr vor der Katastrophe also) sind die politischen Leitartikel in den Zeitungen, was die existenzielle Situation des Landes betrifft, von einer stutzig machenden Weltfremdheit. Zuversichtlich blickt man in die Zukunft. Man ist zwar besorgt, die Weltlage verursacht schon Stirnrunzeln, aber andererseits, wenn man sich die Situation genauer und mit dem Blick eines Eingeweihten anschaut, ist man durchaus guter Dinge.

Im nächsten Jahr galoppierte man dann ins Verderben. Zuerst noch mit gezücktem Säbel. Nach dem «Anschluss» Österreichs an das Deutsche Reich erwartete man stündlich ein ähnliches Vorgehen in den deutschsprachigen Grenzgebieten der Tschechoslowakischen Republik. Dort gab es aber nur einen halbherzigen Aufstand. Deutsche überfielen punktuell Gendarmerieposten und Zöllner, wobei diese aufflackernde

Unruhe von Hitler-Deutschland aus organisiert war (wie die ganze nationalistische Bewegung).

In Prag wurde eine Teilmobilmachung ausgerufen, die Armee besetzte die Grenzbefestigungen. Die Journalistin Milena Jesenská (Kafka adressierte an sie sehr viele Briefe, jene *Briefe an Milena*) berichtete darüber in der liberal-demokratischen Kulturzeitschrift *Přítomnost*. Sie schreibt, dass sie nicht verstehe, warum man den Deutschen in dieser und jener Selbstverständlichkeit nicht längst entgegengekommen war, warum die tschechischen und die deutschen antinazistischen Parteien, die bei den Gemeindewahlen zusammengerechnet oftmals eine Mehrheit bekämen, keine gemeinsame Kandidatenliste aufgestellt hätten. In ihrer Reportage schildert sie, wie sie an dem Tag vor jener Mobilmachung (der Anschluss naht!) in einem Restaurant von dem Kellner auf Deutsch mit «Sieg Heil!» und am nächsten Morgen (nach der Mobilmachung) auf Tschechisch mit «Dobrý den» begrüßt wurde, was einfach «Guten Tag» heißt und sehr friedfertig klang.

Man klopfte sich in den Prager Zeitungen gegenseitig auf die Schulter: «Oho, nicht mit uns! Nein, wir werden kein zweites Österreich sein!» Ohne Hysterie, aber in einer demokratischen und zivilen Entschlossenheit sei man im eigenen Land Herr der Dinge.

Dreißig Jahre später, als ich, anfangs noch ziemlich ratlos, durch die Bundesrepublik taumelte, gab es einen Kolumnisten namens Willi Schlamm, sehr verschrien war er. Willi Schlamm schrieb in der *Welt*. Nicht dass ich seine Zeilen verschlang, wenn ich sie auch manchmal – zugegebenermaßen – gern las, denn er war ein verbohrter Kalter Krieger. Ich konnte diesen Journalisten mit dem recht prägnanten Namen auch sofort einordnen, als ich dann kürzlich Artikel von ihm in damaligen Ausgaben der Zeitschrift *Přítomnost* entdeckte, unmittelbar neben denen von Milena Jesenská und Joseph Roth. Schlamm, der deutsche Emigrant, schrieb im Mai 1938, dass er nur Bewunderung für seine derzeitigen tschechoslowakischen Gastgeber ausdrücken könne, wie ruhig, vernünftig und standfest sie der nazistischen Gefahr trotzen würden.

Das wollten damals wohl alle denken und hören, und so hörten sie es und fanden sich wunderbar bestätigt, weil sie es auch noch lesen konnten.

Und dann, für manche wie ein Blitz aus heiterem Himmel, am 29. und am 30. September 1938, während die epochalen Befestigungen (derzeit werden sie preiswert verkauft) mit weiteren Soldaten bestückt und die automatisch hochfahrenden Geschütze geölt wurden, hatte man unerwartet in München konferiert. In der Nacht zum 30. September 1938 wurde man sich einig. Man konnte die in ihrem Hotel Regina Palast wartenden Diplomaten aus Prag anrufen. Ich kann mir die Zimmer, in denen die tschechoslowakischen Emissäre logierten, gut vorstellen (ich wohnte später einmal selbst in diesem Hotel). Das Telefon läutete, die Hotelrezeption verband. Die Exzellenzen eilten im Anschluss daran durch das nächtliche München. Der Botschafter Vojtěch Mastný erinnerte sich: «Nachdem ich das ganze Abkommen gelesen hatte, sagte ich, ich werde den Text dem Außenminister und dem Präsidenten der Republik vorlegen. Herr Chamberlain (britischer Premier) merkte daraufhin an: ‹There is no reply expected› (‹Es wird keine Antwort erwartet›).»

Man gab (sich) auf, räumte die Grenzfestungen und die aberkannten Provinzen. Die Feinde und die Alliierten verbündeten sich gegen die Republik – der feierlich verkündete

Frieden für alle Zeiten war es fraglos wert (dieser dauerte aber nur ein knappes Jahr).

Jahrzehnte diskutierte man dann im verratenen Land (je mehr es über die Jahre verkam, desto schwermütiger diskutierte man), was passiert wäre, wenn damals ein «Nein» (ein «Nein» hat man immer zur Verfügung, es ist einfach eine Kostenfrage) über die Lippen gekommen wäre.

Nach dem «Münchener Desaster» hatte sich nun eine Zweite Republik konstituiert. Bescheiden und klein, auch ziemlich geduckt. Man besann sich der nationalen Werte, folgte dem Pathos der Dichter aus dem 19. Jahrhundert. Man zupfte die Harfensaiten, wie lieblich sind sie, die Klänge der heimischen Komponisten, trotz allem! Man erinnerte sich der Anmut der verbliebenen Landschaft. Man hatte nun einmal mit diesem Restpanorama auszukommen. Man suchte nach den Schuldigen des Unheils. Die lagen auf der Hand, die Verräter. Frankreich und Großbritannien, Westeuropa überhaupt, die Demokratie, die Moderne, die Dekadenz sowieso.

Die neue Regierung und die ebenso neue Staatsphilosophie kündigten an: Das Geplapper und die Wankelmütigkeit haben ausgespielt; den starken Bewegungen, den starken Führern, den Nationalsozialisten und den Faschisten gehört die Zukunft! In ihrem Schatten wollen wir bescheiden prosperieren und uns nach gut verrichteter Arbeit ein paar unverfängliche Freuden leisten.

Filip (oder Philip) Kahn starb kurz davor, am 26. März 1938. Er war fünfundachtzig Jahre alt geworden. Als Grund für sein Ableben wurde im Totenschein vermerkt: «Der Marasmus».

Bestattet wurde er drei Tage später, am 29. März, auf dem Jüdischen Friedhof im Stadtteil Žižkov. Das behaupten die gefundenen Archivalien. Auf den Websites des Jüdischen Museums in Prag ist aber zu lesen, dass der Friedhof in Žižkov seine Grabdienste nur bis zum Jahr 1890 offerierte (begonnen hatte man damit 1680). Die scheinbar aus heutiger Sicht unwesentliche Diskrepanz – einerseits die Archivdokumente, die behaupten, man habe den Urgroßvater auf diesem Friedhof bestattet, andererseits war dies, folgte man den aktuellen Websites, angeblich nicht mehr möglich – ist aber für mich wichtig. Von der Laubova-Straße aus war diese Ruhestätte (falls sie das war – nie fiel ein erläuterndes Wort dazu von meiner Mutter) nur fünf Minuten eines verspielten, knabenhaften Schlenderns entfernt. Man kletterte über die halbverfallene Mauer und schlich zwischen den liegenden und mit grünen Pflanzen überwachsenen Grabsteinen. Waren wir bei unserem knabenhaften Treiben kämpfende Partisanen, die sich leise und verschwörerisch im Hinterhalt fortbewegten? Oder zwei Bären, schweigsam und äußerst vorsichtig? Oder staunende Erforscher des Unbekannten? Hatte man doch nie gesehene, seltsame Buchstaben vor Jahren in die umgefallenen Steine gemeißelt.

Lange schlummerte der ehemalige Friedhof als ein Niemandsland hinter der verfallenen Mauer. Dann machte man daraus einen Park; später, ich wohnte nicht mehr in Prag, errichtete man einen Fernsehturm auf diesem Gelände, der wie eine Rakete kurz vor dem Start aussieht. An der Spitze des startklaren Monstrums befindet sich ein Restaurant der zweifelhaften Luxusklasse. Ich habe dort einmal (wieder in Prag zurück) mit einer Tante – ich nannte sie so mangels besserer Definition – aus Israel gespeist. Wir wussten damals noch nicht, dass wir mit unserem Gewicht, inklusive der vielen Tonnen des extravagant konstruierten Raketenturms, des sehr wackeligen Fahrstuhls, des dicken Kochs, der gelangweilten Kellner und unser beider nicht sehr schmackhaften, aber reichlichen Portionen, möglicherweise auf dem Urgroßvater Filip lasteten. Wir waren die einzigen Gäste in der Raketenspitze, hinter den runden Fenstern lag ein dichter Nebel, sodass man glaubte, man würde sich schon im Weltraum befinden.

Die Zweite Republik war ein verkanntes Geschenk. Es war für viele die Zeit, um die Koffer zu packen, um den entscheidenden Augenblick nicht zu verfehlen. Allein darauf kam es jedoch an. Aber oft weiß man dies erst, wenn der entscheidende Augenblick vorbei ist. Vorher liegt er im Verborgenen der Zukunft.

Karel Čapek, der höfliche Gastgeber der P.E.N.-Club-Tagung, starb im Dezember 1938. Erschöpft und gehetzt. Er war eine der Galionsfiguren des versenkten Staatsschiffs gewesen. Jan Werich, einer der beiden Clowns von Voskovec & Werich, hörte ich einmal erzählen, dass ihn ein Polizeibeamter aufgesucht hätte. «Herr Werich», sagte der Polizist, «ich soll Ihren Reisepass einziehen. Aber wissen Sie, ich habe heute keine Zeit, ich komme erst in vierzehn Tagen wieder. Habe die Ehre, Herr Werich, má úcta ...»

Mama schrieb in einem Brief an ihren Vater Heinrich Mann, dass die Situation im tschechoslowakischen Land grässlich sei und sie fortwolle. Unbedingt. Es erinnert so sehr an die Tage von Hitlers Machtergreifung 1933.

Mimi war 1938 dreiundfünfzig Jahre alt, ihre Mutter Hermine vierundsiebzig. Sie war gerade Witwe geworden. Der Mann, mit dem sie so lange lebte, hatte sie allein zurückgelassen.

Maminka und Mimi hatten sicher vor, die Segel zu setzen. Aber ich vermute, sie schmiedeten ihre Pläne (Sowjetunion,

Schweden etc.) in der Hoffnung, sie würden sich erübrigen. Was sollte dann mit Hermine geschehen? Und mit Mamas begonnenem Studium am Prager Konservatorium? Es war ihr so wichtig! Sie grübelten über eine weitere Emigration in einer merkwürdigen Parallelität zu den Tagen, die wie gewohnt dahinflossen. Die Sonne ging auf, abends wieder unter, es passierte dies und jenes, einige Tanzschritte, ein Frühstücksei, unangenehme Halsschmerzen, eine anregende Unterhaltung, ein lustiger Hundeblick, gemeine Anfeindungen in der Zeitung, ein Theaterabend, ein schöner Spaziergang am Moldauufer. Und natürlich die Einreisevisa! Für die es nun elend lange Warteschlangen gab. Und war man endlich vor dem Schreibtisch des Konsularbeamten angekommen, konnte man nie ahnen, wie er sich entscheiden würde.

13
DER WALDWEG

~~

Das Städtchen Sázava war von unserer Sommerfrische aus in nur einer halben Stunde zu Fuß zu erreichen. Entweder ging man den steilen Wiesenhang hinauf (der einmal mit den weißen Flugblättern zauberhaft verschneit aussah), um am Ende in einen schattigen Wald einzutauchen. Oder man schlenderte über die malerische Landstraße bis zur ersten Kurve, dann führte eine kleine Brücke über den Forellenbach. Von dort musste man ebenfalls in den Wald einbiegen, aber der Höhenunterschied war sanfter – dafür war der Weg jedoch länger. Ganz gleich, ob man den einen oder anderen Pfad in den Wald wählte, man verließ mit einem einzigen Schritt die grelle Sommerhelligkeit, die Hitze, das Wespensummen und tauchte in eine Stille sowie in ein Halbdunkel ein. Schlagartig befand man sich unter einem grünen Dach aus Baumkronen, und unter den Füßen spürte man die Blätter, viele Nadeln und das weiche Moos.

Die beiden Waldwege wurden am Ende eins, an einem majestätischen Baum, der seine Äste hier schon seit achthundert Jahren ausbreitete. Die große Narbe, die einmal der Blitz im Stamm hinterlassen hatte, faszinierte mich. Die wuchtige Kraft des feurigen Mysteriums flößte mir Respekt ein, aber auch die unerschütterliche Standhaftigkeit des Baumes. Und längst hatte die Zeit die Folgen der Blitzkatastrophe geheilt: Die Vögel, Ameisen und Waldbienen hausten in ihm, unter dem Gewirr der Wurzel wohnte (angeblich) ein Dachs.

Der Abstieg in das Tal, ins Städtchen Sázava (es gibt auch einen gleichnamigen Fluss), war von dort nicht mehr weit. Bald trat man aus dem Wald heraus, die grüne Dämmerung wechselte jäh wieder in ein strahlendes Sommerlicht. Der weitere Weg führte über eine abfallende Wiese, vorbei an einer Reihe von schiefen, knorrigen Obstbäumen. Die Stämme waren mit weißem Leinen umhüllt, eine ärztliche Maßnahme. Einen Bauern hatte der Liebesschmerz getroffen. Gewaltig und zerschmetternd wie der Blitz den alten Baum. Was wirklich passiert war, blieb im Unklaren, jedenfalls hatte der Bauer mit einer Axt gegen die Bäume gewütet. (Gab es einen Verrat unter den Äpfeln?) Jahrelang traf ich die Stämme noch mit ihren weißen Bandagen an.

Drei Anziehungspunkte hatte Sázava aufzuweisen. In dem alten Kloster baute man zu Ehren des heiligen Prokop bildhauerisch jene suggestive Szene nach, die Prokop über Jahrhunderte hinweg berühmt gemacht hat: Diese steinerne, aber realistisch kolorierte Darstellung zeigt, wie er den wütenden Teufel mit Ketten zähmt. Die nahen Glaswerke boten wiederum faszinierende Schätze an, dunkelgrüne Glaskugeln, schwer und wuchtig und geheimnisvoll. Und die ersten Julitage präsentierten eine Kirmes, natürlich zu Ehren des heiligen Prokop.

Meine Mama besaß eine merkwürdige Unfähigkeit. Sie war nicht in der Lage, einen Pilz zu entdecken, mochte er sogar kurz vor ihrer Fußspitze aus dem Boden sprießen. Gerade deswegen befiel sie manchmal eine unbändige Lust, diesen Fluch der Pilzblindheit zu durchbrechen. Unermüdlich suchte sie dann im gefallenen gelben Laub – es knisterte und raschelte dann erwartungsvoll unter ihren Schritten –, obwohl wir eigentlich auf dem Weg nach Sázava zur Kirmes waren. Meine Unruhe wuchs, das Herumsuchen ließ das Ende des Weges in weite Ferne rücken.

Auf diese Weise kamen wir zu dem alten Baum. Der Dachs war – natürlich, was sonst – wieder nicht da.

Plötzlich redete mich Maminka unerwartet ernsthaft an: «Du, ich glaube, ich muss dir was sagen.»

Ach ja, dachte ich mir, hat das nicht Zeit, bis wir wieder auf dem Rückweg sind? Andererseits überlegte ich: Wer was zu sagen hat, sucht keine Pilze. Also schwieg ich.

«Ich war schon einmal verheiratet», fuhr sie fort.

Ich schaute sie verdutzt an.

«Ich habe früher einen anderen Ehemann gehabt.»

«Echt? Vor Papa?»

«Ja.»

«Und was ist aus ihm geworden?»

«Er ist im Krieg verschollen, die Ehe ist geschieden worden.»

«Aha. Und weiß Papa es?»

«Natürlich.»

«Dann ist ja alles in Ordnung, oder?»

«Ja.»

«Na, dann lass uns jetzt weitergehen.»

Ich weiß gar nicht, warum sie es mir gerade in diesem Moment erzählte. Vielleicht hätte ich mehr erfahren, wenn es mich eindringlicher beschäftigt hätte. Es musste einen Grund gegeben haben, diese erste Ehe plötzlich zu thematisieren. Hätte ich nachgehakt oder nur still abgewartet, ich hätte es erfahren. Aber da war die Dult! Das Echo der Kirmesmusik, das Stimmengewirr und das Lachen, gemischt mit dem Summen der Schleuse am nahen Fluss, warteten am Waldesrand. Und der wartete auf uns.

~~

Das Eheregister des Zivilstandkreises Zürich aus dem Jahr 1939 gibt per mir vorliegender Kopie folgende Auskunft: Am 17. Januar 1939 wurde in Zürich getraut: Aschermann, Max Traugott, Doctor Juris, aus Voltýřov, Bezirk Milevsko, Tschecho-Slowakei (während einer kurzen Espisode der zerfallenden Republik im verhängnisvollen Jahr 1939 wurde der Staatsname in dieser Form geschrieben), wohnhaft in New York, Vereinigte Staaten von Amerika, geboren am 12. September 1912, in Wien, II. Bezirk, Alservorstadt.

Es folgen dann die Eltern des Bräutigams. Ich will sie, die in der Urkunde penibel aufgelistet werden, jetzt besser auslassen, damit das Ganze nicht wieder ausufert. Wobei das Wort «penibel» nicht suggerieren soll, von den Eltern gäbe es mehr als ein Paar. Nein, es ist nur von einem Vater Aschermann und einer Mutter Aschermann die Rede ... Na gut: Er hieß Max und sie Franziska Josephine, geborene List. Sie war fünf Jahre älter als er, beide waren laut diesem Eheregister in Prag geboren, sie in Žižkov (folglich in unserer Nähe). Von Beruf ist Franziska Josephine Ingenieurin. Max wurde als «Vertreter» eingetragen, der im Bezirk Vinohrady das Licht der Welt erblickt hatte, nicht weit vom König-Georg-Platz entfernt. Prag ist eben klein.

Die zweite Person bei dieser Eheschließung heißt Mann, Karla Marie Henriette – meine Mama in spe.

Papa bemerkte einst, als er gerade nicht gut auf sie zu sprechen war: «Sie hat doch schon einmal einen ganz normalen Heiratsschwindler geheiratet.»

Maminka erzählte nur, dass sie zu ihrer ersten Hochzeit

nach Zürich geflogen war. 1939. Mit diesem Satz war aber das Thema für sie beendet gewesen. (Denn meine Chance, mehr zu erfahren, hatte ich ja am blitzerprobten, achthundert Jahre alten Baum bereits vertan.)

Die ersten regelmäßigen zivilen Flugverbindungen von Prag aus gab es im Jahr 1923. Auch 1939, sechzehn Jahre später, war eine Reise durch die Luft keine Alltäglichkeit. Man setzte Flugzeuge der italienischen Hersteller Savoia-Marchetti ein oder die Aeros aus der heimischen Produktion. Seit 1936 servierten Stewardessen – als Mädchen mit einem angenehmen Äußeren und einem «passenden» Gewicht werden sie in der alten Werbung angepriesen – während des Fluges Kaffee, Tee, Kuchen und Bonbons. Die Bordkonducteurinnen, wie die Flugbegleiterinnen damals hießen, liehen den Frierenden und den Geblendeten auch warme Decken und dunkle Sonnenbrillen aus.

Es ratterte und flatterte heftig während dieses Fluges nach Zürich. Es war furchtbar. Ob die dunklen Sonnenbrillen und wärmenden Decken bei dem Geschaukel auch in der Kabine hin- und herflogen, gleich dem Flugzeug im winterlichen Himmel, oder meiner Mama nur ordentlich übel wurde, weiß ich nicht. Aber es war der einzige Flug in ihrem Leben. Nie wieder betrat sie ein Flugzeug.

Mir ist nicht bekannt, warum die beiden gerade in Zürich heirateten. Abgesehen davon natürlich, dass ich auch nicht weiß, warum sie überhaupt heirateten. Heinrich Mann schrieb an seinen Bruder Thomas, dass er, Heinrich, seiner Tochter ihre Mitgift, die er für sie immer aufgehoben hatte, auszahlte und sie diese, trotz aller Warnungen, dem Ehemann aushändigte. (Aber zu üppig wird diese Mitgift wohl kaum in den kargen Zeiten ausgefallen sein, die für die Familie schon lange herrschten.) Thomas Mann schrieb wiederum an Heinrich Mann, dass sein frischgebackener Schwiegersohn, eine schmierige Type, ihn in den USA aufgesucht hätte, um seinen neuen Onkel zu begrüßen. In New York würde er mit seiner neuen und berühmten Verwandtschaft prahlen und im selben Atemzug um Kapitalspritzen für seine maroden Unternehmungen nachsuchen. Man munkelte, Herr Aschermann, Max (auch Maxi genannt) Traugott, dem man besser nicht über den Weg trauen sollte, hätte einigen jüdischen Damen in Prag versprochen, deren Schmuck nach Übersee zu retten. Dabei rettete er ihn aber nur in die eigene Schublade, die sich jedoch tatsächlich jenseits des Atlantiks befand. Maxi Traugott war übrigens der Sohn einer Freundin von Mimi. Sein Geburtsdatum liegt so nah an dem von meiner Mama, dass sie sich auch auf einer gemeinsamen Geburtstagsparty getroffen haben könnten. Verblüfft entnehme ich dem Meldeschein, dass einer seiner ersten Wohnsitze in «Schwarzkostelec» war, einem größeren Ort in der Nähe unserer späteren Sommerfrische.

In dem Züricher Eheregister gab der frischgebackene Ehemann meiner Mutter allerdings nicht «Schwarzkostelec» als seinen Wohnsitz an, sondern New York. Leonie wollte dem Angetrauten in die USA folgen. Und er war im Besitz eines Visums! Sie war seine Gattin! Sein legaler Aufenthalt in den Vereinigten Staaten sollte den von Maminka nach sich ziehen. Es ist Januar 1939, der britische Premier Neville Chamberlain hatte – noch nicht lange her – den Frieden für alle Zeiten auf dem Londoner Flughafen aus der Brusttasche gezückt und den entsprechenden Vertrag mit einem triumphalen Gesichtsausdruck in die Kameras gehalten. Papa Heinrich lebte in Frankreich hinter dem Schutzwall der unbezwingbaren Maginot-Linie. In Prag ging man schon klanglos unter.

Die Möglichkeit, nach New York zu kommen – wenn dies also Maminkas eigentliche Pläne gewesen waren –, macht es mir leichter, mir ihren Flug nach Zürich vorzustellen. Die Bordkonnkteurin, von einem ansprechenden Äußeren und federleicht, verteilt die Decken und die unnötigen Sonnenbrillen, denn hinter den kleinen runden Fenstern schneit es. Die Propeller rattern und drehen sich angestrengt, der Flieger geht auf und ab, die Wolldecke rutscht weg, die Brille fällt in die Kaffeetasse, speiübel kann einem davon werden – und am Ende dieser Reise haucht man vor einem Standesbeamten ein verträumtes «Ja».

Maminka bedrängte ihre Familie im Ausland brieflich, sie möge ihr doch das notwendige Geld besorgen, das sie als Deposit bei ihrem Visumsantrag vorweisen müsste. Aber die Familie hatte es nicht parat, oder sie hielt es für einen weiteren faulen Trick des gerade angeheirateten Verwandten. Oder die Zeit langte nicht mehr aus, es zu arrangieren. Ich weiß es nicht, und ich will es im Grunde auch besser nicht genau wissen. Und auch der Ehemann selber legte sich jedenfalls nicht wahnsinnig ins Zeug.

Was mit Herrn Aschermann weiter passierte – auch das entzieht sich meiner Kenntnis. Hatte er seine Eltern, Max und Franziska Josephine, in die Staaten geholt? Auf dem Meldeschein lese ich unter der Rubrik «Religion» das Wort «mosaisch».

Bei Traugott steht dort als letzter Vermerk der «Verlust der Protektoratsangehörigkeit» im Jahr 1944. Von 1939 aus gerechnet waren das fünf Jahre, genau jener Zeitraum, den man brauchte, um in die USA eingebürgert zu werden.

Ich bin irritiert. Soll ich mir etwa als möglich vorstellen, dass mitten im Krieg, irgendwann kurz vor oder nach dem D-Day, zu einer Zeit, als man in Auschwitz an einem einzigen Tag alle Insassen des «Familienlagers» umbrachte, dass just zu dieser Zeit irgendwelche mit Spinnweben umwobenen Meldebehörden ihre Kenntnisse hinsichtlich des Staatsangehörigkeitsstatus von Max Traugott Aschermann wechselten? Über den Ozean hinweg? Und dass man anschließend das Ergebnis («Verlust der Protektoratsangehörigkeit») in dem Meldeschein vermerkte, der das Ganze, inklusive Maxi Traugott, überdauerte?

Meine Mutter fuhr nach ihrer Hochzeit in Zürich mit der Eisenbahn zurück nach Prag. Zum Entsetzen ihres Vaters war es eine Reise quer durch das Deutsche Reich. Das erschien ihr weniger schlimm, als erneut ein Flugzeug zu besteigen. Nie mehr in ihrem Leben wollte sie fliegen. Ende Januar muss es gewesen sein, je nachdem, wie lange die Flitterwochen in der Schweiz dauerten. Sie hätte über Jahre flittern sollen, ganz unabhängig von ihrem Ehegatten.

Und das andere Ich, was ich dann geworden wäre …? Ach, ich hätte einfach, egal ob weiblich oder männlich, Schwyzerdütsch geplaudert und zum 1. August ein famoses Feuerwerk veranstaltet. Und wer weiß, vielleicht hätte ich sogar eine kleine Bank besessen.

14
TAGE DER DÜSTERNIS

Brav und gehorsam wollte die Zweite Republik sein, in engen Grenzen bescheiden prosperieren, sich nützlich machen, den starken Nachbarn, der offenbar alle in die Tasche stecken konnte, nicht reizen. Nein, nie. Eher wollte man ihm seine Wünsche von den Lippen ablesen, und sollte es ganz arg kommen, beabsichtigte man, höchstens kurz danebenzuschielen, darauf hoffend, dass sich mit der Zeit ein anderer Wunsch auf den garstigen Lippen formen würde. Zum Präsidenten dieser Republik wurde ein Herr Dr. Emil Hácha bestellt, bis dato der Vorsitzende des höchsten Verwaltungsgerichts (der von Hitler gehasste Edvard Beneš dankte ab und ging ins Ausland). Hácha war ein betagter Herr, der einen Großteil seiner Gerichtskarriere in Wien zu Kaiserreichzeiten gemacht hatte. Seine Lehrvorträge an der dortigen Universität sollen ungewöhnlich fundiert, wenn auch ermüdend gewesen sein.

Dem neuen Außenminister, einem Herrn František Chvalkovský – nicht dass man sich den Namen merken müsste – stand zwar ideell der «Duce» näher als der Führer, einen gebührlichen Respekt empfand er aber für beide. Dem tschechischen Land wollte er dienen, indem er es am Rande der neuen weltumformenden Kraft genügsam hospitieren ließ.

Am 14. März 1939 wurden aber die beiden Herren ziemlich überraschend nach Berlin gebeten. Sie reisten mit einem Salonzug an. Dort teilte man ihnen mit, am kommenden Morgen würde die Wehrmacht die Rest-Tschechei, wie man dieses verbliebene Land bezeichnete, okkupieren. Es wäre daher günstiger, wenn die werten Staatsgäste ein Papier unterzeichnen würden, durch welches sie das Schicksal des Landes und der Bevölkerung in des Führers schützende Hände legten. Vertrauensvoll natürlich. Das würde dem Luftwaffenmaestro Göring, der ebenfalls bei diesem Treffen anwesend war, die Mühe ersparen, Prag zu bombardieren.

Nach einem unproduktiven Palaver jagte man den exkaiserlichen Gerichtsrat, den späteren Vorsitzenden des höchsten Verwaltungsgerichts, und den augenblicklichen Präsidenten der Republik im Berliner Reichskanzleramt um den Tisch. Er wollte sich nämlich durch Unerreichbarkeit der von ihm verlangten Unterschrift entziehen. Also, Präsident Hácha rannte vorneweg, Göring mit einem Füllfederhalter hinterher. Aller Wahrscheinlichkeit nach war der Tisch groß gewesen, denn der Führer war hinsichtlich der Architektur und der Innenausstattung kein Liebhaber von Miniaturen. Der fliehende Präsident brach auch dann nach ein paar Umrundungen zusammen. Passend tauchte in diesem Moment der Leibarzt des Führers mit einer Injektionsspritze auf, die er dem erschöpften Staatsmann verabreichte. Wieder munter, aber noch zu schwach, um erneut loszuspurten, nahm der Präsident der Republik den Füllfederhalter mit resignierender Geste entgegen. Es war letztlich nur ein Füller, auch wenn sich vor ihm der Exgerichtsrat und einer der größten Verwaltungsrechtler der einstigen Donaumonarchie gerade noch wie vor dem Beelzebub zu retten versuchte.

Am 15. März 1939, Maminka wartete in Prag auf Depositen, Grußkarten, alles endlich regelnde Briefe, Visa und vor allem auf ein Wunder, marschierte die Wehrmacht ein. Das Protektorat Böhmen und Mähren wurde eingerichtet. An seiner Spitze wurde ein Reichsprotektor eingesetzt, unter dem Herr Dr. Hácha nicht mehr Präsident der Republik war, sondern Staatspräsident wurde. Es gab eine (Protektorats-)Regierung, gebildet aus Einheimischen, die aber nur noch in einem bestimmten Maße für die Angelegenheiten des Landes zuständig war. Die Minister und die Premiers dieser Regierung wechselten vielfach, manche wurden von den deutschen Besatzern wegen Konspiration mit dem Feind erschossen, manche nach dem Krieg wegen der Zusammenarbeit mit dem Feind (dem anderen aber) eingesperrt.

Der nasse Schnee fiel vom grauen Himmel in unansehnlichen Fetzen, durchmischt mit einem Nieselregen. Zumindest in Prag herrschte, alten Fotos zufolge, ein trostloses Wetter. Auf den Aufnahmen sieht man die Fahrzeug- und Panzerkolonnen mit den Wehrmachtssoldaten. Auch sie, die das Unheil vollziehen, sind grau, das Grün ihrer Uniformen geben die Schwarz-Weiß-Bilder nicht wieder.

Hinter einem Polizeikordon erkennt man drohende Fäuste oder ein von Tränen erstarrtes Gesicht. So oder so, eine entsetzliche Katastrophe ist eingetreten, die einen – passend zum Wetter – frösteln ließ. Von diesem Tag an ging es darum, die Ehre zu verlieren oder das Leben – oder beides. Oder beides zu behalten. Alle Varianten waren möglich, und alle wurden ausprobiert.

~

Die zeitgenössische Presse, die ich mir anschaue, erinnert mich an die schleimigen und verkleistert beschaulichen Zeitungen meiner Jugend. Es sind nur wenige Seiten, und auf diesen macht sich eine morbide Gemütlichkeit breit, die gleichzeitig unterschwellig, doch auch nicht minder oberschwellig bedrohlich wirkt. Die Informationen sind nichtssagend oder erlogen, grundsätzlich aber in einer Gestelztheit offeriert, die den Siegesrausch der Blödheit kundtut. Das dickwanstige Herumstolzieren einer Macht wird vorgeführt, die sich ihre feierliche und langweilige Geistesleere bewundern lässt. Ab und zu wird mit einer harten Formulierung an die Brutalität erinnert, mit welcher der Leser zu rechnen hat.

Am 31. März 1939, vierzehn Tage war das Protektorat gerade alt, vermeldet die Zeitung *Večer* (ein paar Jahre zuvor war das tschechisch-volkstümelnde Blatt wegen der deutschsprachigen Leuchtreklame am Wenzelsplatz höchst erzürnt gewesen): «Wir sind an einem Scheideweg.» Mit Großbuchstaben wird auch gleich erläutert, weshalb: «Der Reichsminister Dr. Funk auf der Tagung der Reichsbank: Entweder wird die Welt von der Macht des amerikanischen Goldes unterjocht, oder es übernimmt die neuen Methoden der jungen Nationen.» Im Inneren des Blattes wird über die «Prager Beratungen des Reichsautobahngeneralinspekteurs Dr. Todt» berichtet. Aus diesem Artikel geht klipp und klar hervor, dass es alsbald eine Autobahnverbindung geben wird, die Breslau mit Wien und dadurch auch Dresden mit Prag und mit Brünn zu verflechten gedenke.

Bis in die siebziger Jahre hinein gab es in der Tschechoslowakei keine einzige Autobahn, abgesehen von einem einsamen Torso, wahrscheinlich als Frucht jener Prager Beratungen und jenes von Dr. Todt erschaffenen Teilstücks. Dieser Torso bestand aus einem verwaisten, fertiggestellten Bogen, der ein malerisches Tal überbrückte. Über Jahrzehnte führte er nirgendwohin, es schien, als hätte ihn ein umherirrender Riese verloren, und zwar unweit von Prag, in einer Gegend, in der alte Jugendstilvillen und kleine Hotels den besseren

Schichten, als es sie noch gab, Erholung boten. Wir sind dorthin, lange nachdem Dr. Todt in die Hölle zu weiteren Beratungen abdriftete, mit Freunden manchmal gefahren. Die Autobahnbrücke, zwischen sanften Wiesen und Feldern grundlos erschaffen und postiert, hatte etwas Magisches, besonders in einer sternenklaren Vollmondnacht.

Weiterhin kann man in jener *Večer*-Ausgabe von einem Wilderer lesen, der sich vor einem Gericht zu verantworten hatte. Man erfährt auch, dass die armen Nationen nicht mehr von Auslandskrediten abhängig sein werden, was im Übrigen wieder Reichsminister Dr. Funk in seiner famosen Tagungsrede verkündet, wobei der Herr Minister auch auf die deutsch-rumänischen Wirtschaftsbeziehungen eingeht. Es wird zudem über einen kuriosen Autounfall ohne Folgen berichtet und darüber informiert, dass die Abendvorstellung von *Madame Butterfly* im Nationaltheater wegen einer Sondervorstellung der Smetana-Oper *Die verkaufte Braut* für die Wehrmacht ersatzlos entfällt.

Es folgt ein weiterer Auszug aus der Rede von Reichsminister Dr. Funk, nun unter einer anderen Schlagzeile, dann, auf der nächsten Seite, gibt es leichtere Kost: eine Frauenecke mit dem Thema «Blumengeschenke».

Meine Mutter und meine Großmutter Mimi wurden am 16. März 1939 verhaftet, einen Tag nachdem die Wehrmacht über den Wenzelsplatz zog.

«Die hatten ihre Verzeichnisse schon vorgefertigt», sagte Maminka. «Die hatten Listen von ihren Feinden und den Emigranten und haben uns alle gleich hopsgenommen.»

«Und woher wussten die, wo ihr wohnt?»

«Ach, die hatten hier ihre Agenten.»

Die Spitzel hatten sich beizeiten, so stellte ich es mir vor, aufgrund eines Zuträgerhinweises, der mit Bargeld abgegolten wurde, an die tänzelnden Schritte des stadtbesten Tanzmeisters geheftet. Die Späher beobachteten ihn aus einem Auto mit Prager Kennzeichen heraus. Sie sahen zu, wie er in dieses und jenes Treppenhaus verschwand. Fiebrig überprüften sie die Briefkastenschilder. Eine ganze Woche lang brachte dieses Herumschnüffeln nur herbe Enttäuschungen ein. Aber jetzt ... oho! «Sieg Heil!», flüsterte einer der illegalen Gestapospitzel beim Anblick des Briefkastenschildchens «Mannová». Von wegen! Man sparte Benzin und Diäten, schonte dienstliche Ledermäntel.

Es gibt einen Brief vom 15. Juli 1935 – man hatte ja frühzeitig vorgesorgt –, in dem die Deutsche Gesandtschaft, durch einen Beamten vertreten, mit einer altertümlichen Anrede an die wohl- und hochgeborene, berühmte Polizeidirektion in Prag bei dieser nachfragte, ob das Polizeipräsidium sich in der Lage sähe, über den Verbleib der Deutschen Maria Mann nähere Angaben zu machen, insbesondere über den aktuellen Wohnsitz. Angeblich sei sie verheiratet, würde sich aber von ihrem Gatten, Heinrich Luis Mann, scheiden lassen wollen. In dem Schreiben stand auch noch, dass die Dame israelitischen Glaubens sei.

Der Eindruck einer höflichen Korrespondenz aus dem 20. Jahrhundert wurde nur durch einen zackigen Gruß gestört: Anstatt Handküsse zu verteilen und dem Polizeipräsidenten ein gutes Ergehen zu wünschen, schließt der Angestellte der Deutschen Gesandtschaft mit zwei schneidigen Worten, die seine Beweggründe außer Zweifel lassen: «Nach Befehl!»

Zügig verfasste irgendein Konzipient, auch er überschlug sich mit Höflichkeitspurzelbäumen, am 5. August 1935 ein Antwortschreiben, in dem er die erfragten Daten umgehend und korrekt mitteilte.

Mama und Großmama Mimi kamen in den Pankrazkerker, das bekannte Prager Zuchthaus. Maminka erzählte darüber nie viel, besser gesagt – gar nichts. Einmal, ich war noch ein Kind, besuchte uns allerdings in der Laubova-Straße eine sehr dicke und sehr große Frau. Sie hatte etwas Monströses an sich und war recht ausgelassen. Maminka stellte sie mir mit ihrem Vornamen vor, den ich längst vergessen habe. Dabei fügte sie hinzu: «Wir waren zusammen in einer Gefängniszelle auf Pankraz!»

Daraufhin sagte die dicke Frau etwas von irgendwelchen Knödeln, die beim besten Willen nicht genießbar gewesen seien und die, wenn man sie auf den Knastboden schmiss, hochsprangen wie Gummibälle. Nach dieser Bemerkung ging ich aus dem Zimmer und hörte die Frau noch ein paarmal schallend lachen.

Die Gestapo hatte Mama und Großmama verhaftet und irgendwann auch wieder freigelassen. Wahrscheinlich noch im selben Jahr. Sonst hätte man Mimi später nicht wieder einsperren können, sonst hätte Maminka mir nicht sagen können, dass sie Hermine den Koffer getragen hatte. Und die Radioepisode hätte sich sonst auch nicht ereignen können, wenn sie nicht auf freiem Fuß gewesen wären, einem natürlich nur bedingt freien.

Die Bürger des Protektorats mussten ihre arische Herkunft nachweisen. War dies nicht möglich, hatten sie sich bei der jüdischen Gemeinde zu registrieren. Wer in einem solchen Verzeichnis geführt wurde, musste einige Restriktionen mehr als die sonstige Einwohnerschaft in Kauf nehmen. So durften die Registrierten ab Juli 1939 ihre Immobilien nicht mehr veräußern, und sie durften auch keine neuen erwerben. Das wäre sowieso kaum möglich gewesen, denn spätestens 1940 wurden ihnen die Konten eingefroren. Auf die Sperrkonten mussten ihnen jedoch alle Bezüge überwiesen werden: Renten, Gehälter, Honorare, Schuldentilgungen. Jede Familie durfte davon 1500 Kronen wöchentlich abheben, aber dies gestaltete sich ein wenig umständlich. Weil es jedem, der sich in diesen Verzeichnissen befand, fortan verboten war, Bankhäuser, Ämter und ähnliche Einrichtungen während des öffentlichen Parteienverkehrs aufzusuchen. Die Registrierten bekamen dafür spezielle, knapp bemessene Stunden zugewiesen.

Schmuck und Edelsteine wurden ab dem 15. März 1939 durch Gestapobeamte, die in die Wohnung kamen, konfisziert. Man kann sich dabei leicht die Versuchung der eingesetzten Beamten vorstellen – einen Smaragd in der Tasche, einen Verlobungsring mit einem kleinen, sehr verlockend schimmernden Stein in der anderen, eine Kette mit einem Anhänger in der Form eines Seepferdchens, das Auge glitzert geradezu brillantenmäßig, vor ein paar Minuten hatte man es in der Schublade des Nachttischs gefunden. Später mussten die Registrierten ihre Edelsteine und Wertmetalle bei der Nationalbank registrieren lassen und sie über eine Gesellschaft namens Hadega zwangsveräußern. Die dadurch eingenommenen Summen wurden auf weitere Sperrkonten transferiert, von denen es aber niemandem gelang, etwas davon abzuheben.

Die Registrierten in den Verzeichnissen der jüdischen Gemeinden, die dadurch amtlich als Juden definiert worden waren, durften auch keine bezahlten Arbeiten verrichten, nur handwerkliche Tätigkeiten waren erlaubt. Ab dem Sommer 1942 war es ihnen auch verboten, Gemüse oder Obst in Geschäften zu kaufen, allerdings war es dem böhmisch-mährischen Kleingärtnerverband gestattet, «gröberes» Gemüse an die Registrierten zu veräußern. Doch diese Verzeichneten hatten 1942 nur noch wenig Zeit, um sich am «gröberen» Gemüse, insofern man mit dem Kleingärtner handelseinig wurde, zu erfreuen.

Schon zuvor, kurz nach der Einrichtung jener Landesverwaltung, die den Namen «Protektorat Böhmen und Mähren» trug, mussten die in den Verzeichnissen der jüdischen Gemeinde Geführten ihre Katzen, Papageien, Hunde, Meerschweinchen und das restliche Getier abgeben. Da gab es natürlich viel Gejammer beim Abschied von Rex, Rick, Lora, Laura und wie die Bestien alle hießen.

Daraus resultiert, dass es sehr wichtig gewesen war – hinsichtlich der Kleintierhaltung oder der Möglichkeit, eine Tomate zu essen, aber auch vieler tausend anderer, wesentlich entscheidenderer Dinge (wie Luft zum Atmen zu haben etc.) –, ob man sich in diese Verzeichnisse eintragen lassen musste oder nicht. Um genau zu bestimmen, wer dazu verpflichtet war und wer nicht, gab es ein Gesetz, besser gesagt ein Geflecht von Gesetzen, das Nürnberger Gesetze genannt wurde. Diese erlangten, mit Kommentaren versehen, sofort auch im Protektorat Böhmen und Mähren ihre Geltung.

Die Verhaftungen am 16. März 1939 galten der Exehegattin und der Tochter eines erklärten Gegners der Nationalsozialisten und eines politischen Flüchtlings. Die beiden Damen wurden dann aber für nicht so wichtig oder gefährlich gehalten, sodass man sie wieder entließ. Warum, von wem und wann das so entschieden wurde, weiß ich nicht. Der jetzt freie Fuß konnte sich aber nur zwischen den Paragraphen der Nürnberger Gesetze vortasten.

Hermine und Marie wurden für die weiteren staatlichen Maßnahmen als Juden definiert, meine Mutter jedoch nicht.

Wenigstens nicht ganz. Nur halb. Oder weniger als halb. Oder ein wenig mehr als halb. Sie verschob sich übrigens, diese Hälftigkeit. Sie war jedenfalls ein Mischling, jemand, der gemischt ist. Nach dieser ausgeklügelten Logik existierten reinrassige Menschen, wobei diese in «gut-reinrassig» oder «schlecht-reinrassig» unterteilt wurden, und Mischlinge. Dies musste so geschehen, weil die Welt kompliziert und voller Tücke war und nicht so einfach, wie sich das eine Verwaltung wünschte. Immer gab es irgendwelche Mixturen, die mitbedacht werden mussten! Diese Mixpersonen erfuhren eine etwas andere Behandlung als die Menschen, die Nichtmischlinge waren. Sie waren schlechter dran als die einen «Nichtgemischten», aber wesentlich besser als die anderen «Nichtgemischten». Sie befanden sich sozusagen in der Mitte, wenn sie auch nicht golden war (und nicht einmal wirklich in der Mitte lag). Nach und nach rückten sie in jene Richtung, in die die anders qualifizierten Verwandten bereits abmarschierten. So war es mit den Mischlingen: Sie lebten nach dem Prinzip «Aufgeschoben heißt nicht aufgehoben!».

Das nordische Lübecker Blut, obwohl es durch politische Feinde und Nazigegner floss, hatte sich hier also, auf der Basis eines ausgeklügelten Gesetzeswerks, für Maminka segensreich und lebensrettend ausgewirkt. Wobei die brasilianischen und, wer weiß, sogar indianischen Körpersäfte bei der Berechnung ihrer Rassenblutwerte glücklicherweise unberücksichtigt in das Nordische einflossen. Abgesehen davon, Indianer waren wahrscheinlich sowieso Arier – Winnetou auf jeden Fall.

Am 1. September 1939 überfiel Hitler Polen, und der Zweite Weltkrieg begann.

15
OMA UND DER WACHTMEISTER GABRIEL

~

Mimi hätte man so oder so ihr Radiogerät konfisziert, selbst wenn es mit dem Familienumzug nach New York geklappt hätte. (Der jungen Gattin hätten doch auch Mutter und Großmutter folgen können, so etwas wäre selbstverständlich gewesen!) Eine solche Übersiedlung wäre ohne große Lasten vonstattengegangen: ein paar Hüte, Schuhe, der Gabardinemantel, das Abendkleid, die Damenwäsche, einige Fotos, etwas Schmuck, ein Bild von Prag, eine Lithographie, jene Stadtansicht von München mit der Marienkirche und ihren etwas seltsam anmutenden Türmen. Um das Radio als solches ging es also überhaupt nicht. So etwas verschmerzt man. Im normalen Fall muss man nur die Zeit überbrücken, bis man sich ein neues gekauft hat. Aber dass man fortan die Anrede «Frau» amtlicherseits prinzipiell mied, meine Oma zu «die Mann» wurde – das war bedenklich, und nicht nur grammatikalisch.

Ein Bediensteter des Polizeibezirkskommissariats in Prag-Smíchov (seinerzeit war Mimi ein anderer bei einigen Formulierungen und mit seiner grünen Tinte behilflich gewesen) setzte folgendes Schreiben auf, das er versandte und als Kopie ordnungsgemäß archivierte:

*Der Geheimen Staatspolizei (z. H. d. H. Kommissär Fuchs),
Prag II. Bredovskystr.,
am 24. September 1939: Zahl: 12.348/VIII*
<u>Betr.: Mann Marie, lieferte ihren Radioapparat nicht ab.</u>
Am 24. September 1939 um 12 Uhr wurde bei der Revision jüdischer Haushalte durch den Polizeiwachmann Bohumil Gabriel festgestellt, dass Marie Mann, geb. Kahn, am 28. Januar 1886 in Čáslav geboren, nach Prag zuständig, jüdischer Abstammung, wohnhaft in Prag-Smíchov, Přemyslovastr. 23, einen Radioapparat in ihrer Wohnung hat und diesen noch nicht abgeliefert hat. Die Radiokoncesion lautet auf den Namen der Marie Mann, welche angab, dass der Apparat ihrer Tochter gehört. Sie gab an, dass sie von niemandem verständigt wurde und von der Verordnung keine Kenntnis besaß.
Die Mann wurde aufgefordert, den Apparat sofort bei der jüdischen Gemeinde abzuliefern.

Der Polizeirat und Bezirksleiter:

Die Signatur fehlt, da es sich um eine Archivabschrift handelt. Die Meldung ist schreibmaschinengetippt. Auf Deutsch. Der Akte liegt noch eine handschriftliche Meldung auf Tschechisch bei, die mit der deutschen Übersetzung fast wörtlich übereinstimmt. Einen kleinen Unterschied gab es: In dem tschechischen Schreiben, so vermutet der Berichtende, würde sich das Radiogerät wohl durch eine Seriennummer genauer kenntlich machen. Für welche er, zum Zwecke späterer Eintragung, in seinem Bericht Platz belässt – und zwar so reichlich, als würde es sich um eine dreißigstellige Nummer handeln.

Über die Tochter, welcher, laut Behauptung *der Mann*, der Apparat angeblich gehörte (was man ihr aber nicht abnahm), wurde in der tschechischen Variante ergänzend angegeben, diese habe nicht drei jüdische Großeltern (womit deren Status für die Eingeweihten wohl hinreichend geklärt sein dürfte).

Es klingelte an der Tür.

Nach längerem Läuten machte meine Oma endlich auf und sagte zu dem Polizisten: «Verzeihen Sie, Herr Wachtmeister, ich habe Sie nicht gehört, mein Radio ist zu laut» – diesen eher komödienhaften Szenenanfang verwerfe ich aber als unangemessen.

Also, noch einmal: Es läutete an der Tür. Mimi öffnete sie. Vor ihr stand der Polizeiwachtmeister Bohumil Gabriel. Er wollte salutieren, so war es lange Zeit Sitte gewesen. Seine Hand stieg hoch, sank aber gleich wieder. Er hätte sich ohrfeigen können. Vor *einer Mann* salutiert man nicht.

Er wird dann seinen polizeimäßigen Standardsatz, es wurden ja mehrere Haushalte überprüft, aufgesagt haben, dadurch verschaffte er sich den Zutritt in die Wohnung.

An welcher Stelle er das Radio entdeckte, das ist aktenkundig. Ein beschwingtes Lied, das im Korridor zu hören war, war ein eindeutiges Indiz: «So wie zu der Sonne die Sonnenblume sich dreht täglich, so drehe ich mich zu dir unaufhörlich...», sang eine angenehm raue Frauenstimme. Der Schlager jener Tage. Meine Oma war auf den Besuch eben nicht vorbereitet gewesen.

Mir gefällt, dass sie nicht erschrak und sofort das Radio herausgab, sondern sagte, es gehöre ihrer Tochter und die hätte, bitte schön, Herr Wachtmeister, keine drei jüdischen Großeltern! Drei jüdische Großeltern – das war offenbar die Schallgrenze gewesen, hinter der kein Radio, kein Meerschweinchen, keine Zwiebel (es sei denn, man hätte sie rechtzeitig von einem böhmisch-mährischen Kleingärtner erstanden) und bald auch kein Leben zugelassen war.

Durch diese Antwort wurde aber im Wachtmeister der Detektiv wach: «Zeigen Sie Ihre Konzession!», gab er im Befehlston zu verstehen.

Das Dokument entlarvte prompt die offensichtliche Schutzbehauptung einer auf frischer Tat ertappten Sünderin. *Die Mann* wurde aufgefordert, sich nicht in Ausreden zu flüchten und das Ding abzuliefern.

Auch gefällt mir Omas Antwort, die sie auf die Frage eines Polizeibeamten gab, warum sie es, trotz aller Verordnungen, um Gottes willen so weit hatte kommen lassen? Sie kannte eben keine solchen Vorschriften, erwiderte sie, sie hätte nichts von solchen gewusst.

Was hätte sie sonst noch machen können? Hätte sie den Wachtmeister erschießen sollen, während er mühselig auf der Rückseite des Geräts die Seriennummer suchte und sie, schnaufend vorgebeugt, im Licht einer dienstlichen Taschenlampe vergeblich anleuchtete? Er erblickte eben nur die silbrigen Staubkörner, die er mit seiner barschen Amtshandlung aufgescheucht hatte und die in den Strahlen seiner Dienstlampe reflektierten. Ein Saustall würde bei der Kennzeichnung der Radiowellenempfänger herrschen! Vorne, ja, da wären diese Apparate immer so schmuck, das Holz edel, der Stoff perfekt über den Lautsprecher gespannt, während eine Stationsskala die weite Welt in die Wohnstuben holte: London, Hilversum, Berlin, Dresden, Budapest, Wien … Aber hinten, da würde man sich mit einer dünnen, hässlichen Rückwand begnügen, eine angestaubte klägliche Abdeckung für ein wüstes Innenleben.

Hätte Oma ihn, Bohumil, den unbeholfenen Wachtmeister, bei seiner verzweifelten Nummernsuche kaltblütig abknallen sollen? Oder erdolchen, denn einen Revolver wird sie kaum gehabt haben? Mit einem Küchenmesser? Das wäre an sich, rein technisch gesehen, nicht schwierig gewesen.

Und hätte sie dann in die tiefen Wälder um Schwarzkostelec fliehen sollen? Um von dort einen siegreichen Guerillakampf mit diesen seelen- und herzlosen Halunken aufzunehmen?

Mimi war aber kein Robin Hood, nicht Billy the Kid und auch nicht Marshall Montgomery. Sie war Marie Mannová, geborene Kahnová, eine ältere Dame, die 1912 nach Deutschland gegangen war, um die dortigen Theaterrollen zu studieren. Zuvor war sie im Uranie-Theater aufgetreten (oder auch nicht), hatte einen guten Schriftsteller und einen guten Menschen geheiratet, aber halt, wie die Kerle so sind, ein anderer Rock war ihm über den Weg gelaufen, eine Schauspielerin, eine, die dazu auch noch auf der Bühne stand! Dann gab es noch die Sache mit den Mahagonimöbeln, die Hüte wurden in der Maximilianstraße gekauft, aber nicht bar bezahlt, was natürlich Ärger nach sich zog, sie hatte sich einen jüngeren Liebhaber zugelegt, eine Zimmervermieterin hatte darüber während des Scheidungsprozesses eine eidesstattliche Erklärung abgegeben. Das war sehr peinlich, dass dies so offiziell gemacht wurde, aber egal, man war ja auch nur eine Frau … Dann fuhr man nach Prag. Was sollte aus Goschi werden? Und hatte ihr Tanzen überhaupt eine Zukunft? Sie tanzte und tanzte, aber wohin? Dann starb schließlich noch Papa Filip.

Marie wäre mit einem Attentat auf den Polizeiwachtmeister deutlich überfordert gewesen, so wie er es mit dem Finden der verdammten Seriennummer war, die bis heute unbekannt geblieben ist.

16
«ALSO, WENN ICH MIR
SO VIEL SORGEN GEMACHT HÄTTE ...»

Man fragt mich manchmal, was Maminka in der Zeit der Düsternis, des Elends und der Pest, vom 15. März 1939 bis zum 9. Mai 1945, also sechs Jahre und zwei Monate, konkret machte. Wie, wo und wovon sie lebte. Ich frage mich das auch. Nur habe ich sie nie gefragt, als sie mir noch eine Antwort geben konnte. Die Archive schweigen. Sie selber hat darüber vielleicht fünf Sätze, vielleicht waren es auch fünfzehn, von sich gegeben. Ich werde diese einfach alle aus meinem Gedächtnis holen.

Einer dieser Sätze, den sie am häufigsten sagte, lautete: «Also, wenn ich mir so viel Sorgen gemacht hätte, wie du sie dir (jetzt) machst, dann wäre ich ... dann wäre ich ...» War sie an dieser Stelle angelangt, dann schwieg sie. Sie wusste plötzlich auch nicht mehr, was aus ihr geworden wäre, wenn sie sich «so viel Sorgen gemacht hätte».

Im September 1941 schickte man Reichsprotektor Konstantin Freiherr von Neurath in einen «krankheitsbedingten» Urlaub. Sein «amtierender Stellvertreter» wurde Reinhard Heydrich. Er vertrat die Meinung – wenn ich der Wiedergabe einer seiner Reden vor deutschen Funktionsträgern glauben soll –, dass «wir nicht lange diesen böhmisch-mährischen Raum in einem Zustand lassen, der die Tschechen berechtigen sollte, es einen tschechischen Raum zu nennen. Aber unsere grundsätzliche Haltung, dass dieser Raum deutsch werden muss und der Tscheche darin nichts zu suchen hat, muss noch unausgesprochen bleiben. Ich brauche Ruhe in diesem Raum, damit der Arbeiter, der tschechische Arbeiter, im vollen Einsatz für die deutsche Kriegsführung arbeitet ...»

Damit der tschechische Arbeiter diese Ruhe auch bekam, rief Heydrich den Ausnahmezustand aus. Er begann fleißig mit den Hinrichtungen der seit längerem einsitzenden Vertreter der Ersten Republik und der Intelligenz.

Es kam nun sehr auf den «Status» an, mit welchem man sich in dem permanent herrschenden Ausnahmezustand bei den Kontrollen ausweisen konnte, beispielsweise dass man eine Wohnung nachweisen konnte, in der man angemeldet war. Und: Es gab für die Jahrgänge meiner Mutter eine Arbeitspflicht im Reich. (Nicht unbedingt mit der Zwangsarbeit von KZ-Häftlingen zu verwechseln, milderer Art war dieser Zwang, man schlief geregelt und aß mäßig.) Es gab etliche Ausnahmen von dieser Pflicht, und jemand, der aus einer alteingesessenen Familie stammte, fand meistens jemanden, der ihm zu einer solchen Ausnahme verhalf. Zu einer Scheinanstellung in einem «lebenswichtigen» Bereich usw. Mit solchen Kontakten war meine Mutter aber nicht ausgestattet. Alles war außerdem, wie die behördliche Strenge oder die amtliche Nachlässigkeit, vom Stand des aktuellen Blutvermischungsindex abhängig. Es gab unzählige bürokratische Anordnungen und Paragraphen, und auf einmal fand man sich – na so was! – vor einem Erschießungskommando in Kobylisy oder unter einem Beil auf Pankraz.

Ein anderes Mal sagte meine Mutter: «Manchmal war es ganz knapp, da gab es wieder einmal eine Razzia auf dem Wenzelsplatz. Ich saß in der Straßenbahn, und ich wusste, jetzt bin ich dran. Es waren auch tschechische Kripobeamte dabei, und der eine von ihnen wurde, als er meinen Ausweis einforderte und ihn sich ansah, ganz böse und brutal. Er schrie mich an, ich sei eine elende Schlampe, gab mir eine Ohrfeige, packte mich am Kragen und zerrte mich aus der Tram raus. Draußen sagte er: ‹Hauen Sie ab, ich kannte Ihre Mutter aus Franzensbad, sie war so eine nette Dame.› Anschließend schubste er mich weg … Und ich verschwand in der Passage Alfa.»

Daraus schließe ich, dass mit Maminkas Papieren offenbar nicht immer alles in Ordnung war.

Und an einem anderen Tag wiederum sagte sie …

Übrigens: Mamas Sätze fielen stets bei zufälligen Gelegenheiten, man sprach über etwas, und ein Wort gab das andere. Sie äußerte diese Sätze also nicht wie ein Medium, mit einer monoton entrückten Stimme, nicht aus einem somnambulen Schweigen heraus.

Also, an einem anderen Tag hörte ich Folgendes von ihr: «Ich musste ständig die Wohnung wechseln, und natürlich haben mir die Vermieter immer etwas geklaut, wenn sie mich wieder einmal rausgeschmissen haben. Meistens behaupteten sie, ich schulde ihnen noch eine Miete. Zur Polizei konnte ich ja eh nicht gehen.»

Aus dieser Bemerkung schließe ich, dass es für sie nicht einfach war, irgendwo zu bleiben, und dass sie noch immer Sachen besaß, die es lohnten, geklaut zu werden.

Auf Reinhard Heydrich warfen tschechoslowakische Fallschirmspringer eine Handgranate, nachdem ein kleines Maschinengewehr im entscheidenden Moment versagte. Die Fallschirmspringer, Soldaten der Exilarmee, waren aus England mit einem Flugzeug gekommen. Sie sprangen aus dem Halifax-Bomber ab, versteckten sich, doch zugleich trafen sie die notwendigen Vorbereitungen. Der stellvertretende Reichsprotektor, ansonsten, quasi nebenberuflich, auch noch für die «Endlösung» zuständig, fuhr ja jeden Morgen in einem offenen Mercedes von seiner ländlichen Schlossresidenz nach Prag zur täglichen Büromühsal. Die beiden für das Attentat speziell ausgebildeten Männer (die Fallschirmspringertruppe an sich umfasste mehr Menschen) warteten in einer Kurve am Prager Stadtrand. Die Sten Gun des einen Attentäters, ansonsten eine zuverlässige Maschinenpistole, hatte aber Ladehemmungen, und so flog die Handgranate, die der zweite Fallschirmspringer warf, in die Limousine. Heydrich wurde daraufhin schwer verletzt und starb Monate später im Krankenhaus.

Großrazzien folgten, selbst die Hitlerjugend durchzog die Wälder, um nach den «Verbrechern» zu suchen, und reihenweise wurden Hinrichtungen befohlen. Täglich wurden an die siebzig Menschen standrechtlich erschossen, aufgrund einer «Zustimmung Attentat», so hieß nun der Straftatbestand. Das konnte aber einzig ein sorgloses Auflachen bei einer Geburtstagsfeier gewesen sein. Auch wer feindliche Sender hörte (BBC zum Beispiel), wurde vor das Erschießungskommando gebracht. Ebenso, wenn man sich nicht gemeldet in einer Wohnung aufhielt – Vermieter wie Mieter kamen dann nach Kobylisy.

Eines Tages erzählte Maminka: «In dem Haus, in dem ich zeitweise wohnte, hatte sich ein älteres jüdisches Ehepaar versteckt. Die Hauswartin verpetzte sie, und schon am nächsten Tag sah ich, wie sie im Hof deren Bettwäsche zum Trocknen aufhängte. So zog ich besser weg ...»

Daraus schließe ich, manche Menschen scheinen einen unstillbaren Bedarf an Bettwäsche zu haben.

Dann sagte meine Mutter auch: «... aber es ging noch ganz gut aus, ich musste mich in einer Werkstatt melden und dort die Autoreifen erneuern; es stank fürchterlich, aber der Chef war ganz nett.»

Daraus folgere ich: Obwohl es hätte schlimmer, ja viel schlimmer kommen können, endete es manchmal nur in einer stinkigen Werkstatt. Zwischen Gummireifen, die auf den Autobahnen des Herrn Todt in den Endsieg sausen sollten.

Maminka sagte auch: «Ich trug meiner Oma Hermine den Koffer, als sie in den Transport ging.»

Das geschah – um wieder auf die Meldescheine zurückzugreifen – am 2. September 1942.

An diesem Tag gingen die beiden Frauen, die sechsundzwanzigjährige Leonie und ihre achtundsiebzigjährige Oma, von der Korngasse aus, einer Straße im Zentrum von Prag, durch die Stadt. Die eine trug der anderen den Koffer. Hermine wird es gefreut haben, dass ihre Enkelin an ihrer Seite war. Die Greisin muss sich vor der Zukunft, vor der Reise, die irgendwohin ging, gefürchtet haben.

Zumindest war sie jetzt nicht allein. Es gab das Enkelkind neben ihr. «Du hast immer so schön getanzt, meine Kleine. Wohlerzogen bist du, sprachbegabt. Gut, dass es so gekommen ist, wenn schon alles so hat kommen müssen, gut, dass ich jetzt nicht alleine bin. Wie sollte ich es sonst mit dem Koffer schaffen? Aber wie schaffe ich es, wenn du nicht mehr da bist?»

In der Pinkas-Synagoge, auf der Südseite des alten Jüdischen Friedhofs gelegen, heute von Touristen umlagert, befindet sich eine Wand, auf der 80 000 Namen stehen. Es ist ein Mosaik aus Steinchen, jeder Name wurde sorgfältig gesetzt. Es sind die Namen der Juden aus Böhmen und Mähren, die im Holocaust ermordet wurden, und zwar nur die, über deren Tötung man einen Aktenvermerk gefunden hat. Ohne Akteneintrag gab es kein Steinchen.

An dieser Wand ist zu lesen, dass Hermine Nettlová am 22. März 1943 starb.

17
FLAMMEN AUF DEM FLUSS

Es gibt Worte, die unerwartet einen hässlichen Klonzwilling bekommen. Man vermutet zum Beispiel bei dem Begriff «Transport» eigentlich eine hochentwickelte Zivilisation: Tüchtige Handelsunternehmen transportieren Waren hin und her, Bananen, Chips und bunte Bleistifte über weite Wege.

Auf einmal war man aber plötzlich der Ansicht, dass man, unabhängig davon, wohin die Bananen oder die bunten Stifte gingen, recht viele Mitbürger umbringen wollte. Man beschloss, die Umzubringenden zu konzentrieren, am effektivsten in einem Lager.

Daraus resultierte die Schlussfolgerung, dass man die Leute in diese Lager schaffen musste. Transportieren. Man hat diese Transporte staatlich organisiert, mit Formularen, Listen und einem offiziellen Stempel. Es gab nun plötzlich einen Transport, womit nicht ein Transport gemeint war, sondern *der* Transport.

Zuerst gab es eine Benachrichtigung darüber, dass man an einem festgelegten Tag transportiert werden würde. Über Ziel und Zweck der Reise herrschte Unklarheit, ansonsten war es aber ein amtlicher Befehl – und man hatte sich an einer dazu bestimmten Sammelstelle einzufinden.

Meine Großmutter Marie Kahnová tat es am 14. Oktober 1942.

In Prag lag diese Transportsammelstelle gegenüber dem Messepalais in Prag-Holešovice. Aber nicht direkt gegenüber diesem Palais, das heute die Sammlung moderner Kunst der Nationalgalerie beherbergt. Also schon gegenüber, aber nicht auf der Höhe des Haupteingangs, was meine Vorstellung war, als ich das Wort «gegenüber» vernahm. Der Platz war seitlich davon, dort, wo heute das Park-Hotel steht, ein Bauwerk, bei dem sich bei einem Prager Lokalpatrioten nicht gerade die Brust vor Stolz wölbt.

Ich selbst bin mit der Straßenbahn zu diesem Ort hingefahren. Es war ein trüber Tag, ein wenig nieselnd, an dem wir hier zusammenkamen – ein versprengtes Grüppchen von Menschen.

Herr B. hatte mich angerufen, mir auch noch zusätzlich einen Brief geschrieben. Wir trafen uns in Berlin. Die Loveparade hatte gerade begonnen, wenn ich mich richtig erinnere. Ja, wir erwähnten sie doch kurz, mit einer dezenten Anmerkung. Man streifte ansonsten diese und andere beiläufige Angelegenheiten, äußerte eine Meinung, machte einen kleinen Witz, sorgte für ein Lächeln. Zuerst kam Herr B. zu mir in meine Berliner Wohnung. Ich bot ihm sicher etwas an, aber wir gingen dann bald ein Bier trinken. In eine gewöhnliche – so gewöhnlich, dass es heutzutage beinahe exotisch wirkt – Berliner Eckkneipe. Ich bestellte Weizenbier, Kristall, und was Herr B. verlangte, weiß ich nicht mehr. Er erzählte mir, dass er in seiner Art, die das Dokumentarische mit dem Inszenierten recht raffiniert verbindet, in einem Fernsehfilm die Geschichte der Familie Mann, also die Generationen dieses Geschlechts, insbesondere die Lebenswege der beiden Schriftstellerbrüder und deren Kinder, nachzeichnen will. Er bat mich um einige Auskünfte und um eine Mitwirkung in einem bescheidenen Umfang, auch schon einige andere Mitglieder aus der Familie hatte er aus diesem Grund aufgesucht. Ich verheimlichte nicht, dass ich hinsichtlich des berühmten Familienspektrums mit nur wenigen Informationen aufwarten könne. Wir tranken unser Bier und kamen uns sozusagen persönlich näher.

In der Folge fand ich mich eines Tages auf der ehemaligen Prager «Transportsammelstelle» ein. Auf dem heutigen Parkplatz des Park Hotels, dessen Name für mich ein Geheimnis ist, denn es liegt an einer stark befahrenen Kreuzung.

Der schöne, weitläufige und traditionsreiche Stromovka-Park gehört zwar schon zur näheren Umgebung, aber er befindet sich hinter einer Reihe von Mietshäusern, Straßenbahngleisen, einem Bahnviadukt und einem Messegelände mitsamt seinem kirmesartigen Amüsierbetrieb. Alle Karussells und Schaubuden sollen übrigens – durch ehrenhafte Geschäfte, sagen die einen, durch Schieberei, meinen die anderen – unter Verwaltungshoheit eines Tycoons namens Kočka gekommen sein. Seinerzeit spielte ich mit ihm Murmeln auf dem Platz, der nach dem böhmischen König Georg benannt wurde, wobei ich wenige Gewinne erzielte. Besser gesagt – gar keine.

1891 stand auf dem Messeplatz das Uranie-Theater, das später ja auf ein nahes Brauereigelände umzog und das aus Liebe, einer gierigen allerdings, niederbrannte.

Nicht aber Omas fragwürdige Schritte auf der Uranie-Bühne, mit grüner Tinte in einem hastigen Nebensatz dokumentiert, sollten von uns, die sich hier trafen, rekonstruiert werden, sondern Großmutters Weg in das Konzentrationslager Theresienstadt, nach mittelalterlicher Sitte auch Ghetto genannt.

Mit dabei waren der Regisseur Herr B., ein gemütlicher bayerischer Kameramann und sein Assistent, der auch den Ton machte. Herr B. hatte zudem noch zwei weitere junge sympathische Männer zur Seite, der eine war für die Produktion zuständig, und der andere, der mitunter auch als Fahrer tätig war, sprach tschechisch. Dann gab es hier noch einen Herrn K. Er war der Älteste von uns, zierlich und lebendig. Er war, wie Herr B. erzählte, von der jüdischen Gemeinde Prag.

Es zeigte sich, dass Herr K. ein Zeitzeuge all dieser unschönen Sachen war, die mit dem Transport ihren Anfang nahmen. Dadurch wurde er auch zur Zentralfigur jener filmischen Dokumentation (und die war ja der eigentliche Zweck unseres Zusammenkommens), in der aufgenommen werden sollte, wie Herr K. alles der Kamera und mir erzählte (es ging ja um meine Großmutter, die ins KZ ging).

Herr K. sprach allerdings ein ziemlich mangelhaftes Deutsch, derart intoniert, wie man es von der Hauptfigur aus verschiedenen deutschen Verfilmungen der *Abenteuer des braven Soldaten Schwejk* kennt.

Zuerst erläutete er dem lauschenden, ein wenig frierenden Grüppchen (und der Kamera), dass man sich «damals» hier versammelte, um dann im Laufe des Tages von dem jetzigen Parkplatz zum Bahnhof zu gehen.

Man wartete und wartete, berichtete er. Dort, wo heute die Autos stehen, befand sich eine Art Holzhütte, manch einem gelang es, hier Schutz zu suchen. Es türmten sich mit der Zeit die Ranzen und die Koffer, obwohl jeder zu Transportierende nicht mehr als fünfzig Kilogramm Gepäck mitnehmen durfte. Aber wenn viele Menschen jeweils fünfzig Kilo bei sich trugen, kam schon einiges zusammen. Um die Wartenden und deren Ranzen und Koffer herum ging das normale Leben weiter, was 1942 aber ein reichlich gedämpftes war. Trotzdem: Die Straßenbahn klingelte, die Kinder gingen zur Schule, Erwachsene zur Arbeit, direkt an den Wartenden vorbei, die nicht zur Schule und nicht zur Arbeit mussten, sondern auf Transport.

Als es dann schien, dass Herr K. genug zu dem Sammelplatz gesagt hatte, wurde die Kamera ausgemacht, und wir brachen auf. Zu Fuß gingen wir den Weg, den auch meine Oma gegangen war. Unterwegs waren wir mit kleinen Privatgesprächen beschäftigt. Ich erfuhr beispielsweise, dass einer der jungen Männer aus dem Team von Herrn B. eine recht anregende Zeit in Indien verbracht hatte.

Wir kamen zur Bahnstation Praha-Bubeneč. Früher war es einer jener schmucken Lokalbahnhöfe gewesen, die die Hauptstadt mit der nahen Umgebung verbunden hatten. Praha-Bubeneč – dieser Name weckte in mir Assoziationen von Villen, in denen die ehemalige Upperclass zu Hause war. Aber weder Villen noch die längst in alle Winde zerstreute Upperclass zeigten sich. Ich sah dann nur ein schief hängendes Bahnhofsschild. An abbröckelnden Wänden eines heruntergekommenen Stationsgebäudes hingen zerrissene Fahrpläne, innen drin gab es einen kleinen Wartesaal, in dem man wirklich nicht warten wollte.

«Hier», böhmakelte Herr K. freundlich weiter, «stiegen wir ein, noch in einen ganz gewöhnlichen Lokalzug. Wir waren so um die siebenhundert Menschen, und der Zug war völlig überfüllt.»

Wir lösten uns dann von dem imaginären Transport auf den Gleisen des Bahnhofs Bubeneč. Wir ließen die mitwandernden Geister, darunter auch meine Großmutter, die vielleicht an das Uranie-Theater dachte, vielleicht auch gar nicht, in den unsichtbaren Zug einsteigen, während unsere kleine Gruppe sich zwecks eines Weitertransports in zwei bereitgestellte VW-Busse begab. In ihnen wollten wir nach Theresienstadt fahren, nach Terezín. Um dort wieder auf den ankommenden Geisterzug zu treffen.

~

Als ich nach der Wende nach Prag zurückkehrte, pendelte ich oft zwischen dieser Stadt und Berlin hin und her. Erst einmal lebten in der zukünftigen deutschen Hauptstadt meine beiden Töchter, und ich hatte dort Freunde und Arbeit. Wenn man von Prag nach Berlin mit dem Auto fuhr, kam man bald nach Theresienstadt. Es lag einfach auf dem Weg. Dann fuhr man weiter nach Nordtschechien. Bis heute ist die Narbe nicht richtig verheilt, die durch die Vertreibung der deutschsprachigen Bewohner nach dem Krieg entstanden war.

Anschließend überquerte ich das einmal romantische Grenzgebirge, das in den vergangenen Jahrzehnten mit Hilfe von heimischen Elektrizitätswerken und der Chemieindustrie, unter der mehr als kräftigen Mitwirkung sozialistischer Anrainerstaaten (DDR und Polen) entwaldet worden war. Danach erreichte ich, nachdem ich mich über den sächselnden Bundesgrenzschutz hinwegdokumentierte – die Beamten schienen sich nur schweren Herzens damit abgefunden zu haben, dass man die Grenzen nun nach Lust und Laune übertreten konnte –, das einst von Bomben zerstörte Dresden. Von hier aus führte eine Schwellenautobahn holpernd nach Berlin – ein bleibender Beweis für die Tüchtigkeit des alten Todt.

Zu Beginn dieser Tour de Tristesse fuhr man auf einer kurvenreichen Staatsstraße durch unansehnliche Dörfer, an halb zerfallenen Silos und kleineren Industrieanlagen vorbei, rumpelte über unebene Bahngleisübergänge. Mitten in einer

Autoschlange, das Ohr voll mit Nachrichten und dröhnender Musik, mal Reggae, mal Strawinsky, immerzu berechnend, ob man sich ein waghalsiges Überholmanöver leistet oder nicht, wurde man plötzlich von verbeulten Hinweisschildern (noch von der Vor-Wende-Verkehrspolizei wohlweislich angebracht) gewarnt: «Autofahrer, Obacht! Hier gab es einige Tote!»

Und schon tauchte kurz hinter der gefährlichen Kurve Theresienstadt auf.

Ich hatte lange Zeit von der tatsächlichen Beschaffenheit dieses Ortes in den Jahren 1942 bis 1945 eine ungenaue Vorstellung. Es gab das Theresienstadt-Ghetto, eigentlich ein Konzentrationslager, und es gab, etwas außerhalb, die «Kleine Festung» – ein spezielles Gestapo-Gefängnis in den ehemaligen Festungsmauern. Eine der vielen Höllen, in der die Gerechten gemartert wurden. Es war vor allem für die Widerstandskämpfer aus dem Protektorat bestimmt, viele von ihnen wurden hier hingerichtet. Da die Kommunisten nach 1948 (als sie an die Macht kamen) einen Alleinanspruch auf den antinazistischen Widerstand erhoben und eine Beteiligung von Nichtkommunisten prinzipiell unerwähnt ließen, litten demnach in diesem blutigen Loch quasi nur Kommunisten. Deswegen wurde die Existenz der «Kleinen Festung» auch regelmäßig von ihnen in einem feierlichen Akt trauerbedacht.

Die Existenz des Konzentrationslagers schien dagegen mehr, jedenfalls was die Erinnerungen und Gedenkstätten betraf, die Funktion einer Komparsenrolle übernommen zu haben. Meistens wurde es verschwiegen und kaum wahrgenommen.

Dass also im Zweiten Weltkrieg diese gesamte Ortschaft, eine ehemalige, «modern» konzipierte Garnisons- und Festungsstadt, die von Kaiser Joseph II. im 18. Jahrhundert erbaut und zu Ehren seiner Mutter, Kaiserin Maria Theresia, getauft wurde, zu einer Vorhölle wurde, war mir lange so nicht klar. Dass man nämlich die gesamte Stadt, mit allen ihren Gassen, Straßen, Plätzen, Zinshäusern und Garnisonen, mit allen Winkeln und Ecken, Haustoren und Treppenhäusern zu einem Konzentrationslager umfunktionierte, um ausschließlich Menschen hierher zu bringen, die man von Amts wegen als Juden deklarierte.

Am 16. Februar 1942 wurde die Stadtgemeinde Theresienstadt aufgelöst, und die Einwohner mussten innerhalb eines halben Jahres ausziehen. Es waren insgesamt 3500 Menschen, eine andere Quelle gibt 7000 Personen an. Ihren Platz nahmen dann bis zu 60 000 Deportierte ein, darunter ungefähr 12 000 Kinder. Allein im Sommer 1942 starben hier täglich hundert Personen, insgesamt fanden um die 33 000 Ghetto-Bewohner in Theresienstadt den Tod, etwa ein Viertel aller Menschen, die hier einmal angekommen waren. Die meisten Deportierten wurden aber von Theresienstadt aus weiter transportiert – dorthin, von wo das Grauen in Theresienstadt wie ein verlorenes Paradies gewirkt haben mochte.

Wir fuhren mit den beiden Produktionsbussen über ein Teilstück der inzwischen neu erbauten Autobahn nach Terezín. Die holprigen Bahngleisübergänge, die halb zerfallenen Silos blieben hinter dem Autobahnwall versteckt. Ich saß in einem der VW-Busse mit Herrn K. im Fond, Herr B. hatte sich neben dem Fahrer platziert. Während der Autofahrt sprach ich mit Herrn K.

Er war als kleiner Junge nach Theresienstadt gekommen, erzählte er mir. Er durfte im Ghetto, und das war eine absolute Ausnahme, mit seiner Mutter zusammenbleiben. Darüber hinaus war es ihr genehmigt worden, in einer «Prominentenwohnung» Quartier zu beziehen. Beides war möglich geworden, weil der Vater in der jüdischen Ghettoverwaltung einen hohen Posten innehatte. In jener ominösen «Prominentenwohnung» lebte auch meine Großmutter. Das zu hören war für mich eine Überraschung. Auf jeden Fall verschlug es mir die Sprache, wie die etwas schattenhafte Gestalt meiner Oma plötzlich einen so lebendigen Zeitgenossen hatte. Und dass wir uns nach sechsundfünfzig Jahren auf dem Rücksitz dieses Gefährts begegneten, aufgrund einer Terezíner «Promi-Wohnung». Ich antwortete schließlich Herrn K., dass ich von meiner Großmutter selbst kaum etwas wüsste.

Diese Fahrt fand übrigens kurz nach der Bundestagswahl 1998 statt. Es war auch ein Thema der heißen und bald schon fast heiser aufgeregten Handygespräche, die vom Beifahrersitz nach Deutschland und zurück gingen, kenntnisreich geführt, in einer Aufregung, die sich gleichzeitig augenzwinkernd von sich selbst distanzierte, mit diesem und jenem Kose-, Spitz- oder Vornamen angereichert. (Eine knappe rot-grüne Mehrheit hatte gewonnen, womit niemand gerechnet hatte.)

Im Rausch der Wahl, der Kommentare und der neuen Autobahn kamen wir schnell voran.

Der Bahnanschluss direkt zum Konzentrationslager Theresienstadt wurde erst mit der Zeit verlegt, von den «Transportierten» selber. Diesen Anschluss gab es also noch nicht, als Herr K. und meine Oma «auf Transport» gingen. Sie waren frühzeitig dabei gewesen.

Ein kleiner Landbahnhof war ihre Endhaltestelle. Und dieser war auch unser erstes Etappenziel. Gehörte er zu einer Ortschaft, oder galt er schon als Vorstadtbahnhof von Terezín? Ich habe es vergessen, peinlich, aber auch verständlich nach den Jahren.

Der Bahnhof wirkte jedenfalls, und das habe ich nun nicht vergessen, sehr schäbig. Daran war kaum das trübe Herbstwetter schuld. Die Bahnstation, die zwar noch in Betrieb war, machte eben einen sehr unwirtlichen Eindruck, die staubigen Straßen und die Pfade, die an den Gleisen entlangführten, verstärkten ihn nur noch. Eine Einkaufstüte lag verloren herum, auch irgendwelche vom Wind aufgewirbelten Zeitungsseiten. Der Asphalt war mit Schlaglöchern übersät. Die Bahnhofsstraße wurde von gelblich angestrichenen oder grauen Bauten gesäumt, die niedrig und schief waren. Sie schienen jeden Fremden abweisen zu wollen. Eine Lethargie befiel uns, wir spürten einen großen Unterschied zum Geschwindigkeitsrausch auf der Autobahnfahrt und den flotten Wahlgesprächen.

Einer der Assistenten sagte mir, hier könne man sehen, dass die Wende außerhalb von Prag noch nicht so viele glanzvolle Spuren hinterlassen hätte und dass wohl alles seine Zeit bräuchte. Ich musste ihm recht geben und schämte mich für die unschöne Szenerie.

Wenn ich allein diesen Ort aufgesucht hätte, ich hätte ihn natürlich genauso empfunden. Aber nun sah ich all dies noch mit den Augen eines Weitgereisten. Am liebsten wäre ich in diesem Moment in einen Zug gestiegen und, wenn denn einer gekommen wäre, weggefahren. Ich hatte plötzlich das Gefühl, dass es angebracht wäre, Adieu zu sagen. Doch da ich den Grund der überraschenden Fluchtwünsche nicht einordnen konnte, schob ich sie als eine unrealistische und hysterische Regung beiseite. Wobei dieses Gefühl etwas Gummiartiges an sich hatte, so wie die Knödel in der Knastzelle meiner Mama. Aber es war von einer wesentlich besseren

Gummiqualität, denn wie weit ich es auch wegschob – hopp, im nächsten Augenblick war es wieder da.

Beim Schreiben fällt mir ein, dass nach einer Weile wirklich ein Zug am Bahnsteig gehalten hat. Nicht der Geisterzug, auf den wir warteten. Nein, es war ein normaler Zug der Lokalbahn. Eine Frau mit einem blassen Jungen stieg ein, das Kind war erkältet, seine Nase lief, und die Frau war genervt. Die Einkaufstüte und die Zeitungsblätter flogen bei der Weiterreise im Fahrtwind müde hoch.

Herr K. erzählte, hier sei man nun damals aus dem Zug gestiegen. Von hier marschierte unsere Kolonne zu Fuß zum Ghetto.

Ich stellte es mir vor: Alle Transportierten befanden sich noch in dem Zustand, in dem sie sich selbst kannten. Mit denselben vor dem Spiegel eingewöhnten Gesichtszügen und dem bekannten Körpergewicht. So ging man, schleppend, denn viele ältere Menschen waren dabei, von der Welt in die Unterwelt.

Wir traten denselben Weg an. Ziemlich leichtfüßig, höchstens mit Kreditkarten und Handys beschwert. Abgesehen von dem Kameramann, der die Filmausrüstung trug, aber dies war sein Job, und so schwer war es nun auch wieder nicht.

Wir erfuhren unterwegs von Herrn K., dass das ganze Ghetto nur von einigen tschechischen Gendarmen bewacht gewesen war. Theresienstadt hat zwar unter der Oberaufsicht der SS gestanden, aber die Überwachung an den Toren der Stadt mussten die Gendarmen übernehmen. Und als ich Herrn K. leise fragte, warum man nicht geflohen ist, zuckte er mit den Schultern und antwortete ebenso leise: «Wohin?»

Wir kamen zu dem Fluss Ohře. Idyllisch sah es dort aus – der Wasserlauf, die grünen Ufer, eine Brücke, der Himmel in zweifacher Ausgabe, oben und dann unten, im Fluss gespiegelt.

Herr K. erzählte an dieser Stelle eine Geschichte, die sich für mich wie eine Legende anhörte, oder war es vielleicht ein trauriges Lied, ein Blues, eine Ballade? Ich habe es nur bruchstückhaft in Erinnerung. Was genau hat er eigentlich gesagt? Ich glaube, Herr K. erzählte uns, dass man entweder nach der Befreiung oder noch in der Zeit des großen Sterbens – vor der Befreiung müsste es allerdings unter besonderen Umständen zustande gekommen sein – auf dem Fluss kleine Feuer für die Toten anzündete. Die Flammen seien dann diesen linken Nebenarm der Elbe hinabgeschwommen. Bis sie dann, flatterig im Wind, bald ertranken.

Oder, nein, jetzt glaube ich es doch genauer zu wissen: Ab September 1942 gab es ein Krematorium in Theresienstadt. Die Urnen waren aus Papier, und man hatte sie in den Festungsschanzen aufgehoben. Im November 1944 befahl die SS, die Asche in die Ohře zu geben, und dabei haben die damit beauftragten Deportierten die Papiersäcke mit der Asche angezündet. Diese flammten auf dem Fluss, bis sie sich mit Wasser vollgesogen hatten und die Nässe das Feuer löschte ...

Es ist genauso gut möglich, dass der kurze Bericht von Herrn K. auch eine ganz andere Episode beschrieb. Es ging in ihr jedenfalls um den Tod und viele kleine Flammen, die zuerst schwammen und dann ausgingen.

Ich begann zu übersetzen, und zwar die Fragen, die Herr B. an Herrn K. richtete, dann auch die Antworten. Auf diese Weise ging alles viel schneller, Missverständnisse wurden vermieden, und mir brachte es eine gewisse Erleichterung. Ich litt, sehr privat und höchst neurotisch, fast genauso wie beim Anblick der herumfliegenden Einkaufstüte. Ich litt an Herrn K.s Schwejk'scher Umlautbetonung – mein alter Ausländerkomplex, für den niemand unter den Anwesenden etwas konnte. Eine fehlende psychologische Verarbeitung der eigenen Unsicherheiten. Ich fand es mit einem Mal unpassend, Herrn K. in seiner Art – sie wirkte so übereifrig und doch so grammatikalisch hilflos – über die flammenden Papierurnen, die den Fluss hinabglitten, erzählen zu lassen.

Es gab natürlich keinen Grund, warum Herr K. ein besseres Deutsch hätte sprechen sollen – und niemand verlangte es von ihm. Es hätten schon eher einige Gründe für ihn existiert, unter Umständen gar kein deutsches Wort zu sagen. Aber das war nicht der Punkt. Er war gastlich und zuvorkommend, bemüht, den interessierten Zuhörern aus dem Ausland entgegenzukommen – und die haben es natürlich genau so aufgefasst. Es war nur mein Problem, wenn ich da eigene Labilitäten ins Spiel brachte. Die Strafe folgte sofort: Ich wurde von nun ab so etwas wie ein Simultandolmetscher.

Irgendwann kamen wir dann ins Zentrum der einstigen Garnisonsstadt, in der bis zur Wende erneut eine größere Armeeeinheit kaserniert war. Während meiner Fahrten nach Berlin, noch bevor die Soldaten endgültig von hier verlegt wurden, beobachtete ich manchmal schwankende Offiziere. Sie kamen aus einem bescheiden beleuchteten Lokal mit grünen Neonlichtern und verschwanden in der Dunkelheit, die sie gleichgültig aufsaugte – wie das Löschpapier einen Tintenfleck.

Seit dem Kriegsende war Theresienstadt wieder eine normale Gemeinde, und in ihrem Zentrum standen einfach ganz normal die klassizistischen Häuser in geradlinigen Reihen. So, wie sie Joseph II. hatte hinbauen lassen und wie sie dort ihren Posten bis zum Zweiten Weltkrieg hielten, dann zu einem Teil des Konzentrationslagers umfunktioniert worden waren und später wieder die Straßen einer nordtschechischen Kreisstadt säumten. Die äußere Hülle blieb jeweils mehr oder weniger unverändert, nur die innere Raumaufteilung sowie die in ihr wohnenden Menschen wechselten radikal.

Die Häuser standen um einen großen quadratischen Platz herum, der fast wie ein Park anmutete. Es gab Bäume, spärliches Gras wuchs auf Rasenflächen. Wir hatten davor bereits das Museum besucht, in dem man die nachgebauten Schlafstätten besichtigen konnte. Da man viele Transportierte unterbringen wollte, waren die Pritschen in langen Zweierreihen aufgestellt, vier übereinander, darauf die Strohsäcke.

Unser Weg führte uns nun quer durch die heutige Stadt und das damalige Ghetto, endlich kamen wir in jene «Prominentenwohnung», in der der kleine K. als das einzige männliche Wesen mit seiner Mutter und weiteren Frauen damals lebte, die sich zu einer kuriosen Prominenz zählen durften.

Herr K. erklärte unterwegs, wozu die verschiedenen Gebäude, die vorher erwähnten klassizistischen Häuser und auch andere, weniger erhaben konzipiert, gedient hatten. Es gab einen Männerblock und einen Frauenblock, die Behausungen für die Deportierten wurden mit Buchstaben gekennzeichnet, manchmal mit Kasernennamen, weil es sich bei der Unterbringung um ehemalige Kasernen handelte, «Hamburgische» hieß die eine Kaserne, «Hannoveranische» eine andere. Aber letztlich kam es auf die Namen wirklich nicht so sehr an. Herr K. kannte sie übrigens noch alle, sie waren für ihn noch heute Alltag. Schließlich bogen wir in eine Nebenstraße und betraten ein Mietshaus.

~

In Tschechien gibt es nur noch eine große «nationale Minderheit». Das sind die Roma und Sinti. Oder wie man früher sagte, die Zigeuner. Selten trifft man jedoch auf einen Menschen, der einen Roma persönlich kennt, dennoch ist deren

Unbeliebtheit ein folkloristischer Fakt. In der allgemeinen, quer durch alle Schichten geteilten Einschätzung sind diese schwarzhaarigen und dunkelhäutigen Menschen Nichtsnutze, Diebe, Schmutzfinken. Sie setzen Nachwuchs in die Welt, um das Kindergeld zu kassieren, sie sind faul, es sei denn, sie dürfen die Gegend verwüsten, was sie aber sehr ruhestörend bewerkstelligen. So hatte man es im Protektorat Böhmen und Mähren prompt auf sie abgesehen, und die meisten der damals seit Generationen in Böhmen ansässigen Zigeuner sind recht zügig in Auschwitz umgebracht worden.

Und jene, die man heute trifft oder denen man eben aus dem Weg geht, sind entweder die Nachfahren der wenigen Überlebenden, oder sie sind (so las ich es zumindest) nach dem Krieg aus der Slowakei (die ja bis 1992 ein Landesteil der Tschechoslowakei war) gekommen.

Ich teile übrigens dieses landesweite Vorurteil überhaupt nicht. Ich habe keinen einzigen Grund, es zu teilen. Andererseits – vieler Begegnungen mit diesen meinen Landsleuten kann ich mich auch nicht rühmen.

Das Mietshaus war kein hochherrschaftliches Haus, wie man es in Prag in der Pariser Straße, am Berliner Kurfürstendamm oder in der Münchener Widenmayerstraße findet. Ein enges dunkles Treppenhaus lag vor uns, ein kleiner Hinterhof, abgeblätterter Anstrich. Wir klingelten an einer Tür. Sie wurde geöffnet, und eine nette Frau, fein herausgeputzt, erwartungsvoll, etwas nervös, begrüßte uns. Wir, die deutsche Crew und zwei Eingeborene, also Herr K. und ich, traten ein. Es war, das Aussehen der Gastgeberin hatte es gleich verraten, eine Wohnung, die einer Roma-Familie gehörte, eine von diesen unzähligen und unsichtbaren, die standhaft und vergeblich den Millionen von Vorurteilen mit ihren kleinen, schmucken Wohnungen die Stirn bieten. Mit Sitzgarnituren und Wandschränken, in denen niedliche Plüschtiere allerlei kleine Andenken und Mitbringsel hüten. Es war anzunehmen, dass diese Wohnung vor Ankunft des deutschen Fernsehens von Grund auf geschrubbt und geputzt wurde. Die Augen der Plüschtiere glänzten, auf dem Teppich gab es keinen einzigen Krümel, die eingerahmte Jungfrau Maria an der Wand schien frisch geschminkt worden zu sein.

Die Wohnung bestand aus einer Küche, einem Wohnzimmer und einem Schlafzimmer. Herr K. berichtete, dass es zu «seiner Zeit» einzelne, total überfüllte Räume gewesen seien, ihr wohnungsmäßiger Zusammenhang sei ihm aber erst jetzt richtig klargeworden. In seiner Erinnerung seien alle Zimmer überfüllt gewesen, und zwar mit Frauen, die sich zu einer bevorzugten Prominenz zählen durften. Wir befanden uns, als er dies bemerkte, in der Küche. Auch hier habe ein Bett neben dem anderen gestanden, erzählte Herr K. weiter. Aber eben – und das war wohl das Luxuriöse an dieser Behausung für Auserwählte – nur dicht auf dem Fußboden nebeneinandergestellt, es seien keine Pritschen darüber gewesen. Und hier hätte er auch Marie Mannová, meine Oma Mimi, kennengelernt, sagte Herr K.

Ich entsann mich der Geschichte, die meine Mutter einst erzählt hatte. In dieser, nur nebenbei vermerkt und nicht richtig konkretisiert, hieß es, dass vielleicht Heinrich Mann jemanden in Prag über geheime Verbindungen hatte bestechen können, bei der SS oder Gestapo. Ob ja oder nein, Fakt ist, dass meine Großmutter sich in dieser Siedlung für Bessergestellte wiederfand. Und dass sie eine der wenigen Personen war, die drei Jahre, bis zum Kriegsende, in Theresienstadt blieb.

Die prominenten Damen, sagte uns Herr K., waren sämtlich entweder eine «von», eine «Frau General» oder eine «Frau Rittmeister», oder sie waren eine «von» und noch zusätzlich eine «Frau General» oder eine «Frau Rittmeister». Sie stammten alle aus dem Reich, und sie hätten viel Wert auf die richtige Anrede gelegt. Außerdem waren sie recht streitsüchtig gewesen, zumindest solange sie noch die Kraft dazu hatten. Herr K. meinte, und ich hörte es gern, dass meine Oma die netteste von allen Damen gewesen sei. Sie schwieg meistens, ließ sich auf keine Streitgespräche ein und hatte ein paarmal, ein kleines Wunder, ein klebriges Bonbon für ihn in der geschlossenen Hand. Das überreichte sie ihm immer mit einem verschwörerischen Lächeln auf den Lippen. Nie konnte er es sich erklären, woher es kam. Herr K. erzählte dies alles natürlich vor der Kamera, ich übersetzte nach Kräften.

Er sprach dann davon, dass es für das ganze Haus nur eine einzige kleine Latrine gab, die sich unten im Hof befand. (Wohin wir uns auch gleich begaben.)

Diese Latrine reichte längst nicht, fuhr Herr K. fort, und die feinen Damen «von» und «Frau General» standen manchmal knöcheltief in Exkrementen.

Wir sind anschließend, nachdem wir auf den Spuren der ewig überschwappenden Latrine gewandert waren, zum Hausdurchgang gegenüber gegangen, dort war einst die Küche gewesen, dort hatte man seinerzeit die Suppe ausgegeben. Und manch einer alten Dame zitterten die Hände so, dass sie den Inhalt des Tellers verschüttete und sie natürlich auch keinen Nachschlag bekam. Ich glaube, dass etwas Ähnliches meiner Oma passiert ist, und vielleicht konnte sich Herr K. in solchen Augenblicken für das Zuckerl revanchieren, aber vielleicht fabuliere ich bloß.

Wir gingen in den Hof und ins Treppenhaus zurück und sprachen noch einmal über die drastische Beengtheit der Verhältnisse, die Leichenkarre, die hier öfter «parkte» und beladen wurde, über die Latrine, die nicht die Aufnahmefähigkeit hatte, die nötig gewesen wäre ... Und da ungefähr, falls ich mich richtig entsinne, breitete sich langsam, im Hintergrund, nur durch leise Anmerkungen erkennbar, eine produktionsmäßige Nervosität aus.

Denn die Zeit, die man für die Benutzung der Wohnung jener Roma-Familie ausgemacht hatte, war wohl anscheinend um, die Plüschtiere im Wandschrank hatten einen matten Blick bekommen, der Teppich einen gräulichen Beschlag, und die Mieter schauten längst nicht mehr so erwartungsvoll drein. Doch das Drehpensum war noch nicht geschafft.

Und da hörte ich, wie Herr B. (aber vielleicht war das auch einer seiner Mitarbeiter) sagte: «Na, dann gib ihr (ich vermute, unsere Gastgeberin war damit gemeint) doch noch 50 Mark.» Wobei – vielleicht war die Rede auch von 150 Mark, da bin ich mir aber nicht ganz sicher.

Und während man (letztlich erfolgreich) das Problem löste, mit guten Worten und Valuta, versuchte ich von Herrn K. noch etwas mehr über meine Oma in Erfahrung zu bringen, eine andere Begebenheit, an die er sich erinnern könne, eine kleine Beschreibung von ihr. Aber er konnte mit Derartigem nicht aufwarten. (Wahrscheinlich hat sie ihn, er war ja ein kleiner Junge, damals doch nicht besonders beeindruckt.) Nur die Geschichte mit den geschenkten Bonbons wiederholte er, privat für mich und mit ein wenig anderen Worten.

Ich überlege heute, ob er, Herr K., als er sie mir erzählte, in diesem Moment den süßen und klebrigen Geschmack am Gaumen verspürte. Ich selbst musste beim Zuhören innerlich lächeln, über meine Oma, die es auf irgendeine Weise geschafft hatte, kleine Bonbons zu besitzen und sie Herrn K. verschwörerisch zu reichen. Die Geste und der klebrige süße

Geschmack überdauerten Jahrzehnte, und noch immer war unklar, woher sie die Bonbons hatte. Hatten vielleicht der käufliche SS-Mann oder auch der Gestapo-Kommissar es für angebracht gehalten, in Anbetracht der Höhe der Bestechungssumme, die für Oma ausgegeben wurde, ihr noch ein paar Bonbons zu besorgen?

Wir standen im Treppenhaus herum, und Herr K. berichtete mir auch ein wenig von sich selbst, wie er und seine Eltern den Krieg überlebten, obwohl der Vater noch in ein weiteres Lager musste – per Transport, natürlich. Und dass er, der Vater, später mit den Kommunisten nichts zu tun haben wollte. Nach dem Krieg nicht und nach dem kommunistischen Putsch noch weniger. Er wollte nicht in die Partei, auch wenn der Beitritt ein Karriereschub hätte sein können. So blieb er einfach ein Handwerker, was er auch vor dem Krieg gewesen war. An diesem Dialog war übrigens nichts Besonderes – noch heute ist es unter Erwachsenen ab einem bestimmten Jahrgang durchaus ein Gesprächsthema, ob man in der Kommunistischen Partei war oder nicht, ob der Vater ein Mitglied dieser Partei war. Der von Herrn K. war es jedenfalls nicht gewesen. Aus diesem Grund wurde er jahrelang vom Regime benachteiligt, mit kleinen Schikanen und Stolpersteinen, so durfte der Sohn, Herr K. also, beispielsweise nicht studieren. Aber eine Lehre und Gewerbemittelschule waren drin. In die Partei trat auch er nicht ein, das hätte er seinem Papa nicht antun können – und sich noch weniger. Und das war es im Großen und Ganzen. Er sagte mir noch, er habe zwei erwachsene Kinder, sei schon Opa und würde seit Ewigkeiten mit ein und derselben Frau verheiratet sein. Seit er Rentner sei, arbeite er in der Prager jüdischen Gemeinde mit, die kaum Mitglieder habe. Es gehe ihm gut, und so sei es eigentlich immer gewesen, von diesem und jenem abgesehen.

Am nächsten Tag, mit frischen Kräften, wandten wir uns, im Rahmen unserer Wanderung auf Großmutters Spuren, dokumentarisch dem Projekt *Der Führer schenkt den Juden eine Stadt* zu (ein Film über Theresienstadt, der von Kurt Gerron und Karel Pecený von August bis September 1944 gedreht wurde). Und zwar mit Hilfe der Erinnerungen, die Herr K. an dieses Ereignis hatte.

Es wurde damals ein Besuch des Roten Kreuzes in Terezín erwartet, und man hatte bestens vorgesorgt. Damit die Inspekteure des Roten Kreuzes recht zufrieden wieder heimfuhren, zauberte man für sie Cafés und Restaurants aus dem Erdboden, sie waren vorher nicht an diesen Plätzen und verschwanden nach dem Weggang der Rote-Kreuz-Offiziellen auch sofort wieder. Man belebte diese gastlichen Stätten mit Publikum (reine Komparserie natürlich), mit Herrschaften, die wussten, wie man, im Kaffeehaus sitzend, dem lieben Herrgott die Zeit stehlen konnte. Nun durften sie es wieder tun – und wurden dafür von der Hölle kurz mal ausgeliehen. An den Kaffeehaustischen blätterten sie in Zeitungen oder plauderten leise über dies und jenes. Genauso akribisch kümmerte man sich um all die anderen Dinge, die zum Leben eines Ghettobewohners im 20. Jahrhundert unbedingt gehören – falls ein Inspekteur des Roten Kreuzes vorbeischauen sollte: Konzerte, Tanzabende, Werkstätten, volksbildende Vorträge, Kindergärten, Kinderspiel- und Fußballplätze.

Dabei war jemand auf den kreativen Gedanken gekommen, dieses filmisch festzuhalten. Wenn schon so viele Einfälle und Mühe investiert wurden, dann sollte davon nichts verloren gehen, auch nicht die gelungenen Kulissen der Konditoreien. Wobei ich es nicht ganz genau weiß: Als man sich entschieden hatte, *Der Führer schenkt den Juden eine Stadt* zu drehen, hingen da die beiden Angelegenheiten – Inspektorenbesuch und das filmische Werk – langfristig eingeplant unmittelbar miteinander zusammen? Diese Tatsache würde für das Kostendenken sprechen, aber konnte nicht auch die eine Idee die andere hervorgebracht haben? Sicher ist, dass Film und Inspektion zum Teil parallel passierten.

Herr K. schilderte, dass er zweimal in der Position eines Linksaußen (sie hatte ihm sehr zugesagt) übers Fußballfeld flitzen musste. Tor! Damals herrschten, auch filmtechnisch gesehen, andere Zeiten als heute. Das Licht, die Kameratechnik, die komplizierte Tonapparatur. Alles sehr massiv. Sehr schwer. Man ging noch solide vor, mit Kostümen, Masken, Proben. Keine digitale Fata Morgana wie heute.

Wir konnten auch beurteilen, mit wie viel handwerklichem Einsatz man die Aufgabe damals gemeistert hatte. Wir hatten uns nämlich zusammen, die Dokumentaristen so wie die Dokumentierten, zwischen unseren zwei Abstechern nach Terezín eine vollständige Fassung dieses cineastischen Werks angeschaut.

Die Sondervorführung fand (keine Ahnung, warum gerade dort) in einem Prager Vorort statt, das Gebäude lag an einer Ausfallstraße, viele Lkws bretterten vorbei und hinterließen viel Gestank.

Lange warteten wir auf die Kopie und den Vorführer, und die mangelnde Organisation, aber auch die Unfreundlichkeit und das Missmanagement der zuständigen Prager verursachte dem Filmteam schlechte Laune, mit der man sich aber dezent zurückhielt – von ein paar kleinen Bemerkungen abgesehen.

Die Kopie traf dann doch ein, der Vorführer genauso. Im kleinen Saal wurde es dunkel, das Projektionslicht fiel auf die Leinwand. Ich sah dann auf ihr alle die zum Tode verurteilten Menschen flimmern. Wie sie noch einmal, schön angezogen, mit interessiertem Blick das mannigfaltige Freizeitangebot wahrnahmen, in jener Stadt, die ihnen der Führer geschenkt hatte. Was konnten sie sich nicht alles aussuchen! Sie waren dabei sorgsam angeleuchtet worden, und man konnte sich vorstellen, dass es viele Proben gab und dass der Kameramann und der Regisseur öfter ihre Anweisungen vorbrachten und auch miteinander über diese und jene Einstellung fachsimpelten. Und so wurden die zum Tode Verurteilten, die Hungrigen und die Verlorenen mehrmals aufgefordert, zu essen, einen Apfel zu schälen, zu lächeln, zu stricken, einem Radio zu lauschen (in diese Szene hätte Oma gut hineingepasst!), unter einer Stehlampe zu lesen, noch einmal laut «Tor» zu rufen, untergehakt zu promenieren, Soße umzurühren, einen Kinderkopf zu streichen – bis die Aufnahme geklappt hatte.

Ich erblickte auf der Leinwand Herrn Ančerl. Ich erschrak richtig, als ich ihn dort sah – er war seinem Sohn so ähnlich, dass ich für eine Sekunde dachte, es sei tatsächlich der Junior gewesen, mit dem ich eine Zeitlang in derselben Schulbank gesessen hatte. Aber der war erst nach dem Krieg geboren worden – so wie ich auch. Es war sein Vater, als junger Mann! Er dirigierte, gut angezogen, ein Orchester. Als ich Karel Ančerl persönlich begegnete, als ich das eine oder andere Mal meinen Schulfreund zu Hause besuchte, da war er der Chef der Tschechoslowakischen Philharmonie. Sein Sohn war übrigens ein eingefleischter Elvis-Presley-Fan, als Erster hat er mir von diesem fabelhaften Rock'n'Roller berichtet. Einmal vermittelte uns sein Papa über viele Umwege einen Kontakt zu jemandem, der eine Schallplatte von Elvis besaß, «Jailhouse Rock». Um zu dieser Person (und zu der Schallplatte) zu kommen, liefen wir eine Stunde quer durch die Stadt. Es hatte sich gelohnt, wir durften uns dann auch diese Kostbarkeit ausleihen.

Lange bevor uns Herr Ančerl die erste Rock-'n'-Roll-Platte,

die ich in Händen halten und hören durfte, mühselig verschaffte (damals eine halb illegale Ware), lange bevor er dann 1968 nach Kanada emigrierte (dort ist er Chefdirigent der kanadischen Philharmoniker geworden), nicht sehr lange nachdem er auch das Orchester der beiden Clowns Voskovec & Werich bei deren Schallplattenaufnahmen dirigierte und kurz bevor er nach Auschwitz kam, trat er in dem deutschen Film *Der Führer schenkt den Juden eine Stadt* in der kleinen Rolle des unbekannten, aber zufriedenen, ja glücklichen Kapellmeisters auf. In Großaufnahme, in einer Halbtotalen und einer Totalen präsentierten ihn die Filmemacher auf der Leinwand und holte ihn die Kamera wieder ganz nah heran, die Augen strahlten (bestens angeleuchtet), der Taktstock in seinen Händen wies zielsicher den Musikern die Noten zu.

Und während ich in meiner Erinnerung den dirigierenden Herrn Ančerl sehe, die Bogen der Streicher und die entzückende junge Dame hinter der Harfe, steigt in mir der Verdacht auf, dass wir uns diesen schrecklichen Film aus einem ganz speziellen Grund ansahen. Wir hatten die unbequeme Warterei auf uns genommen, knappe Prager Drehzeit geopfert, um herauszufinden, ob nicht auch meine Oma eine Rolle in diesem Film bekommen hatte. Endlich eine. Ein makabrer, aber grandioser Fund wäre das gewesen! Wenn sie, passend kostümiert und geschminkt, einem Promenadenkonzert in der Kurstadt Terezín gelauscht hätte. Auf dem quadratischen Hauptplatz. Und wenn sie, entsprechend der Regieanweisung, zu einer Nachbarin, einer Frau General von Rittmeister, in einer Großaufnahme gesagt hätte: «Nicht schlecht, wie die hier geigen, nicht wahr, meine Liebe? Da werden alle möglichen Erinnerungen in einem wach, fürwahr!»

Wie es aber schien, hatte Oma nur Bonbons verschenkt, die aus einer geheimnisvollen Quelle stammten. Bei diesem filmischen Werk, da wirkte sie nicht mit. Sie war nicht unter diesen vielen Menschen zu entdecken, die hier an einem friedlichen und sonnigen Nachmittag vergnügt in einem Terezíner Straßencafé saßen, plauderten, witzelten, etwas tranken und später, vom Genuss schläfrig geworden, dem dirigierenden Karel Ančerl zusahen.

Zum Abschluss unseres Ausflugs nach Theresienstadt bat mich Herr B. zu einem Interview vor die Kamera. Er hatte eine Mappe in der Hand, machte sie auf und las langsam von einem Blatt ab: «‹Ich habe mir die Tante Mimi angeschaut: Wie sieht sie aus nach fünf Jahren ‹Vorzugslager›? Nicht mehr dick und bunt, auch nicht mehr munter! Ein Schatten ihrer selbst ist Tante Mimi, vom Fleisch gefallen, halb gelähmt, gebückt, verhutzelt, eingeschnurrt, mit dünnem weißem Haar, zittrigen Krallenfingern, die fahle Miene grimassenhaft verzerrt mit schiefem Mund und starrem Leidensblick. Eine Gerettete? Nein, ein Gespenst. Sie trägt das Zeichen.›»

Es war sehr windig in diesem Augenblick, der Herbst wehte durch die geraden Straßenzüge von Theresienstadt.

«Was sagen Sie dazu? Das hat Klaus Mann über Ihre Großmutter geschrieben», fragte mich Herr B.

Er stand dabei vor mir. Seine Haltung und die Art, wie er seine Worte betonte, waren kurioserweise nicht weit von der eines (aber grundsätzlich zur Nachsicht bereiten, das schon) Vernehmenden entfernt. Ein Windstoß riss ihm das Blatt mit dem Zitat aus der Hand. Wie er es noch fangen wollte, fiel seine Mappe raschelnd zu Boden. In gebückter Haltung musste er nun sämtliche Papiere aufsammeln.

O Gott, was hatte ich für eine lange Leitung. Erst allmählich, während ich noch bemüht war, eine passende Antwort auf diese dumme Frage zu finden (als ob es die geben könnte), sie zuletzt sogar auch noch aussprach (glücklicherweise habe ich aber vergessen, was es genau war), ging mir endlich ein Licht auf: Bereits in jenem Moment, als Herr B. und ich uns in Berlin zuprosteten (das Weißbier, Kristall, floss durch meine Kehle, und ich versuchte eine vermeintlich geistreiche Konversation zu führen), stand ich schon – in der Vision des Filmemachers – im kalten Wind unweit der Kaserne, die nach der Hansestadt Hamburg (oder Hannover) benannt wurde, irgendwo in der Nähe des Männer- und des Frauenblocks und der Latrine vor dem Objektiv. Ich sollte dort in einer sich hoffentlich attraktiv gestaltenden Großaufnahme über eine schwachsinnige Frage grübeln: «Was sagen Sie dazu, Jindrich? ‹... halb gelähmt, gebückt, verhutzelt, eingeschnürt, mit dünnem weißen Haar, zittrigen Krallenfingern, die fahle Miene grimassenhaft verzerrt, mit schiefem Mund und starrem Leidensblick›.»

18
DIE PUTZKOLONNE

~

Ich besitze ein Foto von mir – ich bin auf ihm vier oder fünf Jahre alt –, das mich mit einem etwas dicklichen blonden und gleichaltrigen Jungen zeigt. Er hieß T. und war mein erster Freund. Unsere Mütter kannten sich. Es muss auf einem Fest aufgenommen worden sein, denn wir beide sind sehr fein angezogen. T. hatte man sogar eine Fliege umgebunden. Vor einiger Zeit hörte ich ihn im Radio, er ist Hörfunkredakteur und Musiker geworden, Jazz und Folk. In der Sendung, die er moderierte, wurde deutlich, dass er sich nicht zu den Stars zählte, aber er schien gut drauf zu sein und unglaublich energiegeladen. Als wir so alt waren, dass wir nicht mehr in Begleitung unserer Mütter sein mussten, haben T. und ich uns kaum noch getroffen. Wir wohnten auch sehr weit voneinander entfernt. Vielleicht kann er sich gar nicht mehr an mich erinnern.

G., die Mutter von T., hatte, was das Blutmischverhältnis (rassenmäßig) anging, ähnliche Werte wie meine Mutter. Beide Frauen wurden zum Ende des Protektorats in eine Gruppe gesteckt. Es war aber keine Girlie-Band, wie es heutzutage der Fall sein könnte, sondern eher eine Sklaventruppe. Mama und G., so erzählten sie, wurden aus ihr zu einem SS-Mann abkommandiert, der nach Prag befördert worden war. Er wollte sich in dieser Stadt, im Winter 1944/45, gemütlich und mit Bedacht für die nächsten tausend Jahre einrichten. Meine Mama und G. mussten seine Wohnung, die er gerade bezogen hatte, schrubben. Er hatte ihnen zu verstehen gegeben, er könnte sie gegebenenfalls auf der Stelle erschießen, müsste dies aber nicht tun, es läge letztlich in seinem Ermessen. Ansonsten sei er ein häuslicher Typ, kein Sadist, und sie hängten ihm die Bilder auf, die die Wände seiner neuen Wohnung dekorieren sollten. Er sei sehr verbohrt gewesen, erzählte meine Mutter, gleichzeitig unentschlossen, als es darum ging, wo welches Gemälde seinen Platz finden sollte. In den Zeiten, als die Rote Armee sich der Reichshauptstadt näherte und die Amerikaner heranrückten, durch britische Einheiten, polnische, tschechoslowakische Legionen, französische Marokkaner und Infanteristen aus Brasilien verstärkt, ließ dieser noch an den Endsieg glaubende Mensch weiter die Bilder in seiner Wohnung von meiner Mama und G. umhängen. Er hatte wohl das Gefühl, irgendetwas würde mit der Welt nicht stimmen, und wenn die Gemälde ihren ordentlichen Platz fänden, würde diese Unsicherheit weichen.

Prag wurde von der Roten Armee befreit.

Das stimmt, aber eben nicht ganz. In Prag brach, kurz vor der Kapitulation (die Stadt war noch immer von Deutschen besetzt), am 5. Mai 1945 ein Aufstand los. Bevor die SS-Truppen, die über Prag Richtung Westen drängten, ihn blutig niederschlagen konnten, stellten sich ihr Einheiten von Wlassows Armee in den Weg, ehemalige russische Gefangene, die an Hitlers Seite gegen Stalin gekämpft hatten, dann aber revoltierten. Die Geschichte dieser Einheiten ist zu kompliziert, um sie hier zu erzählen, auch ist sie in jeder Hinsicht traurig und hoffnungslos. Diese Männer waren jedenfalls die ersten russischen Soldaten, die nach Prag kamen. Aber das wurde später natürlich verheimlicht.

Eigentlich hätten die Soldaten von General George S. Patton, die inzwischen in Pilsen und in Südböhmen das Kriegsende feierten, am einfachsten Prag erreichen können, denn die Rote Armee war noch ein ganzes Stück weit entfernt. Aber damit es die Kommunisten später leichter haben, sollte die Stadt, so wie es auf Jalta oder wo auch immer ausgemacht worden war, von der Roten Armee befreit werden. Die Aufständischen in Prag hatten eine Art Revolutionsregierung installiert, und General Patton ließ wissen, wenn diese offiziell um Hilfe bitten würde, würde er die mit der Sowjetunion festgelegte Demarkationslinie überschreiten und seine Panzer nach Prag fahren lassen. Die Kommunisten in dem Revolutionskollegium verhinderten das.

Die ersten Einheiten der Roten Armee erreichten Prag am 9. Mai 1945, der Flieder blühte, der Frühling war da. In der geräumigen Aula der am König-Georg-Platz gelegenen Schule haben wir den Siegestag jedes Jahr gefeiert. (Einmal, glaube ich, sogar mit einer etwas überraschenden Modenschau.)

19
EIN LANGER MANTEL

Wann und wo sich meine Mutter und meine Oma nach dem Krieg wieder trafen, welches ihre ersten Worte waren, wie man sich anschaute, umarmte – darüber gibt es keine Aussage. Eine Zeitlang dachte ich, der Neffe und US-Soldat (und was konnte man damals mehr sein) Klaus hätte meine Großmutter in Theresienstadt abgeholt und sie in einem Jeep – eine sehr schöne Vorstellung – nach Prag gebracht. Nach der deutschen Kapitulation war es nicht einfach gewesen, aus Terezín fortzukommen. Typhus grassierte dort, Quarantäne war angeordnet worden, Züge sollen auch keine gefahren sein.

Die beiden, Maminka und Mimi, bekamen eine kleine Wohnung in Prag-Podolí zugewiesen, ein schönes und nettes Stadtviertel. Im selben Haus war auch mein Vater einquartiert worden, ein Offizier der siegreichen Befreiungsarmee, der ebenfalls ein Dach über dem Kopf brauchte.

Er habe meine Mutter im Treppenhaus angesprochen, sagte mir mein Vater einmal. Sie habe einen dunklen Mantel getragen, über den sie gestolpert war – so lang war er. Das rührte ihn.

Ich bin noch immer unschlüssig, ob und wie viel ich im gegebenen Fall über die Ehe meiner Eltern schreiben will. Aber da ich momentan in Podolí verweile, fällt mir ein, dass mein Vater in seiner sehr verschwommenen Art manchmal angedeutet hat, die Liaison mit meiner Mutter und alles, was sich daraus ergab, einschließlich der beiden Söhne, sei etwas gewesen, das für ihn an sich ein wenig überraschend gekommen war – und dies mehr oder weniger einundvierzig Jahre lang. Das Ganze schien ihn irgendwie (ein beliebtes Wort von ihm) eingewickelt (ein zweites beliebtes Wort) zu haben, keineswegs aber von meiner Mutter willentlich verursacht, etwa in der Art, sie hätte extra einen zu langen Mantel angezogen, wissend um seine innerliche Rührung beim Anblick von Mädchen, die darüber kurz nach dem Krieg in einem Treppenhaus in Podolí stolpern. Keinesfalls! Nein, es spielten in diesem Zusammenhang Verpflichtungen eine gewisse Rolle. Verpflichtungen, die aber andererseits womöglich gar nicht existierten und die zu erfüllen von ihm auch niemand gefordert hatte. Es war aber trotzdem nun alles nicht die sehr klare Tat eines Mannes, obwohl eine solche Lebensentscheidung, also Ehe und Kinder, doch eine solche sein sollte. Dies hatte er manchmal, mit halb angerissenen Sentenzen, melancholischem Blick und einem sanften Lächeln angedeutet.

Einmal bekam seine Version von der Ehe (die er natürlich nicht dem Kind, sondern einem erwachsenen Sohn vage vermittelt hatte), die sich einfach so ergeben hätte, als wäre sie aus der Tasche eines zu langen Mantels herausgefallen, einen Riss. Er war zu diesem Zeitpunkt schon sehr krank. Dreimal wöchentlich musste er zur Dialyse ins Bozener Krankenhaus, in dem man mit viel Einfühlungsvermögen und Können zu helfen versuchte. Es sollte trotzdem nicht mehr lange dauern, ein oder zwei Jahre nur, als ich ihn, an meinem Geburtstag dazu, tot unter dem Waschbecken im Badezimmer fand. Er wollte dort seinen quälenden Durst stillen. Mit ein paar Tropfen Leitungswasser. Man hatte ihm verboten, Flüssigkeit zwischen zwei Dialysesitzungen über die ärztlich erlaubte

Menge hinaus zu sich zu nehmen. Diese erlaubte Menge hatte zwei Tage zu reichen, aber sie war (bei ihm) oft in ein paar Stunden ausgeschöpft (mit quälenden und schwerwiegenden Konsequenzen). Und so befahl er seinem Herzen, es möge aufhören zu schlagen. Der Durst, der ihn seit fünf Dialysejahren quälte, würde sonst nie vergehen. Das Herz gehorchte, und es blieb stehen. Wie es dann weiter mit dem unstillbaren Durst ging, das weiß ich nicht. Ich hoffe, er fand eine Quelle mit klarem, kühlem Wasser.

Ja, und ein oder zwei Jahre vor seinem Tod, schon zu diesen durstigen Zeiten, wollten wir den Maler K. in Oberbozen, Südtirol, besuchen. K. war nicht zu Hause, jedoch seine Nachbarn, bei denen gerade eine junge Frau weilte. Mein Vater fand Gefallen an ihr, und sie übrigens auch an ihm. Sie ging auf seine tiefsinnigen Witze ein, lächelte schön, während sie ihr schwarzes Stirnhaar zurückwarf. Es war eine angenehme Unterhaltung, doch kurz, weil wir ja fremd und nur zufällig vorbeigekommen waren. Mein Vater war anschließend bestens gelaunt und lobte die Frauen, wobei er besonders diese eine meinte. Er sprach von den Funken, die zwischen Mann und Frau möglich waren, von den kleinen und großen Blitzen, die einfach nur so, mithin inkonsequent in der einen oder einer anderen Richtung aufzucken konnten, mal kürzer, mal länger, wie ein vorbeihuschendes Licht. Nirgendwo würden diese Blitze einschlagen (jedenfalls nicht immer), und trotzdem sei es, wie er sagte, als würde man ein Glas guten Rotweins aus Burgund trinken.

Ich sagte ihm nicht, dass mir aufgefallen sei, dass diese junge Frau, eine Italienerin, die ein reizendes Deutsch sprach, meiner Maminka, seiner Frau also, wie ich sie auf alten Fotos gesehen hatte, verblüffend ähnlich sähe.

20
FAMILIENSTREIT

~~~

Mein Vater, er war gerade auf dem Weg zum tschechoslowakischen Rundfunk, bei dem er angestellt war, fing rein zufällig den Briefträger mit einem an Maminka adressierten Telegramm im Treppenhaus ab. Dieses Telegramm enthielt eine Nachricht über den Tod von Heinrich Mann. Er war in Santa Monica, Kalifornien, gestorben. Die Schiffsbilletts für seine Übersiedlung nach Europa – Ost-Berlin sollte das Ziel dieser Reise sein – hatte man schon vor längerer Zeit erworben. Aber soweit mir bekannt ist, hatte mein Großvater diese Überfahrt immer wieder verschoben. Wahrscheinlich war seine Lust nur gering gewesen, obwohl er sich in Amerika (angeblich) nicht besonders wohl fühlte.

Maminka habe herzzerreißend geweint, sagte mein Vater, als sie das Telegramm dann gelesen hat. Das war im Jahr 1950.

Maminka und ihr Papa hatten seit einiger Zeit wieder miteinander korrespondiert. Sogar über mich. Der Großvater schrieb ihr Briefe, darin stand, dass er in meinem Baby- und Kleinkindgesicht (abfotografiert und auf seinem Arbeitstisch eingerahmt postiert) allerlei Gutes und Lichtes und Familienbegründetes vorfinden würde.

Mama las mir diese Briefe zum ersten Mal in dem mansardenähnlichen Zimmer unter dem Dach unserer Sommerfrische vor. Ich war ungefähr sechs Jahre alt. Unter dem Holzgiebel war es ziemlich heiß, aber es duftete auch angenehm nach dem sonnenerhitzten Holz – und man konnte die große Balkontür aufmachen. Der Wind wehte dann hinein, und der Blick führte über die gutmütig wirkende hügelige Landschaft zu der stillen Straße. Von hier aus war die Kurve erkennbar, die Brücke, die über den Forellenbach führte. Hinter dem Wald lag Sázava. Im Wald gab es die so schwer auffindbaren Pilze.

Maminka übersetzte die Zeilen von Opa, die mich betrafen, ins Tschechische (ich sprach damals noch kein Deutsch). Ich fand sie irgendwie merkwürdig. Aber ich hörte sie mir mit einer gewissen Rührung an, denn immerhin waren sie von meinem Großvater. Auch empfand ich eine gewisse zwiespältige Zufriedenheit: Ich wurde letztlich gelobt, was ich natürlich besser fand, als wenn man lauter schwere Bedenken und die ärgsten Mutmaßungen meine Person betreffend brieflich geäußert hätte. Andererseits bezog sich die Anerkennung keinesfalls auf echte Leistungen, die der unbekannte Opa an mir hätte bewundern können: Wie ich den Kočka im Murmelspiel besiegt und dann in einer wilden Rauferei niedergeworfen hatte (hätte doch sein können!), wie bravourös ich auf dem Roller dahinsauste oder unter den glitschigen Steinen im Forellenbach die noch glitschigeren Forellen, den anderen Dorfbuben darin gleich, mit meinen flinken Händen fing. Aber der Großvater starb, bevor ich mit solch virtuosen Kabinettstückchen aufwarten konnte. Er hatte nur die Möglichkeit, beim Anblick eines im Fotostudio aufgenommenen Porträts von einem knapp zweijährigen Knaben über das, was ihm dabei einfiel, eine Mitteilung zu machen. Das leuchtete mir wiederum ein, und es war so angenehm heiß in dem Mansardenzimmer, und die Mama bekam feuchte Augen.

Im Übrigen näherte man sich in diesen Briefen vorsichtig der Person meines Vaters an. Mama stolzierte ein wenig durch ihre nach Kalifornien adressierten Briefzeilen – ihr Gatte (dort allerdings noch in spe) war beim Hörfunk beschäftigt, und während des ersten Israelisch-Arabischen Krieges (1948) wurde er sogar als Korrespondent in diese Region geschickt. Maminkas Vater kommentierte dies mit den Worten, dass es für das gute journalistische Ansehen seines neuen Schwiegersohns bei dessen Arbeitgeber sprechen würde. Ansonsten blieb der Großvater ein wenig distanziert, befand er sich doch in einer vielfältigen Distanz, deren er sich aber bewusst war.

Er und ich trafen uns nie. Er schaffte es nicht mehr, nach Europa zu kommen, und nach 1948 von der Tschechoslowakei aus in die USA zu reisen war nur für diejenigen realistisch, die sich zu einer lebensgefährlichen Republikflucht entschlossen hatten. In die Staaten zu fliegen und wieder zurück – also, da wäre es schon einfacher, mittels Seehundfellen zum Mars zu gelangen.

Wir sahen uns nie, außer vielleicht in einem Traum.

Ich litt als Kleinkind unter wahnsinnigen Albträumen, und oft wachte ich schweißgebadet im Bett auf. Einmal saß dabei an meinem Bett ein fremder alter Mann. Er trug einen Anzug, auf seinem Kopf hatte er einen Hut. Schweigend schaute er mich an. Ich schlief, durch den Anblick einer unbekannten Person, einer dunklen Gestalt im dunklen Zimmer, zutiefst schockiert und beinahe ohnmächtig geworden, lieber sofort wieder ein – das schien mir auch der einzige Ausweg zu sein. Ja, oder war das Ganze, das Aufwachen, der unbekannte Herr, ein schweigsamer Beobachter mit einem Hut auf dem Kopf, und meine Flucht in einen ohnmächtigen Schlaf nur der zweite, anschließende Traum, den ich träumte, weil ich aus dem vorherigen unbedingt aufwachen wollte?

Jahre später, als ich mir ein Bild von meinem Großvater anschaute, kam mir der Gedanke, dass der Mann am Bettrand mit ihm eine gewisse Ähnlichkeit hatte.

~

In einem Teil des mütterlichen Nachlasses, den man durch Emigration und Beschlagnahme für unauffindbar geglaubt hatte, der aber vor einiger Zeit von einem Unbekannten generös an eine deutsche Institution verschenkt worden war, als ob unsere Briefmappen und Familienalben ein beliebig zu vergebender Artikel wären, las ich über die Einzelheiten eines seltsamen Streits, der nie ein richtiges Ende gefunden hat.

In der Abschrift einer Abschrift wird ein Brief wiedergegeben, den Thomas Mann an Heinrich Maria Ledig-Rowohlt geschrieben hatte. Er war vom 4. September 1951. In ihm wundert sich Thomas Mann, dass Herr Rowohlt in seiner populären Reihe eine Neuauflage von *Professor Unrat* unter dem Titel *Der blaue Engel* ankündigt. Thomas Mann schreibt, sein verstorbener Bruder hätte dies nie erlaubt. «Im Übrigen», bemerkt Thomas Mann weiter, allerdings in der Abschrift einer Abschrift, «sind die Nachlassverhältnisse außerordentlich kompliziert. Heinrich Mann starb, ohne ein Testament zu hinterlassen, gemäß amerikanischem Herkommen ist seine gesamte Habe, die laufenden Tantiemen und die Rechte einbegriffen, zunächst einmal und auf vorläufig unabsehbare Zeit vom kalifornischen ‹Public Administrator› beschlagnahmt worden. Der Administrator bereitet eine Versteigerung seines in Amerika befindlichen Besitzes vor, zieht, so gut er es kann, aus allen westeuropäischen Ländern fällige Zahlungen ein. Es stünde also kaum in der Macht von meines Bruders Tochter, Frau Askenazy, etwa eine Lizenzausgabe an Sie zu vergeben.»

Daraufhin wandte sich meine Mutter brieflich an Onkel

Tommy, wie sie ihn nannte. Am Anfang ist sie in diesem Schreiben sachlich und teilt dem Oheim mit, dass noch ihr Vater dem Buchtitel *(Der blaue Engel)* zugestimmt hätte. Sie selbst hätte mit dieser Titeländerung auf jeden Fall nichts zu tun. Dann wird Mama in ihrem Brief geradezu peinlich pathetisch. Sie selbst neigte eigentlich nicht dazu, Pathos war normalerweise nicht ihre Sache. In diesem Fall stand sie unter der Einflussnahme meines Papas, was er später selbstkritisch eingestand. Lange hätte diese pathetische Periode nicht in seinem Leben gedauert, aber zu diesem Zeitpunkt hatte er, in Verkennung des Offensichtlichen, gerade den Zenit seiner Leistungen erreicht. Und aus diesem Grund hätte er meine Mutter mit seiner ideologischen Zuversicht mitgerissen. In seiner Euphorie erhob er sich flügelschlagend, um über allen Gipfeln des sprachlichen Gefühls zu schweben, und in dieser Höhe führte er ihr dann die Feder. In ihrem Brief – mir liegt allerdings nur ein Konzept vor (und hoffentlich hat ein guter Geist Maminka noch ein paar Striche in das andere, nicht von Papa belegte Ohr zugeflüstert) – nimmt sie zunehmend Anstoß an dem Wort «Versteigerung», das in dem Brief von Thomas Mann erwähnt wurde. Sie endete dann mit einem Aufschrei:

«Insofern du, mein Onkel, mit gerechter Empörung in der Angelegenheit *Professor Unrat* protestierst, protestiere ich mit noch größerer und gerechterer Empörung dagegen, dass der Name Deines Bruders und meines Vaters in einer amerikanischen Versteigerungshalle ausgerufen wird.»

Wobei ihre flammenden Zeilen andererseits verständlich wären: Mama wurde immerhin in einem halben Nebensatz einer habgierigen Handlung und schnöden Tantiemengier bezichtigt, weil sie eine vermeintlich reißerische Titeländerung gestattete. Und zudem wurde ihr auch noch jegliche juristische Handhabe zu derartigen Schandtaten abgesprochen. Sie wurde en passant zu einer skrupellos handelnden Erbschleicherin erklärt, auf die man besser aufpassen musste.

Da sie nur lächerliche sechs Jahre zuvor in einer Putzkolonne die Wohnung eines SS-Mannes blank geschrubbt hatte, was in ihrer Lage noch ein richtiger Lotteriegewinn bedeutete, war sie vielleicht etwas dünnhäutig geworden.

Natürlich sah sie sich als die Erbin. Er war der Vater, sie die Tochter. Seine zweite Frau Nelly Kröger war tot. Meine Mutter musste sich wundern, dass ihr Onkel das anders sah.

Vielleicht war aber in dieser Angelegenheit auch eine gewisse Verwirrung mit im Spiel, Assoziationen, die ein bestimmtes Wort hervorrufen. Vor dem Schreiber des einen Briefes tauchte das übliche Nachlassgericht auf. Ein routinemäßiges Gegenrechnen der Schulden, die ein Verstorbener hinterlässt, mit seinem Ersparten. Da eine Arztrechnung, hier eine Geldbuße, dort ein Steuerbescheid. Im gut bekannten County Counsel, 1100 Hall of Records, Los Angeles, wurde es gemächlich zusammengetragen. Und die Leserin der Zeilen interpretiert die Übersetzung der in Kalifornien üblichen Fachtermini ins Deutsche, die sie dann wieder ins Tschechische transkribiert (damit man alles zu Hause in Podolí besprechen konnte). Und die Worte wanderten dabei von der amerikanischen Westküste zur amerikanischen Ostküste, schließlich über den Atlantik nach Europa, aller Wahrscheinlichkeit nach aber nicht auf der «Queen Mary», danach durch das zerbombte Österreich und Deutschland und passierten am Ende den Eisernen Vorhang, um in Prag einzutreffen. Auf diesem Weg haben sie sich nachhaltig verändert (obwohl sie natürlich immer dieselben waren): Aus einem kalifornischen Verwaltungshaus, ein paar verstaubte Palmen stehen davor, innen geht man, die Ventilatoren summen, der gesetzlich festgelegten Amtsroutine nach, wurde am Ziel in Prag ein Saal in einer Gaststätte. Im vorderen Bereich befindet sich ein Tisch. Auf ihm ist ein schmutziges Tischtuch ausgebreitet, darauf liegt Heinrich Manns Habe, ein Foto, ein Füllfederhalter ... Auf Holzbänken sitzen ein paar miese Typen, möglicherweise aber auch betuchte Schnäppchenjäger. Vorn, in der Nähe des Tischs, schwingt der Auktionator, auf dem Kopf einen Stetson oder einen Zylinder, im Mund natürlich ein Kaugummi, den Hammer und ruft: «Das Foto einer jungen Frau mit einem Baby im Arm: 50 Cent zum Ersten, zum Zweiten, zum ...»

So weit meine Rekonstruktion der kleinen Familienaffäre, die ich mir aus den Abschriften der Abschriften und den Konzepten der Konzepte zusammengebastelt hat. Dieser Streit hatte zur Folge, dass Maminka nie wieder jemanden aus ihrer weitläufigen Verwandtschaft traf.

Der Held dieser Abschrift einer Abschrift eines Briefes von Thomas Mann, Public Administrator E. A. Winstanlay, waltete seines Amtes sehr moderat. Seine Anstrengungen begannen 1950 und endeten erst vier Jahre später, mit einem Gerichtsbeschluss. In diesem Zeitraum wurde ich ein stolzer Erstklässler. Wenn ich mir den Datumsstempel dieses Beschlusses genau anschaue, war ich an diesem Tag gerade zum Schloss Konopiště unterwegs ... Maminka, ich winke dir aus dem Rückfenster des Busses zu – damals hatte ich dafür keine Muße, deshalb mache ich es jetzt umso stürmischer.

Erst an diesem Tag hat «the Honorable Otto Emme», der Vorsitzende des Nachlassgerichts, alles zusammengehabt «in the matter HEINRICH MANN, also known as HEINRICH LUDWIG MANN, HEINRICH L. MANN and as H. L. MANN, Deceased».

Er kann bestätigen, dass alle Gebühren bezahlt worden

sind, auch sämtliche Steuern, zudem waren die Gläubiger befriedigt (wie viele es auch gewesen sein mochten). An Frau Henriette Leonie Mannova, «also known as Leonie Mann, as Mrs. Leonie Aschermann, and as Henriette L. Mann-Askenazy», wurde dann die Erbschaft in Höhe von 1958 Dollar (in bar) sowie Gegenstände im Wert von 1212 Dollar geschickt. Diese wurden etwa wie folgt aufgelistet:

1. Eine Damenhandtasche – $2,00
2. Ein Zigarettenetui – $1,00
3. Eine Zigarettenkassette – $1,00
4. Zwei Paar Manschettenknöpfe – $1,00
5. Ein kleiner Metallbehälter mit grünem Innenbezug – $1,00
6. Eine W. M.-Taschenuhr – $5,00
7. Eine W. M.-Taschenuhr – $10,00
8. Ein Ölgemälde – $5,00
9. Verschiedene Zeichnungen – $2,00
10. Fünf Gepäckstücke (leer) – $5,00
11. Verschiedene Kleider – $5,00
12. Ein Pelzmantel – $100,00
13. Ein Pelzkragen – $50,00
14. Verschiedene Bücher und Manuskripte – $20,00

Zudem wurden einige Manuskripte und Bücher in einer langen Liste separat aufgeführt und alphabetisch zusammengestellt. Es handelte sich dabei meistens um Werke des verstorbenen Autors, jeweils ergänzt um das Erscheinungsjahr und das Copyright der Erstausgabe. Der Wert dieser Manuskripte und der entsprechenden Autorenrechte wurde auf 1000 Dollar geschätzt.

Ich weiß nicht, wo die beiden Taschenuhren (eine ist doppelt so wertvoll wie die andere), die Damenhandtasche, das Zigarettenetui und die Zigarettenkassette verblieben sind. Ebenso habe ich keine Ahnung, wohin der Pelzmantel, die Krönung der dinglichen Habe, gekommen ist und um welchen Hals sich der Pelzkragen die folgenden Jahre schmiegte. Ob das alles in die fünf leeren Gepäckstücke verpackt wurde, die dann vielleicht die Meereswellen oder die Zollbehörden verschluckten? Oder hatte Maminka diese Sachen dann doch, peu à peu, verschämt versteigert?

Als ein Indiz für die Mangelhaftigkeit der sich ansonsten so solide gebenden Urkunde – immerhin hatte man ja vier Jahre gebraucht, um sie in dieser Form aufzusetzen –, möchte ich hier die fehlenden Hüte anführen. Zumindest einen einzigen hätte ich erwartet! Und zwar den, den Opa auf dem Kopf trug, als er mich im Traum aufsuchte.

Aber dann fällt mir noch einmal der Posten «Verschiedene Kleider – $5,00» auf, und ich schweige.

21

IM SPIEGELKABINETT AUF DEM PETŘÍN

~~~~

Wenn man das Jammern hört, so wie ich momentan hinter meinem Rücken, macht man sich dazu seine Gedanken. Die sich gegenseitig aufschaukelnden Beschwerden werden von zwei Damen mittleren Alters vorgebracht, wenn ich das Timbre ihrer Stimmen richtig einordne. Umdrehen möchte ich mich nicht, lieber trinke ich weiter meinen Cappuccino, hier, in einem Café an der Moldau.

Ich bin nämlich von den Laptoptasten ausgebüxt. Weil ich mich schon wieder einem Jahr mit einer Acht am Ende angenähert habe – und die Jahre haben es hierzulande oft in sich.

Meine Frau sitzt neben mir, sie dreht sich auch nicht um. Wir beide blicken stur zum anderen Ufer, wo die stehenden Straßenbahnen und staugeprüften Autos die Dekoration einer Großstadt passend ergänzen.

Meine Frau ist über den Fortgang meiner Schreibversuche informiert, und so fragt sie mich, ob ich auch den Plattenspieler erwähnen werde, den ich ihr doch an diesem historischen Tag brachte. Oder war es erst am folgenden?

«Am dritten, glaube ich», antworte ich ihr.

«Du weißt, dass er noch immer in der Rumpelkammer steht?»

«Echt? Dieser kleine, aufklappbare Plattenspieler?»
«Klar.»

Einen gemeinsamen Ausflug hatte ich da geplant. Mit einem Picknick im Gras. Sanft fiel die Wiese an der vorgesehenen Stelle ab. Dort, wo man aus der Dunkelheit des Waldes heraustreten würde. Tief unten im Tal liegt Sázava – die Stadt und der Fluss. Zunächst kneift man aber die Augenlider zusammen, so heftig ist die Attacke des gelben Sommerlichts. Wir würden dann, die Augen hätten sich längst der grellen und frohen Helligkeit angepasst, die Reihe der knorrigen, schiefen, weiß bandagierten Obstbäume erblicken. Ich würde anschließend behutsam den Plattenspieler ins hohe Gras stellen und ihn, entsprechend seiner exklusiven technischen Eigenschaft, aufklappen. Die Batterien bringen bald den Teller zum Drehen, der Lautsprecher im aufgeklappten Deckel wird, seiner Aufgabe gemäß, Songs laut zum Klingen bringen.

An Schallplatten wollte ich eine von Voskovec & Werich einpacken und weiter das Beatles-Album *Help* (ein regelrechter Clou bei der geplanten Beschallung am Waldesrand; in keinem normalen Plattenladen war diese LP erhältlich, nicht viele im Land hatten sie, ich aber schon). Und, als kleines Augenzwinkern, den alten Schlager «So wie zu der Sonne die Sonnenblume sich dreht täglich, drehe ich mich zu dir unaufhörlich …»

Wegen meiner trotzigen Blickrichtung kann ich nicht gut den Petřín beschreiben, der sich hinter den klagenden Köpfen der Damen wie eine grüne Hügelkulisse ausnimmt. Also muss ich es aus dem Gedächtnis heraus tun: Er ist ein aufragender Berg mit dichtem Baumbestand und langen Parkwegen, auf denen Eichhörnchen hin und her hüpfen. Ganz oben steht ein betagter eiserner Aussichtsturm nach dem Vorbild des Pariser Eiffelturms.

Die beiden Frauen betrauern laut die heutigen Jugendlichen, die all den visuellen Reizen ausgesetzt seien. Mit einer riesigen Woge nach der anderen schwappe die Bilderflut über den noch unschuldigen jungen Köpfen zusammen. Längst seien diese Armen dem Ertrinken in den Wellen des Verderbens preisgegeben, wird geklagt, unfreiwillig lausche ich den Worten. Meine eigene Kindheit wäre also demnach eine spirituelle Oase gewesen. Höchstens ein Bilderbuch nämlich drang da hinein. Viel seltener ein Kasperletheater. Dann gab es noch betörende Balletttänzerinnen auf der Theaterbühne und im Kino Rotarmisten hoch zu Ross. «Morgen wird überall getanzt, wenn endlich die rote Fahne überall weht», sang man auf Tschechisch in einer für mich etwas unverständlichen und langweiligen Leinwandhandlung – ich habe sie deswegen vergessen. *Die stolze Prinzessin* war dagegen echt klasse. Besonders der Moment, als der Gärtner (ein verkleideter Prinz!) und die Prinzessin (während des Abenteuers wurde aus einer lächerlichen Hochnäsigkeit eine leutselige Volkstümlichkeit) nach ihrer gelungenen Flucht glücklich ins Wasser fallen. Und dann der tolle (bis heute oft zitierte) Spruch des Königs: «Ich widerrufe, was ich widerrufen habe.»

Vage erinnere ich mich noch an eine schnulzige Kinoballade aus der Welt der Kirmes, der Jahrmarktbuden und des fahrenden Volkes. Mit einem kleinen Waisenjungen in der Hauptrolle. Wunderbar war jene Szene, in der an einem gefühllosen satten Bürger subtile Rache genommen wurde. Man zerdrückte seine geliebte Porzellanpfeife vor seinen erstaunten Augen in tausend Scherben.

Das Spiegelkabinett auf dem Petřín-Hügel war in dieser Zeit also eine Attraktion, die es bei solcher schwachen Konkurrenz natürlich leicht hatte, bei mir einen besonderen Platz einzunehmen. Als ich mit Maminka in diese Sensation aus dem 19. Jahrhundert – das Kabinett war in einem einst schmucken, mittlerweile recht abgeblätterten Pavillon zu Füßen des Aussichtsturms untergebracht – zum ersten Mal eintrat, gab es zu Beginn eine lustige Galerie von Zerrspiegeln, die uns einzigartig verformten. Über die eigene Spiegelerscheinung lachend, tauchten wir in ein Labyrinth ein, das Wege anbot, die keine waren. Die dabei von Anfang an vorhandene zittrige Ahnung – vielleicht würde man ja nie wieder aus diesen Irrungen herauskommen – nahm zu, als man beim schnellen Vorwärtskommen anstatt in einen Gang einzubiegen gegen eine Spiegelwand prallte. Aber bevor das Bangen doch zu groß wurde, fand man die Orientierung wieder. Als Belohnung trat man am Ende des Spiegelgartens vor ein Bild, das sich «Panorama» nannte: Es stellte den Kampf der Prager Bürger mit der schwedischen Soldateska 1648 auf der Karlsbrücke während des Dreißigjährigen Krieges dar.

Der Dreißigjährige Krieg begann in Prag im Jahr 1618, und zwar mit dem Aufstand der protestantischen Stände gegen die katholischen Habsburger. Zwei Jahre später mussten die Protestanten auf dem Weißen Berg (lange war es die Endhaltestelle der Straßenbahn 22, jetzt fährt die noch weiter) eine verheerende Niederlage hinnehmen. Daraus folgte der Souveränitätsverlust des Königreichs für die nächsten dreihundert Jahre und ein rabiates, flächendeckendes Katholisieren. Unter Gewaltandrohung mussten alle Protestanten ihrer Lehre abschwören und zu den katholischen Ursprüngen der Theologie zurückkehren. Sämtliche protestantischen Bücher und Schriften wurden verboten und verbrannt, Besitzungen von unermesslichem Wert wurden konfisziert und wechselten ihre Eigentümer. Wer sich zum Protestantismus bekannte, ging ins Ausland, ins Gefängnis oder musste vor den Henker treten.

Warum aber kämpften dann die Prager Bürger auf dem «Panorama»-Bild so wild entschlossen (zerzaust dargestellt, was ihre starrköpfige Wut noch eindrucksvoller machte) freiwillig, also nicht einmal uniformiert, mit den Söldnern des eingedrungenen protestantischen schwedischen Königs? War denn dieser Gustav Adolf nicht ein Alliierter gegen die katholischen Usurpatoren aus dem Hause Habsburg gewesen?

Es blieb nicht viel Zeit, weiter darüber nachzudenken, wenn man sich etwa mit dem besten Freund P. auf Spritztour durch Prag begeben hatte. Wir erkundeten unzureichend zugemauerte Eingänge zu sagenhaften Turmverliesen aus dem Mittelalter. Leider stießen die vielversprechenden unterirdischen Gänge doch bald an eine undurchdringliche Mauer. Dabei einmal in die Nähe des Spiegelkabinetts gekommen, flitzten wir in dieses hinein, für uns war es eine Art biographischer Auffrischung. Wir schnitten mehr aus Pflicht ein paar Grimassen, irrten flott durch die Gänge und blieben dann, widerwillig verzaubert (wir waren ja keine Kleinkinder mehr!), vor der riesigen halbrunden Leinwand des «Panorama»-Bildes stehen. Es war von hinten angeleuchtet, jetzt konnte ich beurteilen, dass es meisterhaft gemalt war. Die Karlsbrücke, in ein dämmeriges, suggestives, fast unheimliches Licht getaucht, lief aus der Leinwand direkt auf den Zuschauer zu. Die Schweden, wilde Burschen, waren mit Lanzen, Schwertern und Musketen zugange. Die Angreifer erkannte man auch daran, dass sie hellhaarig und rotbärtig waren. Sie stürmen die Barrikaden, die die Prager ihnen, den ehemaligen Glaubensgenossen, in den Weg gestellt hatten. Vor der erhabenen Silhouette der Prager Burg fasste man sich gegenseitig an den Hals, um ihn fest zuzudrücken. Man haute sich die Köpfe ein. Die Dolche blitzten auf.

Das Gemälde endete aber nicht in der Begrenzung der Leinwand. Nein, das Bild setzte sich in der Wirklichkeit fort. Die Grenze zwischen gemalter und tatsächlicher Realität war in dem Halbdunkel, das in diesem Teil des Kabinetts herrschte, absichtlich verwischt. Auf dem Podium vor dem «Panorama» lagen Pflastersteine herum, als wären sie gerade vom Brückensteg herausgerissen worden. Teile der Söldnerrüstung konnte man entdecken, einen Helm, eine weggeworfene Lanze, ganz vorne stand eine altertümliche Kanone, die beinahe noch zu rauchen schien.

～

M. G.s schwarzer Zopf war nicht zu übersehen, als sie einst, recht missgelaunt allerdings, den Laufsteg bei einer Modenschau abschritt. Es war in der großen Aula unserer Schule, die sich am König-Georg-Platz befand.

Der Raum wurde seinerzeit, beim Bau dieser Bildungsanstalt, für katholische Messen und Feiern bestimmt; er lag in der Mitte des Schulhauses. Längst hatte man aber der Österreich-Ungarischen Monarchie und den Katecheten Ade gesagt. Zu meiner Schulzeit hatten die Stirn der geräumigen Aula riesige Porträts von Marx, Engels, Stalin, Lenin, Gottwald und Ho Chi Minh geschmückt. Unter den Bildnissen dieser (mannigfaltig bartwüchsigen) Führer des revolutionären Fortschritts – sie hingen dort nicht immer in der aufgeführten Vollständigkeit – gab es eine Bühne. Von dieser aus bot man ab und zu dem herzlich uninteressierten Publikum kämpferische und schwärmerische Verse an (gesehen aus gesellschaftspolitischer Perspektive). Chöre von Kindern und Halbwüchsigen traten hier auf, um sich und die Zuschauer mit Gesang zu martern. Auf dem Höhepunkt einer vielstimmig dargebotenen Strophe gab es manchmal eine kurze Pause! Zwischen den Reihen der Singenden, die nun ja verstummt waren, drängte sich ein Knirps hervor, von Lampenfieber nahezu überwältigt. Er warf ein paar gereimte Sätze zu den weggetretenen Zuschauern, bis er sich, von der Last des Soloauftritts befreit, wieder in die Phalanx der Sänger einreihen durfte. Erneut ertönten Lieder, das Auditorium litt.

Neun Jahre besuchte ich die Schule, bis ich selbst einmal auf dem Podium stand. Ohne aber klassenbewusste Verse aufsagen zu müssen. Ich saß hinter einem bescheidenen Schlagzeug und tat cool. Das Schlagzeug gehörte zu unserer Big Beat Band – diese Bezeichnung war (glaube ich) aus Polen zu uns eingewandert, man war in diesem Land damals immer einen Hauch freiheitlicher. Eine Big Beat Band war etwas zwischen einer Rock-'n'-Roll-Band und einer Popgruppe (wobei dieser Begriff noch nicht existierte). Diese Musik, vor kurzem noch unter Androhung drakonischer Strafen verboten, wurde allmählich geduldet. Die sechziger Jahre kamen, jene Periode eines harmlosen und bescheidenen «Beschwingtseins», in denen man sich mehr und mehr Freiheit ertrotzte. (Die Freiheit wurde einerseits nur als Antwort auf das Murren und Verlangen der Landeseinwohner von der Obrigkeit zugeteilt, andererseits stieg die Dosis aber unaufhörlich.)

Das Repertoire der Band hatten wir nach Schallplattenaufnahmen (kaum vorhanden) oder Tonbandmitschnitten ausgewählt und eingeübt. Zu dieser Zeit hörten wir Jugendlichen übrigens Radio Luxemburg. Auf Mittelwelle und auf Englisch. Das war *der* Sender für uns! Oh! Yeah! Obwohl er immer aus dem Sendebereich flüchtete, warum und wohin werden nur die Physiker und Astrologen gewusst haben.

An einem dieser Tage, als auf der Bühne nicht nur das Proletariat besungen wurde und man nicht nur Volkstümliches jauchzte, sondern auf Rezitationswettbewerben Gedichte von Verlaine und Texte von Kerouac (das war nun besonders eigensinnig und gewagt) vortrug, wurde, als eine Nummer unter vielen, auch eine Modenschau vorgeführt. Die Veranstaltung, jetzt fällt es mir wieder ein, fand am 9. Mai statt, am «Tag der Befreiung».

Ausgewählte Jungen und Mädchen (diese vor allem) promenierten über das Podium und drehten sich gekonnt in einer eleganten Schleife, wenn sie das Ende des «Laufstegs» erreicht hatten. Eine Werbeveranstaltung war es aber kaum gewesen. Die Kleider, an die ich mich überhaupt nicht mehr erinnere, konnte man mit Sicherheit sowieso nirgends kaufen. Die Klassenschönheit H. K. (erste Reihe rechts) führte eines der nirgends erhältlichen Kleider vor, zusammen mit M. G., die sie an der Hand hielt, als ob dies ihre kleine Schwester sei, die es auch verdient, nett angezogen zu sein. M. G., das Mädchen mit dem schwarzen Zopf.

Ein paar Jahre später durfte ich es selbst ausführen. Ins Kino. Die Mama (ihre) kam mit. Den Film wollte sie sich nicht entgehen lassen, mich noch weniger. Meine damals nicht gut geputzten Schuhe haben allerdings auf Jahrzehnte hinaus das Verhältnis zu mir getrübt.

Die beinahe schicksalhaften Kinokarten habe ich lange aufgehoben. Aber dann doch verloren. Beschreiben kann ich sie trotzdem: hellblaue Rechtecke, mit einer verstaubten Alltäglichkeit behaftet; eigentlich wurden sie an jeder Kinokasse ausgegeben. Die Vorahnung des Kommenden stellte sich, sobald man sie in der Hand hatte, sofort ein – und wurde wenige Augenblicke später wahr: die Dunkelheit, das Rascheln von Eispapier, die *Wochenschau*, ungemein salzige Kartoffelchips, eine angenehm schwere, ja fast süßliche Luft.

Die Kinokarten waren mit schwarz aufgedruckten Sitzreihen- und Sitzplatznummern versehen. Und einem Datums- und Uhrzeitstempel. Letzterer verlor zum Rand hin seine Konturen und ließ dadurch eine Variabilität in der Auslegung des Tages zu. Jederzeit hätte dies zu einem Disput mit der Billettabreißerin, meistens einer genervten Rentnerin in einem dunklen Arbeitskittel, führen können.

Auf unseren Karten war «20. 8. 19.30 Uhr» aufgestempelt. Das Jahr war ja bekannt und daher nicht extra aufgeführt: 1968.

Kristian hieß der Hauptfilm. Es handelte sich dabei um eine von jenen Vorkriegskomödien, wobei *Kristian* wesentlich geistreicher und brillanter war als die anderen einheimischen Kintopps dieser Art. Es war auch kein echter Vorkriegsfilm, eigentlich ein Kriegsfilm, denn er war 1939 fertiggestellt worden, also schon unter deutscher Besatzung. So spielt die Geschichte in einer nicht mehr existierenden Republik, was man aber auf der Leinwand, ohne dass dies thematisiert wurde, ignoriert hatte. Die politischen und sonstigen realen Umstände hatten in diesem Film sowieso keine Bedeutung. Der Film war eine Seifenblase, die durch einen düsteren, blutenden Kosmos schwebte und ihn für ein paar Augenblicke fröhlich färbte. Kristian, der männliche Protagonist, führt ein Doppelleben. Er ist ein braver Hausmann, ein kleiner Angestellter, allerdings investiert er einmal im Monat sein Erspartes in eine freigebige Nacht in einer Luxusbar. Dabei nippt er an einem Glas Champagner, wirft mit dem Trinkgeld um sich und verführt die Damen auf dem Tanzparkett. Er ist ein vollkommener Kavalier mit den besten Manieren und einem kaum zu überbietenden Charme, und so macht er seine Tanzpartnerinnen richtig närrisch. Da er jedoch ein treuer Ehemann ist, verspeist er nicht die Beute, die in seinem Netz glücklich zappelt, sondern lässt sie wieder frei. Er schleicht sich unnachahmlich elegant aus dem Chambre séparée davon. «Schließen Sie die Augen, ich gehe nun ...», sagt er zu den beschwingten Damen, vorgetragen mit sanfter, hypnotisierender Stimme. Auf diese Weise kann er mit großer Regelmäßigkeit unerkannt verschwinden – und sein Spruch wird noch heute gern und vielerorts (und meist zweckentfremdet) eingesetzt.

Dem weiblichen Leinwandstar – sie bringt den Kavalier mit dem Doppelleben spaßig zur Strecke – wird man allerdings nach dem Krieg den Kopf kahl scheren. Man sagte ihr zu viel Nähe zu dem einen oder anderen Mächtigen von den deutschen Okkupanten nach.

Wir kamen gegen 22 Uhr aus dem Kino. Es war ein lauer Sommerabend, ein Geruch von Autos und Asphalt lag in der Luft, ein milderer Duft wehte aus dem nahe gelegenen Park. Die Bäume und der Rasen atmeten die tagsüber gespeicherte Hitze aus, die sich mit der erfrischenden Kühle einer bald eintretenden Nacht vermischte. Das Kino war zwanzig Minuten vom König-Georg-Platz entfernt, wenn man langsam zu Fuß ging. Ich begleitete den schwarzen Zopf und die durch einige nicht zu übersehende Indizien, meine Person betreffend, stark beunruhigte Gardedame nach Hause. Auch der kleine Bruder meiner zukünftigen Frau war mit im Kino gewesen, fällt mir dabei gerade ein. Die Vorstellung war nämlich in jeder Hinsicht jugendfrei gewesen.

Die Zusammensetzung, in der wir durch die Vinohradská-Straße gingen (die für uns in einer obskuren Kontinuität immer noch Stalinstraße hieß), bot allerdings ein viel spannenderes Sujet, als es *Kristian* je vermocht hatte. Wir ahnten es, und so waren wir ein wenig verkrampft.

Nachdem ich mich von dem schwarzen Zopf, der Gardedame und dem kleinen Bruder verabschiedet hatte, fuhr ich nach Hause. Wir wohnten mittlerweile am anderen Ufer der Moldau.

Mein Vater hatte seltsame Freunde, bizarre Existenzen waren darunter. Bei dem einen brannte das Herz, bei dem anderen die Augen, bei dem dritten seine Kehle. Herr H. war zierlich und dürr. Wegen seiner riesigen Hakennase, den dichten, welligen und nach hinten gekämmten schwarzen Haaren und den dämonenhaften Gesichtszügen galt er allgemein als personifizierte Hässlichkeit. Trotzdem war er ein Herzensbrecher. Seine Augen waren von einem tiefen Blau, aber man vermutete, er würde hypnotische Kräfte besitzen. Die verschütteten Wanderpfade der eigenen Seele, abgelegt in fremden Körpern, konnte man in einigen aufrüttelnden Séancen, die er veranstaltete, besichtigen. Ich unterhielt mich gern mit ihm, er schrieb faszinierende Prosatexte, die nie fertig wurden. Auch erzählte er, wie er in einem deutschen KZ Leichen ins Feuer werfen musste. Als er dies tat, war er sechzehn Jahre alt. Warum er in einem Konzentrationslager war, weiß ich nicht. War er Jude? Oder war er in den Widerstand verwickelt gewesen?

Herr H. war bettelarm, trank und hurte, obgleich er eine Frau und eine Tochter hatte. Er kam ins Gefängnis (ich glaube wegen Schulden oder versäumter Unterhaltszahlungen), dann wurde er wieder entlassen, dieser Vorgang wiederholte sich einige Male. Bei uns war er eine Zeitlang fast täglich, oft auch nächtlich zu Gast.

Kurz nach Mitternacht klingelte in unserem neuen Zuhause das Telefon und riss mich aus dem Schlaf.

Als ich mich nach dem Kino ins Bett gelegt hatte, tendierten meine Gefühle Richtung Pessimismus, die negativen Anzeichen, was meine Zukunftsaussichten mit dem schwarzen Zopf betrafen, wollten sich einfach nicht verdrängen lassen. Alles sprach dafür, dass ich meinen Auftritt im Kino und bei dem anschließenden Spazierweg nicht als einen Erfolg verbuchen konnte. Jedenfalls mit Sicherheit nicht bei der Mutter meiner Angebeteten. Aber selbst bei dieser gab es eine unübersehbare Ambivalenz zu konstatieren. Nur der kleine Bruder schien kein Problem mit mir gehabt zu haben. Aber er war noch nicht in einem Alter, in dem seine Meinung zählte.

Als das Läuten des Telefons die Nacht durchschnitt, keimte gleich nach meinem Wachwerden eine Hoffnung auf. Wahrscheinlich war ich in meiner Einschätzung zu skeptisch gewesen, nun rief sie an, weil sie Sehnsucht nach meiner Stimme verspürte. Die Unterhaltung, die nicht stattgefunden hatte, weil alle schweigsam nebeneinander hergegangen waren, wollte sie telefonisch nachholen, in einer vertrauten Tonlage. Wie würde es sein? Zwei Stimmen, die sich anspornen, Facetten voneinander übernehmen, sich auf diese Weise ergänzen und weiterlocken würden? Ein Stück in eine unbekannte Richtung allemal. Wunderschön war die Lichtung, auf die man dabei so unerwartet hinaustrat.

«Siehst du den Regenbogen?! Seltsam, aber ich wusste, dass er sich hier spannen würde. Und du? Hast du es auch gewusst?»

«Ich habe ihn doch selber dort hingemalt. Schon gestern.»

Über welche Kinoszene würden wir unsere verschlüsselten Nachrichten austauschen? Wie wäre es mit jener, in der der elegante Filmkapellmeister auftrat? Er hatte seine Band in der luxuriösen Kulissen-Bar mit seinen dezenten Armbewegungen befehligt. Dabei stand er zu den Musikern mit dem Rücken gekehrt. Und ließ mit seinen legeren Gesten die geschniegelten Herrn Saxophonisten und Jazztrompeter trotzdem aufspringen und hinsetzen – immer phrasengenau! Vor dem souveränen Bandleader stand eine Sängerin, die ein enganliegendes langes Kleid trug und eine raue Stimme hatte. Diese leicht brüchigen Töne überraschten angenehm in der ansonsten fehlerlosen Filmdekoration. Das Lied hatte übrigens Esprit: «So wie zu der Sonne die Sonnenblume sich dreht täglich, drehe ich mich zu dir unaufhörlich», sang die Sängerin mit der rauen Stimme. Sie konnte übrigens recht gut swingen, wenn auch der Swing zu dieser Zeit niemanden mehr vom Hocker reißen konnte, Big Beat jedoch schon.

Das Atmen im Telefonhörer, ein Atmen, wenn man nicht spricht, sondern schweigt: Es ist wie eine kleine Zäsur, bevor man das Thema wechselt: «Wie wäre es mit einem kleinen Ausflug... Ich habe übrigens einen Plattenspieler von meinen Eltern bekommen, den man einfach überallhin mitnehmen kann. Er ist nämlich batteriebetrieben. Echt. Wir könnten doch nach Sázava fahren und an der Schleuse schwimmen gehen... Na, am besten nehmen wir den Bus und gehen dann das letzte Stück durch den Wald... es ist nicht weit... ja, genau da, wo der Dachs wohnt... nein, gesehen habe ich den noch immer nicht. Nicht direkt...»

Noch bevor ich den Hörer abhob, wusste ich bereits, wie ich das Gespräch Stunden später (wir hatten Ferien), wenn es sich erschöpft haben würde, beenden wollte: «Schließen Sie die Augen, ich gehe nun...»

Als ich jedoch den Hörer ans Ohr drückte, hörte ich (leider) eine Männerstimme. Sie kam aus einer Telefonzelle. Es klang, als hätte man den Anrufer in einen Topf gesteckt und einen

Deckel draufgemacht. Trotzdem konnte ich Herrn H. identifizieren.

«Wir werden besetzt», sagte er aus dem zugedeckelten Topf, «von den Bulgaren.»

«Was?», fragte ich. «Sind Sie es, Herr H.?»

«Vorläufig bin ich es noch, ja. Du, wir werden besetzt, die Bulgaren sind da.»

«Wieso Bulgaren, welche Bulgaren?»

«Bulgarische.»

«Was? Haben Sie getrunken, Herr H.?»

«Natürlich habe ich getrunken, und ich werde noch viel mehr trinken. Der Papa ist nicht da?»

«Verreist. Wieso Bulgaren, wovon reden Sie. Und wie sind die hierhergekommen?»

«Mit dem Flugzeug. Hörst du sie nicht?»

«Ich höre keine Bulgaren.»

«Ja, aber ich sehe sie, ich meine die Flugzeuge. Hörst du sie nicht?»

In diesem Augenblick hängte Herr H. ein. Oder das Gespräch wurde unterbrochen.

Und wirklich, nun vernahm ich es auch, das permanente Flugzeugbrummen. Es war ein kontinuierliches Dröhnen, das sich trostlos durch die sich neigende Nacht zog.

Ich ging auf die Innenhofterrasse. Ein Ehepaar stand auf dem Balkon des Nachbarhauses, der Mann wusste Bescheid.

«Die Russen sind gekommen», rief er mir zu.

Ich schaltete das Radio ein: «Die Tschechoslowakische Sozialistische Republik wird von den Staaten des Warschauer Pakts besetzt, das Zentralkomitee der Partei, der Präsident der Republik, die Regierung nennen das widerrechtlich.» Etwas kläglich schien mir eine solche Reaktion zu sein, wenn fremde Armeen das Land überfluten. Die Morgendämmerung brach an.

Die Hauptstadt wurde von der sowjetischen Armee okkupiert. Und zwar so, wie sich das ein Marschall in seinen kühnsten Träumen ausmalt. Die Panzer, die durch die Straßen rollten, waren mit riesigen Transportflugzeugen angekommen, die auf dem Prager Flughafen landeten. Ein sowjetischer Spion in der Direktionsetage des Airports hatte alles für ihre Ankunft und damit für die Invasion vorbereitet.

Ich rief M. G. an. Sie war der erste Mensch, der mir einfiel, und ich hielt es für absolut notwendig, sie zu informieren. Dieser miese Überfall kam mir irgendwie zupass. Erst mit Verspätung, die hoffentlich mit einer Verjährung einhergeht, wird mir die landesverräterische Freude bei meinem erwartungsvoll erregten Einwählen bewusst. Ich hatte nun einen triftigen Grund, mich zu melden, ohne dass ich, um zwei Uhr morgens, wenn sie das Telefon abgehoben und verschlafen «Wer ist da?» hineingehaucht hätte, verlegen hätte stottern müssen: «Ich bin es, ich wollte nur … weil … vorher, weißt du … war lustig der Film, oder? Der Bandleader, wie er nie nach hinten schaute. Und übrigens, was hältst du so von einem Picknick?»

In der Wohnung am anderen Moldauufer, am König-Georg-Platz, läutete, ich sandte die Impulse per Umdrehungen der runden Wahlscheibe, das Telefon. Regelmäßig, eintönig, auch laut genug, um gehört zu werden. Irgendwann würde die Mutter schon wach werden, sie, die keine Ferien hatte und zur Arbeit musste. Sie, die einen Großteil der Worte besser nicht sagte, die ihr, als wir verspannt und schweigend die Vinohradská-Straße entlanggingen, auf der Zunge brannten. Ich wusste, dass ich aus dem augenblicklichen privaten Schlamassel nur herauskam, wenn ich meine Hiobsbotschaft überbringen würde. Sie einzig würde mich des Verdachts entledigen, ich wolle ein unpassendes, unwillkommenes Liebesgeflüster in dieser langsam endenden Augustnacht ins Telefon zirpen. Nur die Katastrophenmeldung über den riesigen und niederdrückenden Universalschlamassel, der uns alle betraf, dass uns nämlich die Russen und wohl auch die Bulgaren besetzten, würde das mögliche Missverständnis, ich ließe unter Umständen das Telefon aus rein privaten Gründen durch die Nacht randalieren (ich ahnte, man würde mich am anderen Ende der Leitung vermuten) aufklären. Privatissima? Nein, ich wollte nur sagen, dass Verhaftungskommandos vielleicht schon in russischen Wolga-Limousinen oder einheimischen aerodynamischen Tatras ausgerückt waren. Wer jemanden kennt, auf den sie es abgesehen haben könnten, möchte es bitte an ihn weitergeben.

Diese schreckliche Nachricht über die wüste Wirklichkeit musste ich überbringen – nichts anderes hatte ich im Kopf. Deswegen musste ich einfach ausharren und das Telefon klingeln lassen, hinein in das Dröhnen der ankommenden Maschinen, die die Panzer aus ihren Bäuchen spuckten.

Ich hörte dann ein «Hallo».

Wir sprachen miteinander. In einer vertrauten Tonlage. Eine Sensation war es und zugleich ein Unglück. Nur langsam begreift man das. Zuerst überstürzte sich alles, doch hinter der augenblicklichen Explosion verbarg sich ein geradezu fatales Verhängnis.

Nach dem Telefonat ging ich hinaus. Unterhalb der Karlsbrücke, in der Nähe des Restaurants «Zu den drei Straußen», stand ein verirrter Panzer. Ein sowjetischer Soldat saß auf ihm, am Arm war er verbunden. Er sah aus wie ein Kriegheld aus einem Filmopus mit dem Titel *Der Sturm auf Prag*. Aber die Anordnung des Oberbefehlshabers der tschechoslowakischen Armee, keine Gegenwehr zu leisten, im Radio periodisch verkündet, wurde ja befolgt. Wahrscheinlich hatte der Soldat sich seinen Arm nur irgendwo gequetscht.

Währenddessen beschimpfte ein Betrunkener von der Brücke herunter, über die steinerne Brüstung war er dabei gebeugt, und zwar so, dass er um ein Haar kopfüber in die geöffnete Panzerluke direkt unter ihm hätte fallen können, mit gepfefferten Worten die Panzerbesatzung.

Der Mann war offenbar auf dem Weg nach Hause, aufgebrochen von einem mit Fettflecken übersäten Biertisch. Der noch ahnungslose Heimkehrer roch nach billigem Fusel. Er regte sich in geharnischten Worten auf: «Unmöglich, dass man heutzutage Armeemanöver an Orten durchführt, die denkmalgeschützt sind. Eine Schande!»

Dass die Panzerbesatzung eine fremde Invasionstruppe war, hatte er nicht bemerkt – besser gesagt, es ist ihm überhaupt nicht in den Sinn gekommen. Ein Offizier tauchte unterdessen im Panzerturm auf und studierte, ohne die Augen zu der Schimpfkanonade über ihm hochzuheben, verdrossen die Landkarte und verglich sie wahrscheinlich mit den topographischen Merkmalen um ihn herum (heiliger Nepomuk und Ähnliches). Nach einer eingehenden Prüfung zog er sich etwas ratlos in den Panzerturm zurück. Kurz darauf setzte sich der Tank in Bewegung, als hätte ihn der Kneipengänger verjagt. Im Spalier der barocken Heiligen und Märtyrer wankte einer der wenigen Landesverteidiger zufrieden davon.

Die Prager schätzen ausnahmslos die Allee der steinernen Gestalten auf der Brücke. Und nun mussten diese jahrhundertealten Kostbarkeiten, bloß aufgrund eines unzurechnungsfähigen militärischen Schwadronierens, eines offensichtlich überflüssigen Manövers im historischen Stadtkern, schwarze Dieselschwaden um sich wehen lassen.

Zwei Jahre mussten damals die Wehrpflichtigen (alle jungen

Männer über neunzehn) im grünen Soldatentuch verbringen. Und keiner, der es dann wieder auszog, zweifelte daran, dass sämtliche seiner Befehlshaber nur Idioten gewesen waren, einzig der Grad des Intelligenzmangels konnte möglicherweise differenzierter dargestellt werden. Der gleichgewichtsgestörte Mann hatte also keinen Grund, an seiner Manövertheorie zu zweifeln, und so entfernte er sich in einem fortdauernden Disput mit dem imaginären Generalstabschef, dabei schnellte mal sein linker, mal sein rechter Arm hoch.

Ich ging zum Wenzelsplatz. Die sowjetischen Panzer waren dort gegen das Nationalmuseum angetreten, weil sie das majestätische Gebäude mit der goldverzierten Kuppel für das Rundfunkhaus gehalten hatten, das aber ein wenig weiter oben stand, viel bescheidener erbaut. Maschinengewehrprojektile gruben sich in den altehrwürdigen Museumsverputz ein, als hätte er Windpocken gehabt. Als die stürmenden Panzergrenadiere ins Museum eindrangen, müssen sie die Vitrinen mit den Schmetterlingen und österreichischen Münzen erblickt haben. Auch den Wal unter der Decke, jedenfalls sein brüchiges Skelett, insofern sie ihre Köpfe Richtung Nacken verrenkten, so wie ich es als kleiner Junge getan hatte.

Einige junge Männer, die eine bessere Erziehung als ich genießen durften, hatten auf dem Platz den einen und anderen sowjetischen Panzer in Brand gesteckt. Eines dieser brennenden Monstren drehte sich herrenlos im Kreis gleich einem verwundeten Eisentier. Aus anderen Tanks sprangen Soldaten heraus, Erschossene lagen auf dem Boden, meistens Jugendliche. Aber ein Gemetzel fand nicht statt. Mit wem auch? Keine richtigen Gegner waren zur Stelle. Nur mehr oder weniger verschlafene Prager.

Ich ging die Vinohradská-Straße hoch. In der Nähe des eigentlichen Rundfunkhauses lagen Tausende von Glasscherben auf der Erde. Und auf ihnen angekohlte Bäume. Ein Plakat, das an einem Stamm aufgehängt war, kündigte auch für diesen Tag den Film *Kristian* an, er sollte noch die kommende Woche laufen.

Auf Lkws fuhren Jugendliche mit tschechoslowakischen Fahnen an mir vorbei. Die ersten Menschen gingen zur Arbeit, kleine Transistorgeräte am Ohr. Um die Panzer bildeten sich aufgeregte Menschentrauben. Die schulisch eingebläuten Russischkenntnisse kamen zum Einsatz. Den übermüdeten Soldaten wurde ständig erklärt, sie seien hier unnötig und unwillkommen, einfach überflüssig. Einige der Kahlgeschorenen in den hellgrünen Felduniformen gaben zur Antwort, sie wären doch in ein vom Bürgerkrieg betroffenes Land einmarschiert. Andere Soldaten wähnten sich in Westdeutschland oder meinten, die Westdeutschen wären dabei, die Tschechoslowakei zu überfallen, und sie hätten die Aufgabe, diese dabei aufzuhalten. Ich sprach mit einem besonders gebildeten Unteroffizier, der sich aufgrund des Aussichtsturms auf dem Petřín-Hügel in Paris vermutete.

«Prager Frühling» – unter diesem Namen wurde die reformistische Bewegung der tschechoslowakischen Kommunisten bekannt. Er dauerte vom 5. Januar 1968 (die Kommunistische Partei hat sich überraschend einen allgemein unbekannten, relativ jungen Mann namens Dubček als neuen Generalsekretär zugelegt) bis zu dieser Nacht vom 20. auf den 21. August.

Fast alle im Lande hielten in dieser Periode die Daumen, dass die Demokratisierung (so nannte man es) klappte. Die Motivation war natürlich jeweils unterschiedlich. Aber jeder mischte irgendwie mit. Ob es die Kommunisten waren, die sich erhofften, endlich mal zu zeigen, was ihre (angeblich) wirklichen, unverzerrten Absichten waren, oder die, die sich von ihnen seit Jahrzehnten unterjocht fühlten und sich einzig wünschten, mit der Zeit die kommunistischen Fürsten friedlich loszuwerden. Im Großen und Ganzen wollte man aber – und darin waren sich alle einig – die Pressezensur abschaffen und die Reisefreiheit einführen. Und man wollte sich den Ansatz einer allgemeinen Wahl leisten, mehr als einen solchen zu fordern, das wäre zu vermessen gewesen. Die politische Geheimpolizei wollte man entmachten. Eine unabhängige Justiz, etwas Würde beim Einkaufen und bei Behördengängen und die Möglichkeit, eine Bäckerei eröffnen zu können, wurden der Wunschliste hinzuaddiert. Es gab eine (mir unverständliche und wahrscheinlich kaum durchführbare) Wirtschaftsreform, die die verstaatlichten Betriebe, und das waren alle, in irgendeinen Typus marktwirtschaftlicher Art überführen sollte, aber ohne sie zu privatisieren. Auf diese Weise wollte man verhindern, dass zum Beispiel das Toilettenpapier zur Dauermangelware wurde.

Das Land verfiel über die Jahre der Diktatur für jedermann offensichtlich, und man wollte diese Situation irgendwie wieder ins Normale einrenken. Dieses Wort, «das Normale», sollte übrigens bald eine ungeahnte Karriere machen.

Die Kommunistische Partei, und somit das ganze Land, wurde von einem Politbüro (nur sehr, sehr entfernt mit einem Wettbüro verwandt) geführt. Heute hört sich dieser Begriff mysteriös an, aber über Jahrzehnte war er so gängig wie die Formulierung «eine Semmel» oder «ein Schuh». (Manchmal sogar fast noch alltäglicher, denn Schuhe und Semmeln gab es eben nicht immer.) Dieses zum Glück untergegangene Wort, das viele verhexte, klingt heute gar wie ein Schreibfehler.

Die sowjetischen Soldaten hatten damals kurzerhand die Mitglieder des Politbüros festgenommen, als sie in dieser Augustnacht tagten. Die Herrschaften mussten in ein Panzerfahrzeug einsteigen und wurden zum Flughafen gefahren. Dort steckte man die Staatslenker in ein Flugzeug und brachte sie außer Landes. Dies betraf aber nicht alle Mitglieder des Politbüros, sondern nur eine Auswahl. Ein anderer Teil der Männer (keine Frau brachte es damals so weit, in diese Hierarchie aufzusteigen) blieb zurück, man hatte sie zuvor geheim von der Invasion der Sowjets unterrichtet. Diese Eingeweihten sollten für jenen von Moskau heiß favorisierten Hilferuf sorgen. Und deswegen tagte man auch in der Nacht – um über die entsprechenden Anträge zu diskutieren. Der in der Tschechoslowakei wütenden Konterrevolution (auch eine äußerst spaßige Wendung dieser Jahre, zum Überdruss angeboten, mittlerweile nicht mehr hoch im Kurs) könne man nicht mehr allein Herr werden …

Die sowjetischen Soldaten mochten nämlich immer am liebsten zu Hilfe (der sie sich dann eben brüderlich nicht versagten) gerufen werden, dafür gab es eine gewisse Affinität bei der Führung. Als aber um 23 Uhr (*Kristian* hatte sich bereits zum Schlaf in die Filmdose gelegt, die ersten Truppen waren gerade in Prag gelandet, die anderen waren dabei, die Grenze zu überschreiten) dieser vorgefertigte Hilferuf in dem Wettbüro, ach pfui, Politbüro meine ich, zur Abstimmung auf den Tisch kam, hatte eine (unerwartete) Mehrheit, querköpfig und störrisch, dagegen gestimmt. (Diese wurde dann auch in Handfesseln ausgeflogen.) Die Eingeweihten aber, einmal in Aufruhr, wollten selbst sofort eine «Revolutionäre Bauern- und Arbeiterregierung» bilden und zu Taten übergehen (Konterrevolutionäre verhaften lassen). Aber dies scheiterte am Eigensinn des Präsidenten der Republik. Er lehnte es ab, sie zu ernennen. Seltsam, dass die schlichte Weigerung eines Präsidenten einer okkupierten Republik eine derart wuchtige Wirkung hatte. So, dass dann in dem Moment der sowjetische Botschafter in Prag, der ja letztlich entschied, was richtig sei und was nicht (ihm gehorchten unter anderem auch die Soldaten der Invasionstruppen, insgesamt eine Million Uniformierte), ungemein viel Wert auf die Unterschrift des greisen Präsidenten legte. Aus heutiger Perspektive vermute ich, dass der erzürnte Diplomat seine tschechoslowakischen Mitverschwörer in der obersten Regierungsliga, diese großmäuligen Aufschneider, die ihm alles Mögliche versprachen, wovon aber nichts glückte, bestrafen wollte. Er bescherte ihnen wahrlich schwere Stunden. Und da sie sich später, als es wieder ging, nicht an ihm rächen konnten, haben sie mit allen anderen, also mit der gesamten Bevölkerung, vorliebgenommen.

Man konnte aber vorerst sehen, mit welch großzügigem Gestus das Ganze geplant war. Es würde einen Hilferuf geben – oder eben keinen. Man würde eine revolutionäre Arbeiter- und Bauernregierung installieren – oder nicht. Das Universum ist eben tief und unergründlich. Obzwar nach einer wissenschaftlichen Theorie von Marx und Engels entstanden. Und der Hydra des Imperialismus würde man schon etwas abschlagen, aber was genau, das würde man bei entsprechender Gelegenheit noch bedenken.

~

Die folgenden Tage waren merkwürdig. Überall standen Panzer und Soldaten. Vor der Hauptpost, dem Funkhaus, dem Fernsehsender, vor der Staatsbank, dem Innenministerium, alles war umzingelt, auch der gesamte Burgbereich. Natürlich bewachte man die Brücken und sämtliche Ausfahrtsstraßen. Klar, das lernt man ja im ersten Jahrgang an einer Militärakademie: «Wie bekommt man die Hauptstadt des Feindes unter Kontrolle?» Um die Panzer versammelten sich wieder und wieder wehrlose, aber aufgebrachte Zivilisten, die auf die Soldaten einredeten.

Überall hingen, meist witzige, Plakate und Zettel, oft in Russisch. Das Land wurde bald von Hörfunksendern und Fernsehstationen dirigiert, die einem Phantom gleichkamen. Obwohl ständig von den Besatzern gesucht und manchmal auch gefunden, zogen sie immer neu um und verbreiteten Informationen, Kommentare und Anweisungen. Dabei hatte doch ein anderer sowjetischer Oberspion als zuständiger Generaldirektor genau um Mitternacht, als der 21. August begann, alle verfügbaren Sendeleitungen abschalten lassen. Heute, in der digitalen Zeit, in der jeder von seinem Rechner Unmengen von Nachrichten und anschließend noch eine hausgemachte Tanzrevue als Prämie in die gesamte Welt verschicken kann, klingt die Untergrundarbeit der Sender nach nichts. Aber damals war ein solches Vorgehen unglaublich. Es hatte etwas Spitzbübisches an sich, auch, technisch gesehen, etwas Phantastisches. Um es klar zu beschreiben: Das Land hatte 1968 einen einzigen Fernsehkanal, der in Schwarz-Weiß sendete, und drei Hörfunkstationen. Wenn man von einer Stadt in eine andere (nah gelegene) telefonieren wollte, ließ das Fräulein vom Amt, das dieses Gespräch vermittelte, einen fünfzehn Minuten, aber auch häufig drei Stunden warten.

Die fabelhaft improvisierten Sendungen verkündeten nun die Autokennzeichen der Geheimpolizisten, die mit den Okkupanten kollaborierten. Waren sie zu einer Verhaftung unterwegs, wurden sie dadurch selbst zu Flüchtigen. Sie versuchten zwar, nach Gangsterart, die Schilder mit den Autokennzeichen zu wechseln, aber kurz danach wurden wieder die neuen bekanntgegeben. Auch kam man auf die Idee, Straßenschilder ab- oder umzuhängen. Ähnlich verfuhr man mit den Hinweisschildern, auf denen die Ortsnamen standen. Keiner, vor allem nicht die Besatzer (sie konnten nicht nachfragen), kannten sich irgendwann noch in diesem Irrgarten aus. Auf diese Weise konstituierte sich eine eigenartige Parallelität. Da war die Okkupation, militärtechnisch bestens bewerkstelligt, und dort waren die Bürger, die es einfach ablehnten, dieser augenscheinlichen Tatsache (einer Besetzung des Landes mit einer Million fremder Soldaten) eine gesellschaftliche Gestaltungskraft zuzubilligen.

Die Besatzer schienen dann auch wirklich düpiert und in gewissem Sinne überfordert zu sein. Sie sollten ja die einheimischen «Verbündeten» an die Macht hieven, und als dies mangels Masse vorerst ausblieb, irrten die sowjetischen Invasoren irgendwie im luftleeren Raum. Überall standen auf den Kreuzungen die Ungetüme von Panzern, doch sie schienen eine gewisse Erschöpfung auszustrahlen. Die Gesellschaft radikalisierte sich inzwischen fröhlich in ihren Freiheitsforderungen (der Grund zur Mäßigung – Vorsicht, nur nicht die Sowjets zu viel reizen, sonst marschieren sie noch ein –, fiel ja weg) und wähnte sich plötzlich am längeren Hebel. Doch das war eine Illusion. Aber eine sehr starke. Und da vieles eine Illusion ist, hängt am Ende alles von dem Maß der Anerkennung derselben als Wirklichkeit ab. Selbst die Minister der geplanten Arbeiter- und Bauernregierung, die sich zu Anfang schon hinter den schönen neuen Schreibtischen sahen, kamen ins Schwitzen. Manche bereuten ihren anfänglichen Übermut, wurden wankelmütig und nahmen verschreckt ihre Wetten auf die Sowjets zurück, was sie dann in vierzehn Tagen aber wieder bitter bereuten.

Für ein paar Tage zog ich in die Laubova-Straße, in die Wohnung meines besten Freundes P. Eigentlich kam ich nur vorbei, um mit ihm zu reden, aber er war nicht da. Ich traf einzig seine Mutter an, die gerade dabei war, einen köstlichen Zwetschgenkuchen zu backen. Sie erwartete Familienbesuch von auswärts, der aber ausblieb. Selbstlos übernahm ich die Rolle des Schleckermäulchens, das sich gern beköstigen ließ. Aufgrund des nächtlichen Ausgehverbots musste ich dort schlafen. Die Leuchtgeschosse kreuzten den Himmel, für wen auch immer sie bestimmt waren.

Ich blieb auch am nächsten Tag bei der Mutter meines Freundes P. – um in der Nähe von M. G. zu sein. Wohlweislich hatte ich auch den tragbaren, batteriebetriebenen Plattenspieler mitgebracht. Ich hatte nämlich geahnt – viel Klugheit brauchte man nicht dazu –, dass aus dem Picknick nichts werden würde. Aufgeschoben bedeutete aber nicht aufgehoben, wenn ich auch nicht mit einer so langen Wartezeit gerechnet habe. Ganze zwanzig Jahre. Nein, einundzwanzig.

Ich nahm also auf meiner Wanderung durch die Stadt meinen Plattenspieler mit. Wenn auch aus dem musikalischen Nachmittag im Gras nichts werden würde, so konnte ich ihn M. G. wenigstens vorübergehend (einundzwanzig Jahre) leihen. Auf diese Weise konnte sie, das war mein Gedanke, in ihrem Zimmer das nächtliche Ausgehverbot besser ertragen. Ich hoffte insgeheim, dass sie, wenn die Geschosse krachen und leuchten würden, meine Platte mit dem Gesang von John Lennon («Help!») abspielen würde, und ich würde dann Teil dieses melancholischen Kratzens der Nadel sein (wenn das Lied vorbei ist und die Nadel am Ende der Platte die Töne vergeblich sucht).

Ich entschied mich dann dafür, aufs Land zu meiner Mutter und zu meinem Bruder zu fahren. Es hätte sonst keine andere Möglichkeit gegeben, mit ihnen in Kontakt zu kommen. Der Optimismus der Großstadt war hier gedämpfter.

Es fehlte die Droge einer einvernehmlichen Menge. Aber auch hier waren die Wegweiser komplett abmontiert, obwohl weit und breit keine Panzer zu sehen waren. Meine Mutter meinte, wenn sich die Situation nicht zum Guten wenden würde, sollten wir das Land verlassen. Sie wolle es nicht noch einmal erleben, den richtigen Moment verpasst zu haben. Gestern Nacht hätte sie in der Kurve der nahen Landstraße eine schwarze Limousine beobachtet. Erst stand der Wagen einfach da, dann fuhr er auf einmal los. Es sei ihr mulmig dabei geworden, sagte meine Mama. Bei dem Anblick der still wartenden Limousine. Die Scheinwerfer, die ausgingen, sodass das Auto in der Dunkelheit fast kaum zu erkennen war. Wie eine dicke hungrige Schlange hätte es da gelauert. Dann wären die Scheinwerfer wieder angegangen, und der Motor sei angesprungen. (Dabei war es vielleicht, denke ich heute, nur ein Liebespaar gewesen, das ein Nachtpicknick geplant hatte.)

Sie wolle es nicht noch einmal erleben, in einer Falle zu sitzen, wiederholte Maminka. Mir kam es jedoch unwahrscheinlich vor, dass sich nicht alles zum Guten wenden sollte. Verdammt nochmal, warum denn nicht?

Im Großen und Ganzen konzentrierten sich die Forderungen der Bevölkerung, die an jeder Wand hingen, darauf, dass die fremden Truppen abziehen und die entführten Potentaten zurückgeholt werden sollten. Deren Porträts waren an vielen Häusern angebracht, immer schön zusammen, keiner wurde vergessen oder herausgehoben. Sie waren zu einem Symbol des Widerstands geworden. Was aber nicht gut überlegt war. So bahnte sich nämlich ein Geschäft an, das uns teuer zu stehen kam. Wohin ich auch heute blicke, ich sehe kaum einen Menschen, der nicht zu den Nettozahlern dieser Zeit gerechnet werden muss, auch wenn er dies längst vergessen haben sollte.

Ich kann mich entsinnen, dass es sich bei den Entführten um fünf Männer gehandelt hatte, aber nur vier davon tauchen in meiner Erinnerung auf. Peinlich. Die Namen wurden damals doch fast wie ein Mantra überall vorgebetet. Aber es bleiben nur vier Personen. Der sympathische Generalsekretär der Kommunistischen Partei, Alexander Dubček. Dann ein Herr Oldřich Černik, der Premier des Landes, ein kleiner Glatzkopf, der mir nicht besonders nachteilig in Erinnerung geblieben ist. Weiter ein Herr Josef Smrkovský, der in jenen Tagen ziemlich populär gewesen war. Schon allein wegen seiner hageren Gestalt, da man aus früheren Politbüro-Zeiten nur dickleibigere Männer gewöhnt war. Aber auch aufgrund seiner rauen Stimme, mit der er verkündet hatte, dass man in einer Zeitung doch alles Gewünschte schreiben sollte – oder wenigstens beinahe alles. Übrigens, damit kein falsches Bild entsteht, Dubček und Černik waren auch eher schlank gewesen.

Der Letzte in dieser Reihe war ein gewisser František Kriegel. Diese Person hatte für mich eine spezielle Exklusivität. Laut seiner Biographie war er im selben fernen polnischen Städtchen zur Welt gekommen wie mein Vater. Stanisławów. Herr Kriegel wanderte aus Stanisławów in die Erste Republik ein, um in Prag Medizin zu studieren.

Diesen vier Männern (und dem fünften, den ich nicht mehr in Erinnerung habe) hatte man also gleich zu Beginn des Ganzen die Augen verbunden und sie in einem Flugzeug in die Weiten Russlands transportiert. Hier mussten sie in irgendwelchen Holzhütten ausharren, nicht wissend, was ihr weiteres Schicksal sein würde. Bei einer Konterrevolution – ein äußerst furchterregender Terminus technicus –, die sie, so der an sie gerichtete Vorwurf, zugelassen hätten, konnte dies auch ein Todesurteil sein. Ein Konterrevolutionär war ein Monster an sich. Dieses Fabelwesen meiner Jugend spukte kontinuierlich in der Parteipresse herum. Ein Dämon, ein giftiger Zwerg, ein höllischer Tausendfüßler und Tausendarmer, der jedem nach der Kehle greift und nach vampirischer Art aus einem Menschen einen weiteren Konterrevolutionär macht.

Während die Tage dahinflogen und wir Bezwungenen uns zwischen den herumstehenden Panzern immer siegreicher fühlten und auch so benahmen, wurden diese vier (fünf) Sünder, diese Ketzer und Todeskandidaten aus ihrem provisorischen Gefängnis geholt. Man brachte sie, die plötzlich als eine Delegation in Erscheinung traten, nach Moskau. In den Kreml, in den innersten Kern des innersten Zentrums, hier wollte man mit ihnen in Verhandlungen treten.

Das hatte ein Vorspiel, ein kompliziertes und skurriles ...

Aber mir kommt der Gedanke, es würde zu weit führen, sämtliche Einzelheiten, Blamagen und Verquickungen der verschwunden geglaubten Tage hier aufzuführen und sie aus dem riesigen Sack der plötzlich, beinahe krankhaft präsenten Erinnerung zu holen.

Aber das dann doch noch: Der Präsident der Republik (Ludvík Svoboda hieß er übrigens, ein Exgeneral und Chef der Legionärseinheit meines Vaters) flog auf eigenen Wunsch nach Moskau, angeblich, um die Verhafteten heimzuholen. Als er nach seiner Ankunft auf dem Flugfeld einen roten Teppich abschritt, wurde er mit einem dreimaligen «Hurra, Hurra, Hurra!» der strammstehenden Ehrenkompanie begrüßt, anschließend umarmte ihn Breschnew, der momentan die Republik des werten Staatsgastes okkupieren ließ. Sie küssten sich wie zwei Menschen, die sich sehr nahestanden und die sich aber seit vielen, so unendlich trostlosen Jahren nicht sehen konnten. (Wie konnte man das bloß aushalten?) Sie stiegen, beinahe Hand in Hand, in eine offene Limousine ein. Als sie durch Moskau fuhren, wurden die beiden Männer von den Massen, die die Fahrbahn säumten, mit Fähnchen bejubelt. Der Präsident grüßte manierlich zurück. Dabei machte er, rein ästhetisch gesehen (aber wirklich nur unter diesem Gesichtspunkt), eine viel bessere Figur als sein Gastgeber, der ein völlig aufgequollenes Antlitz hatte.

Und beim Anblick dieser Bilder, die auch gleich im «Untergrund-Fernsehen» ausgestrahlt wurden, beschlich mich ein mulmiges Gefühl – die Möglichkeit, es könnte ja alles gar nicht gut ausgehen, wurde auf einmal greifbar.

Noch erwähnen möchte ich aber auf jeden Fall die zum Leben erweckende Injektionsspritze (schon wieder eine, siehe Herrn Hácha bei seinem Spurt um den Tisch im Reichskanzlerlamt), die man Generalsekretär Dubček verabreichen musste, weil er (ohne, soweit mir bekannt, irgendwo herumzulaufen) während der Verhandlungen in Kreml zusammengebrochen war.

Mit einem Flugzeug weggeflogen, mit einem anderen wieder eingeflogen. Die vormals Entführten, nun zu einer Staatsdelegation aufgestiegen, kehrten nach den «Verhandlungen» im Kreml zurück. In der Tasche trugen sie ein Papierstück, das man Protokoll nannte und das sie nur stückweise herausrückten. Verständlich, denn das Wort «Kapitulationsunterzeichnung» wäre dafür der einzig richtige Ausdruck gewesen. Andererseits – auch eine Kapitulation muss protokolliert werden.

Ich hörte Generalsekretär Alexander Dubček im Radio. Er hielt eine Rede an die Nation. Ich, immer noch ein Sieger in spe, war in diesem Moment nicht darauf vorbereitet, dass es so hart kommen würde. Er sprach zu uns über einen wieder fest installierten Sender, die Zeiten des anarchistischen Umherwanderns waren vorbei. Er sprach am 30. August 1968. Er, der gerettete Staatsmann, schluchzte erbärmlich. Und machte dann, damit er sich fangen konnte, quälend lange Pausen. Beinahe meinte man schon, das eigene Radiogerät sei kaputt, aber im nächsten Moment stotterte er dann wieder los.

Und damit war es spürbar und fühlbar geworden, gleich dem Gestank einer Umweltkatastrophe. Der Zauber eines vermeintlichen Triumphs war verflogen. Mit zwei wuchtigen Flügelschlägen hatte sich das Mysterium, das uns bis dahin euphorisierte, von der Erde abgestoßen und ließ uns im Matsch zurück. Auf einmal waren die Tatsachen wieder Tatsachen, Panzer nichts anderes als Panzer und ein Politbüro ein Politbüro. Mit anderen Worten: Schwach war schwach, stark war stark, und Ordnung musste sein.

Nur Herr Kriegel aus Stanisławów lehnte es ab, dieses Papier (Protokoll oder Kapitulation) zu unterschreiben. Man ließ ihn trotzdem nach Prag zurückreisen, obwohl das sowjetische Politbüro angeblich einhellig formuliert haben soll, man möge doch diesen polnischen Juden, der immerzu nur Ärger machen würde, einfach dalassen, zu lange hätte er schon im Bruderland herumgespukt. Die Politbürokollegen des polnischen Juden fassten sich jedoch ein Herz und gaben zu verstehen, sie würden ohne ihn nicht abfliegen.

Zuvor hatten diese Männer aber ebendas Moskauer Protokoll unterschrieben, in dem der weitere Verfall des Landes (und man war diesbezüglich schon vorher recht tief unten angekommen) festgeschrieben wurde. Die Besatzungstruppen stationierte man dann «vorübergehend» (mithin zweiundzwanzig Jahre) in der Republik.

Den Personen (den Verschwörern, den Hilferufern), die für die späteren Protokollunterzeichner gleich in der Nacht zum 21. August drastische Gefängnisstrafen vorgesehen hatten, wurde ein kontinuierlicher und pausenloser Verbleib in höchsten Staatspositionen zugesichert. Und uns, den anderen, die durch die Untergrund-Sendungen, die Plakate, das Installieren und Improvisieren der parallelen Staatsmacht oder auch nur durch das unbeugsame Ignorieren der Okkupation die Heimkehr der Verschleppten ertrotzten, denen wurden vertraglich äußerst karge Zeiten zugesichert.

Die Sprüche auf den Häuserwänden wurden übermalt, und die Straßen erhielten ihre Namen zurück.

In dieser schwermütigen Situation entbrannte ein linguistischer Disput. Niemand hätte anfangs vermutet, welche Sogkraft sich aus einer konträren Wortauslegung, aus einer strittigen Zuordnung eines geläufigen Begriffs entwickeln konnte. Ein eher unauffälliges, diffuses Wort machte «Karriere». Nachdem sich das Desaster der Niederlage nach kleinen listigen Umwegen dann erst doch 1969 endgültig für ewige Jahre im Land eingenistet hatte, erhielt es fortan die offizielle Bezeichnung «Normalisierung». Die amtliche und gewaltige Wiedereinführung alter Schlechtigkeiten wurde mit der allgegenwärtigen Kraft des Medialen zur «Normalisierung» deklariert. Das Wort marschierte geschlossen von sämtlichen Rednertribünen. Es füllte die Druckspalten. Und zur «Normalisierung» musste man sich reumütig bekennen. Meistens schriftlich, und zwar bei seinem staatlichen (aber einen anderen gab es nicht) Arbeitgeber – falls man nicht für den Rest des Berufslebens im Badezimmer zwischen dem Heißwasserboiler und der Badewanne hin- und herspazieren wollte, wie etwa Herr Holubář. Man hatte dieser Sprachregelung vor einer Kommission zuzunicken – oder sich in ein unbequemes Abseits zu begeben.

Diese zwanzigjährige Ära der «Normalisierung» ist als eine historische Epoche zu sehen, wenn auch als keine besonders beliebte.

~

Kürzlich stieß ich in einer unauffälligen Prager Gasse auf eine verstaubte Tafel, sie wies auf ein «Amt für Normalisierung» hin. Wahrscheinlich waren damit nur Kanzleien gemeint, in denen man dafür sorgte, dass Schrauben und Rohrdurchmesser eine uniforme Maßgabe einhielten. Oder? Was für ein Amt konnte es sonst noch sein? Das aber überlegte ich erst, nachdem ich etwas verstört die Tafel passiert hatte. Ein «Amt für Normalisierung»! Obwohl ich gleich umkehrte, fand ich die Gasse nicht wieder. Auch nicht nach längerem Suchen. Und das in einer Gegend, in der ich eigentlich jeglichen Flecken an der Häuserwand zu kennen glaubte.

Weil ich wissen wollte, ob es eine Halluzination oder keine war, begab ich mich, zu Hause angekommen, sofort ins Internet. Das Amt war auf diese Weise schnell gefunden. Die Websites waren nur teilweise informativ. Was im Amt genau vor sich geht, wurde für mich nicht ganz klar – vielleicht setzte man das Wissen darüber einfach voraus. Dafür waren die Abteilungsleiter und ihre Stellvertreter wie auch die Sekretariate übersichtlich aufgeführt. Sehr überraschend war für mich der Name des Leiters für Druckwesen: Er heißt Jindřich Mann. So wie ich. Sein Geburtsdatum wurde im Internet diskret verschwiegen. Aber sollte es mit meinem – also seinem – identisch sein, mich hätte es nicht wirklich verwundert. Keinesfalls! War ich denn etwa nicht am 31. August 1968, fast widerwillig, mit meiner Mutter und meinem Bruder nach Wien gefahren? Und von dort aus weiter? Für knappe einundzwanzig Jahre? Hatte ich dies vielleicht nur geträumt? Das war durchaus möglich, ja.

Es existieren die sogenannten Emigrantenträume. Ich habe keinen Flüchtling getroffen, der sie nicht träumte. In einem solchen Traum fährt man endlich heim. Am Anfang erlebt man Freude, aber nur kurz, dann wird es unbehaglich. Es ist alles nicht so, wie man es sich zuvor im Traum erträumt hatte. Und man kann nicht erneut verschwinden, obwohl man es sich plötzlich sehr wünscht. Das ist nicht mehr möglich. Man besitzt nämlich keinen Reisepass. Vielleicht hatte man ja auch vorher keinen, aber da hatte es niemand gemerkt. Und jetzt, die Verhaftung naht, bereut der Träumende, in seinem dummen Emigranten-(Alb-)Traum dem Heimweh nachgegeben zu haben.

Diejenigen, die nicht emigriert sind, hatten vielleicht ähnliche Träume, nur mit umgekehrten Vorzeichen. Diese Nachtträume der Nichtemigranten sind weniger bekannt, weil die Träumer sie in den härtesten Zeiten sogar vor sich selbst verheimlicht haben. Auf diese Weise wollten sie verhindern, überflüssige Schwierigkeiten mit der Polizei zu bekommen.

Und einen solchen Traum träumte ich. Ein lebendiger Traum war es. Sehr plastisch. Mit skurrilen Einzelheiten gewürzt und gespickt, die mir in einem wachen Zustand nie in dieser Form eingefallen wären. So farbig und verwoben, so echt. Ich verließ das Land. Mit dem Zug. Die eigenwilligsten Sachen erlebte ich im Ausland, es handelte sich ja auch um einen Traum. Ich ging durch eine Stadt, und diese Stadt war eingemauert. Kalt war es, und jemand hatte einen Bruder, der zu schön war. Jemand schrie in dieser Stadt auch noch «Ho-Ho-Ho-Chi-Minh». Um das zu hören, hätte ich doch nicht emigrieren müssen, sagte ich mir noch in meinem Traum, bevor ich endlich aufwachte. Sehr benommen. Das war kein Wunder bei solch wüsten Träumereien.

Nach dem Aufstehen frühstückte ich und machte mich auf den Weg. Ins Amt. Ich fuhr dorthin mit der Elektrischen, in der man in der Traube der Sitzlosen durch den Morgen geschüttelt wird. Für mich war das Schaukeln der Tram aber hilfreich, so wurde ich allmählich ganz wach. Schön gemütlich war es in meinem Amt für Normalisierung. Seit Jahren hatte ich nette Kollegen. Einzig vor einem fürchtete ich mich allerdings ein wenig. Aber nicht ich allein. Dagegen hatte das Lachen einer Kollegin aus der Abteilung 5-IIA, die dann aber leider verzog, wehmütige Sehnsüchte in mir geweckt. Die sich aber nie erfüllten. Aber das können Sehnsüchte sowieso kaum bewerkstelligen. Sich erfüllen. Dies ist nicht deren Angelegenheit. Trotzdem, andere Sehnsüchte schafften es wiederum, dass sie keine mehr sind.

Sehr überrascht war ich, als ich, Jahre später natürlich, im Internet surfend, auf einen Menschen namens Jindřich Mann stieß. So ein Zufall. Er hätte, so konnte ich einer Website entnehmen, lange Jahre in Deutschland gelebt. Ich fand das sehr komisch.

Ich werde ihn, Jindřich Mann, demnächst anrufen und ihn um ein Rendezvous bitten. Im Spiegelkabinett auf dem Petřín-Hügel. Ob er es auch kennt? Ich ging ja so gern hin! Wir treffen uns entweder vor einem der lustigen und spaßigen Zerrspiegel oder, nein, besser, direkt im Labyrinth.

22
DREIMAL WIEN, EINFACH

Wir sind am 1. September (normalerweise der Tag, an dem die Schule beginnt, hier fing nun was anderes an) 1968 aus Prag abgefahren. Mit der Bahn nach Wien. Dahinter stand die Überlegung, die österreichische Grenze würde von den tschechoslowakischen Grenzpolizisten lässiger kontrolliert werden als die nach Westdeutschland.

Mein Vater war zu dieser Zeit gerade wegen Arbeitsverhandlungen in München (was seit langem ausgemacht war). Man rechnete stündlich damit, dass die Grenzen geschlossen werden. (So drastisch handhabe man das aber erst im nächsten Jahr, da wurden sämtliche Pässe ungültig, und niemand durfte das Land ohne eine weitere Sondergenehmigung, die jetzt zu den ansonsten sowieso schon notwendigen hinzukam, verlassen. Diese «Zeitverschiebung» des erwarteten «Zuschnappens» war eine kleine Tücke, die die Menschenschicksale noch zusätzlich durcheinanderwirbelte.)

Aus dem Schlot der Lok, sie war noch nicht elektrisch betrieben, rauchte es nahezu melancholisch. Der weiße Dampf flog an den Zugfenstern vorbei und blieb zurück in Prag. In dem Zug saßen ohne Ausnahme Emigranten, die wie Urlaubsreisende getarnt waren. Einige hatten ein Köfferchen bei sich, andere insgesamt drei Taschen. Pathetische Worte wurden in einigen Abteilen ausgetauscht, in anderen flossen Bier oder

Tränen. Man traf Bekannte, Freunde von Bekannten, die unerwarteten Begegnungen wollten nicht enden. «Was, du bist auch in diesem Zug? Wohin soll es gehen? Mannheim? USA? Australien? Oder zur Tante nach Dänemark?»

Vor der Grenze kam eine Unruhe auf, die aber nichts Ungewöhnliches war. Sie trat immer auf, wenn man sich einem Schlagbaum näherte. Jeder Grenzübertritt hatte etwas Halbseidenes und Verruchtes an sich, auch wenn man die eigene Reisetasche mit Hunderttausenden von Ausreisestempeln und Geleitbriefen vollgestopft hatte. Man hatte dieses Bangen irgendwie im Blut – und ein wenig ist es noch immer da.

Die Abfertigung verlief reibungslos. Zum Glück besaßen wir österreichische Einreisevisa, die erst vor einigen Tagen ausgestellt worden waren. Und das, obwohl der damalige Außenminister und spätere Bundespräsident Kurt Waldheim (auf ihn wartete noch viel Ärger) eine Anweisung an die Österreichische Botschaft in Prag gekabelt hatte, ab sofort keine Sichtvermerke mehr auszustellen. Der Botschafter lehnte es aber ab, der Anweisung Folge zu leisten.

Am Wiener Ostbahnhof wartete das Fernsehen auf die Ankommenden aus der Tschechoslowakei. Ich sah, wie aus dem Zug eine ältere, verhutzelte Frau stieg, einen Korb mit schnatternden Gänsen unter dem Arm. Sie, für mich eine absolut unwahrscheinliche, geradezu sagenhafte Erscheinung, war für die Fernsehleute natürlich der Star.

In Wien übernachteten wir, am nächsten Tag ging die Reise aber weiter nach München. Für meine Mutter war es eine Rückkehr in ihre Heimatstadt nach fünfunddreißig Jahren. (Was mir überhaupt nicht bewusst war und was sie mit keinem Seufzer erwähnte.)

Der Grund zu dieser Flucht wurde familienintern nie richtig benannt. Lebensgefahr drohte nicht, Gefängnis auch kaum. Gut, ein wenig Vorsicht war immer angebracht, denn die Listen, auf denen die Personen standen, die unter Umständen verhaftet werden sollten, konnten anlässlich solcher Gelegenheiten mitunter sehr kreativ ausgearbeitet werden.

Meine Eltern – und ich erst recht nicht – waren aber mit Sicherheit keine besonders bedrohten Aktivisten der niedergerungenen «Reformen» gewesen. Doch das waren die wenigsten von den rund 200 000 Tschechoslowaken, die das Land verließen. In die Emigration gingen viele Exkommunisten, die emsige fünfzehn Jahre lang versucht hatten, Reformen durchzusetzen. Sie waren der Ansicht, dass es einen zweiten Anlauf nicht geben würde – zumindest nicht mehr für sie. In die Emigration gingen Menschen, die nach der kommunistischen Machtübernahme schon einmal in Haft gewesen waren. In die Emigration gingen Menschen, denen es nicht gestattet worden war, in den fünfziger Jahren ihr Abitur zu machen, weil der Vater Inhaber eines Brillengeschäfts gewesen war oder ein Müller mit einer eigenen Mühle oder ein Dozent der Philosophie. In die Emigration gingen junge Menschen, die den Lebensweg ihrer Eltern nicht gehen wollten.

Die Zahl der geflüchteten Tschechoslowaken wäre wesentlich höher gewesen, wenn nicht einige von ihnen wieder zurückgekehrt wären. Die Entscheidung zur Emigration wurde deshalb oftmals korrigiert, weil das alte neue Regime keine eindeutigen Maßgaben verkündete. Somit herrschte in dem Jahr, in dem sich die Regierung konsolidierte, Verwirrung. Vorerst wurden die «Ausreisevisa» (die jeder tschechoslowakische Bürger in dem Reisepass zusätzlich vorweisen musste, wollte er die eigene Staatsgrenze passieren) ohne größere Schwierigkeiten (auch auf den Konsulaten) verlängert. Auf diese Weise konnte der endgültige Entschluss, das Land zu verlassen, vor sich hergeschoben werden. Erst wenn dieses elende Ausreisevisum nicht gültig war, hielt man sich «illegal» im Ausland auf, inklusive aller damit verbundenen Konsequenzen. Im Grunde war dieses Jahr ein einziges Drama, denn immer sprach etwas für die Emigration und immer auch etwas dagegen. Man hatte Mut, aber auch Angst, man dachte an die Zukunft der Kinder, aber auch an die der zurückgelassenen Eltern. Und was würde mit der Schwester geschehen, wenn bekannt wurde, dass der Bruder emigriert war? Wahrscheinlich würde man sie von ihrer Arbeitsstelle entlassen. Und dann gab es noch die Liebe, die Sprache, die Obstbäume im Garten. Jeder plagte sich entsetzlich mit solchen Gedanken ab, und bei jedem blieb eine Narbe, manchmal eine sehr tiefe.

Ich kannte Menschen, für die kam die Emigration überhaupt nicht in Frage – obwohl sie zu Hause nur grobe Schikane erwartete, was sie wussten, und die im Ausland zweifelsohne zu Ruhm und Geld gekommen wären, was sie ebenso wussten (beispielsweise einige Wissenschaftler). Ich kannte aber auch Menschen, die in der Heimat mit Anerkennung und frei von materiellen Sorgen hätten leben können und trotzdem ins Ausland gingen, obwohl ihnen klar war, es würde mehr oder weniger karg werden (der eine oder andere Künstler). Jeder musste es für sich entscheiden, intuitiv, sofort, zögerlich, unter dem Aspekt der Vernunft, knobelnd, lange nachdenkend, im Rausch des Augenblicks oder nach einer quälenden Abwägung.

In den sozialistischen Ländern gab es gewichtige Nuancen in der Behandlung der eigenen Bürger, die «unerlaubt» im Ausland lebten. Die Tschechoslowakei war in dieser Hinsicht besonders rigoros. Man wusste, nachdem die Entscheidung gefallen war, würde man jahrelang nicht nach Hause dürfen, nicht einmal für einen flüchtigen Moment. Dagegen war der Verlust von Eigentum fast nebensächlich.

Nur so manche junge Frau schlug der Bürokratie ein Schnippchen, indem sie im Ausland heiratete und dadurch ihren Aufenthalt dort «legalisierte». Eine solche «Legalisierte», eine hübsche Blondine, die sich einem etwas dubiosen Millionär anvertraut hatte, half uns dabei, einen Teil unserer Möbel als «ihr Umzugsgut» zu deklarieren und von Prag aus nach München zu schaffen. Das gelang in einer komplizierten Aktion, die Maminka, so nebenbei, wie immer, hinter der Bühne arrangierte.

~

Es gibt im Tschechischen die Wendung von einer «feschen Haft». Diese wird für jemanden angewendet, der nicht in ein dunkles Loch eingesperrt, sondern an einem lichten Ort festgehalten wird, mit bester Verköstigung, exzellenten Weinen und sonstigem Amüsement. Ich hatte eine recht «fesche Emigration». Zumindest die ersten vier Wochen. Vom Münchener Hauptbahnhof fuhren wir mit dem Taxi zum Hotel Regina Palast. Mein Vater und der bekannte deutsche Filmregisseur und Produzent K.H. wollten zusammen ein Drehbuch schreiben (am Ende wurde aus dem Projekt nichts), weshalb die Hotelunterkunft für meinen Vater schon seit längerem im Regina Palast vereinbart gewesen war. Dass wir, in unserer neuen Lage, von der Produktion eingeladen wurden, dorthin nachzukommen, galt als selbstverständlich. Nach Ablauf dieser Zeit wurden wir vom Hotel noch für weitere vierzehn Tage auf Kosten des Hauses beherbergt. (Die Tschechoslowaken waren kurzzeitig hoch im Kurs. Als mein Vater in dem kleinen Park vor dem Hotel von einem Straßenräuber überfallen wurde, hatte dieser, nachdem sich der Vater als Tscheche zu erkennen gab, von seinen räuberischen Intentionen abgelassen.)

Es war also wirklich nicht schlecht um uns bestellt, und das Leben bot uns eine gewisse Unbeschwertheit in diesen schweren Zeiten. An mir glitt sie, und alles sonst auch, vorbei, so wie eine Landschaft während einer Fahrt durch dichten Regen und noch dichteren Nebel, in Melancholie verhüllt, unerkannt bleibt.

Wir zogen dann aus dem Hotel zu einem Bekannten, der uns sein kleines Reihenhaus überließ (er wollte bis zum Winter auf dem Land in Oberbayern bleiben), anschließend fanden meine Eltern ein ähnliches Haus in der Nähe zur Miete.

Mein Vater hatte bereits gute Kontakte zum Bayerischen Rundfunk, man nahm dort (und später auch bei anderen Sendern) gern seine Hörspiele an, er schrieb Märchen, Fernsehgeschichten. Er arbeitete viel, wobei dieses Arbeiten oft wie eine spielerische Improvisation wirkte. Es sah gar nicht so effektiv aus, wie es eigentlich aber über Jahrzehnte hinweg letztlich war. Mein Vater war (im Rahmen des Möglichen) richtig erfolgreich. Er hatte jedoch eine große Sehnsucht nach Menschen und der Lebensart, die für ihn hinter der Grenze zurückgeblieben waren. Er wusste, es würde das Land nie wiedersehen. Selten aber ließ er davon etwas verlauten. Ich kann mich nicht erinnern, dass ich ihn jemals jammern oder klagen gehört hätte, nicht einmal mit irgendwelchen bedeutungsvollen Blicken und Seufzern. Obwohl er durch die Emigration in vieler Hinsicht herbe Verluste hatte hinnehmen müssen.

Die Mutter mochte das neue Abenteuer, und heute habe ich, rückblickend, das Gefühl, sie lebte eigentlich in dieser Zeit ziemlich auf.

Ich selber zog im Winter 1969 Jahr nach West-Berlin, und schon vorher lebte ich kaum mehr zu Hause bei den Eltern.

23
PRAG, POSTE RESTANTE

Flüchtlinge und Emigranten, die aus einem Land, das man mit einiger Übertreibung «das eigene» nennt, in ein anderes kommen und in das erste nicht wieder zurückdürfen, werden dann in einer bestimmten Zeit von Nachtreisen aufgesucht, wobei es sich bei dieser Erscheinung nicht um ein singuläres Erlebnis handelt (wie ich zuerst dachte), es hat den Charakter einer Epidemie (wie ich dann überrascht erfuhr).

In einer der vielen Variationen eines solches Serientraumes befand ich mich einmal in einem großen, überdachten Lichthof, der mir allmählich immer vertrauter vorkam: das Hauptpostamt in Prag. Überall an den Schaltern standen lange Schlangen. Vor Trennscheiben aus Glas, die die Postbeamten vor den Menschen, die Pakete, Briefe und Geldanweisungen abgeben wollten, schützten. Öfter wurden die Kunden wegen einer fehlerhaften Ausführung in einem Formular mit einer lässigen Bewegung seitens der Beamten zurück ans Ende der Schlange geschickt. An einem der Schalter war es aber leer. Ich ging zu diesem hin. Wohl wissend, ich sollte es besser nicht tun. Ich fragte den kaum erkennbaren Beamten – die Trennscheibe bestand aus Milchglas –, ob für mich eine Sendung vorliegen würde. Postlagernd. Poste restante, wie man in Prag seit Ewigkeiten sagt. «Mann, Prag, poste restante», wiederholte ich. Und das Unbehagen, welches ich von Anbeginn hatte, wie bei dem Besuch eines unsympathischen Verwandten, war auf einmal in aller Deutlichkeit da. Gleichzeitig hoffte ich, der Brief würde mir ausgehändigt werden, noch bevor dieses beklemmende Gefühl durch Tatsachen bestätigt werden würde.

Der Beamte verlangte nach einem Ausweis. Ich fischte aus meiner Brusttasche den «Deutschen Fremdenpass», und sobald ich diesen durch den unteren Spalt schob, wusste ich, dass ich einen Fehler gemacht hatte. Mit einem solchen Pass hätte ich nie einreisen dürfen, und ohne ein Visum erst recht nicht! Ich zweifelte nicht daran, dass der Postbeamte dies wusste, auch nicht an seiner Loyalität zur Staatssicherheitsbehörde. Ich drehte mich augenblicklich um und ging durch den Lichthof davon. Ohne den Brief in der Hand, dafür noch immer im Land meiner vielen Sehnsüchte anwesend. Aber es freute mich überhaupt nicht mehr, diese erträumte und geträumte Anwesenheit! Fiebrig, in einer sich steigernden Panik, dachte ich einzig daran, wie ich noch einmal über die Grenze wegkommen könnte. Zum letzten Mal, bitte!

Diese versponnene Idee von einem Brief, der auf mich in Prag warten würde, hatte mir der Portier aus dem Hotel Regina Palast in den Kopf gesetzt. Er war ein gebildeter Herr, bestens mit den Sitten und den notwendigen Umgangsformen vertraut, weder zu devot noch zu burschikos. Ein Mann, der seinen Platz gefunden hatte, an der Rezeption eines Hotels der Extraklasse – eine der besten Adressen, die man in München im Herbst 1968 haben konnte.

Dieser Hotelportier hatte also den extravaganten «poste-restante-Einfall» zu einer Zeit, da waren wir schon längst keine Hotelgäste mehr. Doch ich kam gelegentlich vorbei, wenn ich von einem kleinen schäbigen Café in der Rochusstraße

Richtung Stachus ging. In der geräumigen Hotelhalle wollte ich nach unserem Bekannten der ersten Stunde schauen. Als er mich bei einer solchen Begegnung unpassend melancholisch vor sich zu sehen glaubte, sagte er mir: «Sie werden einmal wieder nach Prag zurückkehren, da sollten Sie bitte keine Zweifel hegen.»

«Wieso?», seufzte ich.

«Begrüßen Sie sich doch in Prag!», sagte er nach einem kurzen Schweigen.

«Wie?»

«Schreiben Sie einen Brief. Heißen Sie sich darin in Prag herzlich willkommen. Sie werden wissen, dass der Brief dort auf Sie wartet. Damit wird die Sache für die Zukunft offiziell besiegelt, und Sie brauchen keine Skepsis in diesbezüglicher Angelegenheit mehr zu verspüren. Sie können in dem Schreiben meinetwegen auch erwähnen, dass Sie gerade einen kleinen Spleen haben. Schön, so etwas zu lesen, wenn man ihn dann nicht mehr hat.»

«Und an wen soll ich einen solchen Brief adressieren?»

«An sich selbst. Jindrich Mann, Prag, poste restante.» Er reichte mir, ein Mann der Tat, ein Papierblatt mit dem geradezu adligen Briefkopf des Hotels, auch schob er gleich einen Umschlag hinterher. Ebenfalls mit dem Wappen und dem in geschwungenen Schriftzügen aufgedruckten Hotelnamen versehen.

«Wollen Sie den Brief sofort aufsetzen? Ich schicke ihn mit der Hotelpost weg.»

«Später. Ich weiß nicht, wie ich mich anreden soll, sieze oder duze ich mich?»

Der Versuch, mich mit einem kläglichen Witz aus der Affäre zu ziehen, scheiterte. Er kam einfach nicht an, schon deswegen nicht, weil das Telefon in diesem Augenblick läutete.

Ich steckte den Papierbogen und den Umschlag ein. Als der Hotelportier mit dem Gespräch fertig war, fragte ich ihn, ob er mit mir ein Gläschen Cognac trinken möchte. Ich dachte, so eine Einladung würde sich einfach für zwei Männer von Welt gehören. Aber er trank im Dienst nicht.

Den Cognac trank ich zwei oder drei Jahre später in jenem schäbigen Café in der Rochusstraße mit M. G. Wir prosteten auf die gemeinsame Zukunft. Sie entschied, während eines kompliziert arrangierten Besuchs, in München zu bleiben. Zwei Tage später aber flog sie zurück nach Prag. Ihre Mutter war mit einem Herzinfarkt – Martinshorn und Blaulicht wüteten dabei – ins Krankenhaus gekommen.

Ich habe den Brief nie geschrieben. Den Papierbogen und den Umschlag habe ich verbummelt – natürlich.

Der Portier aus dem Hotel Regina Palast sprach ein sehr gutes Tschechisch. Er war der erste Sudetendeutsche, dem ich persönlich begegnet war. Sonst kannte ich nur welche von Fotos, auf denen sie in weißen Kniestrümpfen einen tschechoslowakischen rot-weiß-blauen Grenzschlagbaum aus der Verankerung rissen. Oder der einmarschierenden Wehrmacht frenetisch zujubelten. Ich war irritiert darüber, dass er sich selber so nannte, «ein Sudetendeutscher». Mit seinem geschliffenen Tschechisch und seinen elegant ironischen Bemerkungen hatte ich ihn für einen netten Landsmann gehalten. Was er eben auch war.

Später lernte ich noch einige solcher Landsleute kennen. Ein Ehepaar mit Namen Baumrucker, vorzügliche Übersetzer der Arbeiten meines Vaters. Eine Frau S., der mein Vater seine Texte diktierte, auch als er schwer krank in Bozen war. Sie kam seinetwegen sogar aus München angereist. Und dann einen Herrn, der mich nachts in der Straßenbahn angesprochen und mir wunderbare Schmugglergeschichten erzählt hatte. Unsere ersten Vermieter ...

Alle diese Menschen waren in dem Alter meiner Eltern, manche jünger. Sie hatten den Krieg noch sehr deutlich in Erinnerung. Vielleicht traten sie deswegen uns gegenüber so «unverbittert» auf, weil es «auf allen Seiten» genug Gründe für eine Verbitterung gegeben hätte. Man begegnete sich wie eine entfernte, gutmeinende, wenn auch sich skeptisch beäugende Verwandtschaft.

Als Neville Chamberlein nach dem Abschluss der Münchener Konferenz 1938 den tschechoslowakischen Botschafter (aus seinem Zimmer im Hotel Regina Palast) zu sich bat, um ihm die Landkarten zu überreichen, die aus einer blühenden Republik in den nächsten vier Tagen einen Rumpfstaat und einen Vasallen Hitlers machen sollten, woraufhin der Botschafter meinte, er würde sie seinem Präsidenten und der Regierung vorlegen, antwortete der britische Premier: «There is no reply expected.»

Ein Tor aber, der denkt, dass Derartiges unbeantwortet bleibt.

Nach dem Zweiten Weltkrieg wurde der einstige Ruf der Henlein-Partei, «Heim ins Reich», nämlich noch einmal erhört. In einer hämischen Verkehrung. Mit einer unerbittlichen, manchmal brutalen Konsequenz. Die deutschsprachigen Landesbewohner der (in alten Grenzen) wiederhergestellten Tschechoslowakei, vielmehr die Frauen, die Kinder und die alten Menschen, denn die Männer befanden sich noch in Gefangenschaft, mussten alles stehen- und liegenlassen, um mit nur wenigen Sachen ins zerbombte Deutschland abzuziehen.

Manche fuhren in Zügen, manche gingen den ganzen Weg zu Fuß, wurden unterwegs bespuckt, viele erschlagen und erschossen. Das passierte in den Jahren 1945 und 1946. Ganze Welten verschwanden. Dörfer, Schulen, Kirchen. Dem ersten Atlantis schloss sich, sieben Jahre später, ein zweites an.

In meiner Kindheit und Jugend gab es in den «Ländern der böhmischen Krone» keine deutschsprachigen Menschen mehr. Dass eine Vertreibung von Mitbürgern, ob staatlich organisiert oder geduldet, eigentlich nicht rechtens sein könnte, hörte ich zum ersten Mal noch in Prag von meinem Vater. Ich war sehr überrascht, so etwas aus seinem Mund zu vernehmen. Ich haderte mit ihm: «Wieso, die haben es sich doch selbst zuzuschreiben. Schon allein, wie die sich angestellt und was sie damit alles verursacht haben», erwiderte ich, im Einklang mit der vox populi.

«Der eine hat es vielleicht verschuldet, aber der andere eben nicht. Was kann der Schuldlose für den Schuldigen? Und wieso schickt ein Richter nicht den Schuldigen ins Gefängnis? Wieso darf sich der Pöbel an ihm austoben?», sagte mein Vater, und zwar etwa zwanzig Jahre nach dem Geschehen, als wir zufällig darüber sprachen.

«Was, schuldlos?» Das sagte mir mein Vater, ein Oberleutnant oder noch was Höheres (vergessen, der Rang) der Siegerarmee?

In einer Schublade seines Schreibtischs lagen achtlos Kriegsmedaillen und Auszeichnungen herum, begraben unter alten Fotos, vereinsamten Notizbüchern und Manuskriptseiten (ohne Beginn und Fortsetzung). Und unter einer farbenfrohen Eisenbahnanleihe des Osmanischen Reichs aus dem Jahr 1912, die mein Vater wahrscheinlich beim Herumstöbern in einem der Prager Antiquariate gefunden hatte.

24
MEINE MUTTER, EINE KONFIRMANDIN

~~

Mein Vater war von Mimi, die er nur kurz kennengelernt hatte, eingenommen gewesen. Sie hätte ihn beeindruckt, sagte er einmal zu mir, sie sei eine kluge Frau gewesen. Und er fügte noch hinzu, dass sie auch stolz gewesen sei. Als mein Großvater sich einmal mit einer Schauspielerin aus dem Staub gemacht hätte, dann aber angeblich reumütig zur Weihnachtszeit zurückkehren wollte, schon wegen des Kindes (vielleicht auf Anraten jenes Rechtsanwalts, der eben immer recht behielt), hätte die Großmutter abgewinkt.

Aber wie so oft bei Trennungsgeschichten bekam ich später eher widerwillig mit, dass es auch über diese etliche Hypothesen gibt (wer wem und was und wann abgewinkt hätte).

In einem Anwaltsbrief las ich übrigens einige Konkreta über diese unfrohen Festtage 1928. Es war ein unerwarteter Fund, er hatte sich geheimnisvoll zwischen die Deckel eines völlig unpassenden Aktenordners geschmuggelt. Mit diesem hatte Maminka ihre Offensive gegen den neuen bundesrepublikanischen Alltag gestartet. Und dort fand ich ihn, als ich nach Mutters Tod alte Papiere sichtete und ordnete.

Der besagte Anwaltsbrief aus dem Jahr 1929 lag zwischen einer Heizölabrechnung aus dem Jahr 1971 und einem ablehnenden Bescheid der tschechoslowakischen Handelsmission in Frankfurt aus dem Jahr 1969. Es ging darin um eine Verlängerung des Auslands-Ausreisevisums. Man erfuhr in dem falsch platzierten Anwaltsbrief von einem reichlich verpatzten Weihnachtsfest und einem Neujahrsaufenthalt in Berlin. Maminka, damals ein Kind, war allein in diese Stadt gefahren, um ihren Vater in der Uhlandstraße zu besuchen. Sie wich während des Aufenthalts recht umständlich der Begegnung mit seiner neuen Freundin aus, sodass offenbar Krampf (mit allerlei Raffinesse versuchte man meine Mutter umzustimmen) die Festtage wenig heiter machten.

Meine Mutter liebte Weihnachten. Es scheint mir beinahe, als wäre dies die einzige Zeit gewesen, in der sie nicht bereit war, sich auf irgendwelche Kompromisse einzulassen. Am 24. Dezember musste das Wohnzimmer von einem hohen Tannenbaum mit glitzernden Weihnachtskugeln und flackernden Kerzen geschmückt sein, und als Familie hatten wir zusammen zu sein. Egal, wo sich die einzelnen Mitglieder gerade befanden.

Als Kind erwartete ich mit angehaltenem Atem das unsichtbare Jesuskind, das in Böhmen am Abend anfliegt, sich unbemerkt in die Wohnung hineinschleicht, die Geschenke deponiert und diese, bevor es ungesehen wieder verschwindet, mit einem zart klingenden Glöckchen ankündigt.

Später erwartete ich den glücklichen Ausdruck meiner Mutter an einer von ihr mit schmackhaften Speisen bestückten Festtafel, wo auch immer diese stand.

Nur 1986, im Frühjahr, da starb mein Vater in Bozen. Da konnte sie uns alle nicht mehr komplett am Heiligabend um sich versammeln. Sie brauchte es auch nicht mehr zu tun – sie war selber verstorben. Im Oktober desselben Jahres. In West-Berlin.

Ich suchte einen Pastor auf. In der Kirche am Friedrich-Wilhelm-Platz, nicht weit von ihrer letzten Wohnung.

Ich war überrascht, wie düster und misstrauisch der Mann mich ansah. Ich hatte gedacht, er würde sich aufgrund eines unangemeldet aufgetauchten und verloren geglaubten Schafs, das einiger Worte am Grab bedurfte, freuen. Aber er klammerte sich geradezu an die Möglichkeit, er wäre gar nicht für diese Beerdigung zuständig. Denn die Behauptung von meinem Bruder und mir, meine Mutter sei 1930 in München konfirmiert worden, könnte sich ja als eine kuriose Sprechblase der zwei kuriosen Gestalten erweisen, die ihn eines nassen Herbstabends in seiner Kirche überraschten.

Ich war sehr traurig. Der Tod. Der dauerhafte Oktoberregen. Die zeitige Dunkelheit. Der Friedrich-Wilhelm-Platz mit seinen breiten Fahrbahnen, die sich in praktischer Absicht umzingeln und kreuzen und die streng wirkende Kirche aus roten Backsteinen unheimlich verkehrsgünstig einschließen. Unterhalb der Kirche ratterte die U-Bahn, und in den Unterführungen, in denen es einem schnell klamm wurde, verhallten eilige Schritte.

In irgendwelchen Listen, die Hitler und alle Bombardierungen, die Luftbrücke, das Wirtschaftswunder und den Mauerbau gut archiviert überstanden hatten, fand der Pastor schließlich den Namen der Konfirmandin Leonie Henriette Mann.

Und so nahm er seine Rolle bei ihrem Begräbnis an.

Meine Mutter war evangelisch, die alten Register bezeugten es. War ihre Entscheidung zur Konfirmation eine geheimnisvolle Seelenrührung, die sie später bagatellisierte und vor mir in bunte Worte kostümierte?

Sie hatte mir doch erzählt, sie hätte diese Religion einfach aus einer kindlichen Laune heraus gewählt, dem Glanz der Einsegnung folgend. Verschlungen sind die Pfade des Herrn und die Gedanken der Menschen.

Hatte sie als Vierzehnjährige, im katholischen München, in der Wohnung oberhalb des Flanierboulevards etwa überlegt, sie wolle sich der Religion ihres Vaters und seiner Familie anschließen? Eine Glaubensentscheidung sei gewichtiger als eine gründlich verpatzte Silvesterfeier?

War dies eine zarte Geste an jemanden, der sich gerade entfernte?

25
ZURÜCK

Manchmal denke ich, dass H. vielleicht meine Stiefmutter geworden wäre. Falls ein erwachsener Sohn eine haben kann. Wären die Russen nicht gekommen, so hätte dies möglicherweise passieren können. Ich hege den Verdacht, mein Vater und H. fühlten eine starke Zuneigung zueinander. Ich sehe H. auf dem Foto. Sie lauscht auf diesen den Worten meines Papas, eines Mannes im besten Alter. Etwas massig sitzt er neben dem Regisseur, dem Herrn P. (der Schlafwagenschaffner-Opa Askenazy gehörte zu seinen Lieblingsfiguren), in einer Theaterreihe. Sie sind bei der Probe zu einem Schauspiel. Fraglos handelt es sich um eines, das von meinem Vater ist.

H. ist auf dieser Aufnahme nur von hinten zu sehen. Das lange, dunkle Haar ist hastig zusammengebunden, sie trägt eine weiße Bluse. Um mehr als zehn Jahre ist sie jünger als die Maestros am Regiepult.

Sie blickt die beiden Männer an, und obzwar ich dies auf dem Bild nicht sehen kann, erkenne ich es trotzdem, weil ich es schon mehrmals beobachtet hatte: die begeisterte, unschuldige Achtung in ihrem Gesicht, die sie diesen Künstlern am Regiepult entgegenstrahlt.

H. war Theaterdramaturgin. Ein Jahr nach diesem Schnappschuss (die Russen kamen, nichts war mehr wie zuvor) schneiderte sie zu Hause Kleider für einige wenige Interessierte, um wirtschaftlich über die Runden zu kommen (Normalisierung! Die Kraft der Linguistik). Sie erlitt einen ernsthaften Nervenzusammenbruch, erst nach Jahren der Hoffnungslosigkeit erhielt sie eine Stelle im Archiv des Nationaltheaters, verborgen vor den Augen der Obrigkeit.

Während des Krieges, als Kind also, lebte sie illegal bei einer Bauernfamilie. Die Eltern, sie waren Juden und im Widerstand gewesen, hatten sie da abgegeben, aber nie mehr abholen können. Bei gelegentlichen Razzien hatten die Bauersleute sie im Sommer in einem Heuhaufen versteckt, im Winter im Holzschuppen, unter dem Brennholz.

Nach dem Krieg blendeten H. die kommunistischen Sprüche, sie kehrte ihnen jedoch allmählich, mit der Zeit endgültig, den Rücken. Nach ihrem Zusammenbruch Anfang der siebziger Jahre hatte sie eine Vision, und sie fand zur Gottesherrlichkeit, wurde katholisch. Zugleich entdeckte sie für sich (aber auch für andere, und das immer gründlicher und tiefer) die Psychoanalyse. Diese Disziplin galt als viertelillegal, halb illegal oder ganz illegal – von Bezirk zu Bezirk variierte die Einstellung, je nach dem zuständigen Satrapen.

Als ich sie nach meiner Rückkehr nach Prag, also nach der Wende, aufsuchte, noch in ihrem kleinen, düsteren Kabuff, das sie für die Hilfsarchivarbeiten zur Verfügung gestellt bekommen hatte, sagte sie, sie würde eine Hochschule gründen wollen. Eine, um den Wissensstand in den vernachlässigten seelischen Wissenschaften zu erhöhen. Ich beobachtete die gelbliche Glühbirne unter dem billigen Lampenschirm in ihrem kleinen Büro in einem ehemaligen Kloster, einer Dependance des Nationaltheaters. Drinnen war es dunkel, obwohl es ein sonniger Nachmittag war. Ich schaute durch das ewig nicht geputzte Fenster, sah einen verkommenen Garten.

Eine bleierne Ratlosigkeit überkam mich, als ich ihre gigan-

tischen Pläne vernahm. O Gott, dachte ich, eine Hochschule gründen, natürlich. Doch plötzlich schien es, als hätten einige Klostergeister in meinem Kopf ein Lichtlein gezündelt.
«Frido», sagte ich.
«Was?», fragte sie.
«Der schafft es.»
«Wer?»
Ich machte H. mit meinem deutsch-schweizerisch-amerikanischen Ur- oder Großcousin bekannt. Ich wusste, wenn jemand die Kraft, die Muße und die Möglichkeit hat, einen solch wahnwitzigen Einfall in die Tat oder vielmehr in eine Reihe von Taten umzusetzen, dann er. H. und Frido organisierten schließlich tatsächlich Seminare, Kurse und Workshops mit exzellenten, hochrangigen Lektoren, vorwiegend aus dem deutschsprachigen Raum. Die ganze Angelegenheit war personell auch mit der Prager Karls-Universität verbunden und funktionierte über mehrere Jahre.

Als H. etwa zehn Jahre später starb, kaum mehr als sechzig Jahre alt geworden, war bei ihrem Begräbnis die kleine Kirche im Prager Randbezirk völlig überfüllt. Wer nicht im Innern einen Platz bekam, wartete draußen. Es waren Hunderte von Menschen erschienen, und geweint haben, unmerklich leise oder schluchzend, alle.

Am 28. Oktober 1939, dem einundzwanzigsten Jahrestag der Gründung der selbständigen Tschechoslowakei, das Protektorat Böhmen und Mähren existierte gerade ein halbes Jahr, demonstrierten Zehntausende gegen die deutsche Besatzungsmacht. Es gab Tote und Schwerverletzte. Unter ihnen befand sich Jan Opletal. Ein Medizinstudent. Zu seiner Beerdigung am 15. November 1939 kamen an die tausend Studenten. Am

17. November 1939 schloss die deutsche Besatzungsmacht alle Hochschulen im Protektorat – und öffnete sie nie wieder. Hunderte von Studenten wurden verhaftet und in die KZs verfrachtet. Neun Studentenfunktionäre, zufällig dazu auserkoren, wurden standrechtlich erschossen.

Nach dem Krieg hat man diesen Tag zu einem «Internationalen Studententag» ausgerufen. Der dann mit den Jahren öde und sehr kommunistisch angehaucht gefeiert wurde. Dickliche Berufsjugendliche vom Jugendverband schwangen ihre endlos langweiligen Reden. Der arme Jan Opletal. Ich schaue mir jetzt sein Foto an, vielleicht zum ersten Mal aufmerksam. Ein hübscher, hochgewachsener junger Mann. Ein angehender Arzt. Im perfekt sitzenden Smoking.

Fünfzig Jahre später, 1989, war die kommunistische Macht überall im Ostblock am Zerbröckeln. Aber in der Tschechoslowakei hielt sie noch. Als wäre der Schock von 1968 und den Jahren der «Normalisierung» noch immer nicht richtig überwunden, als läge er allen zu schwer in den Beinen.

Dann, am 17. November 1989, war wieder einmal «Internationaler Studententag». Die Prager Studenten, die sich versammelten, durften dies sogar. Es gehörte zur Jubiläumslitanei des Regimes. Sie strömten aber in die Innenstadt zu einer spontanen Demonstration, weshalb sie von den Spezialeinheiten der Polizei blutig zusammengeschlagen wurden. Die anschließenden Proteste innerhalb der nächsten Woche trugen dazu bei, dass das alte Regime zügig und geräuschlos zusammenbrach. Wie in einem Märchen, in dem von dem übermächtigen Hexer am Ende nur ein Häuflein schwarze Asche übrig bleibt.

Ich fuhr nach Prag. Es war einfach gewesen, ein Visum an der Grenze zu bekommen, jeder erhielt es. Wenn man es nicht in den Pass stempelte, fuhr man ohne eines weiter. Es war alles diffus, noch war nicht ganz klar, wer eigentlich regierte, aber zweifellos stand fest: Der Spuk war vorbei, und keiner hätte dies noch vor einem Jahr vermutet, so sehr hatte man sich in der eigenen Hoffnungslosigkeit eingerichtet. Als hätte sich einfach nur der Wind gedreht, um den Nebel wegzupusten. Er zerriss, obwohl er doch aus Beton und Stahl gewoben zu sein schien.

Man versammelte sich täglich auf dem Wenzelsplatz und klingelte und schepperte mit hunderttausend Schlüsseln in hunderttausend Händen. Damit läutete man die Wende ein.

Es war Spätherbst, nass, kalt, dunkel und düster, und nichts lockte einen an die Riviera. Die Menschen trafen sich abends in den Prager Theatern. Es wurden keine Vorstellungen gegeben, sondern politische Veranstaltungen standen auf dem Programm, die nach dem Muster einer «Talkshow» abliefen. Auf dem Podium saßen Leute, die der Wende durch ihre Popularität mehr Attraktivität verliehen hatten oder die aus der Versenkung, in die sie das Regime verdammt hatte, aufgetaucht waren. Richtige Volkslieblinge waren sie einst gewesen, bis sie dann aber etwas nicht unterschrieben, was ihnen die Obrigkeit zur Signatur vorgelegt hatte, oder etwas unterzeichneten, was sie nicht hätten unterzeichnen dürfen. Jetzt standen sie auf der Bühne, eine schwarzhaarige Schönheit war grauhaarig geworden, 1970 hatte sie ein Lied gesungen, das ihr damals «politisch» das Genick brach. Jetzt sang sie es wieder, nachdem man neunzehn Jahre kaum etwas von ihr gehört hatte. Aber man hatte sie nicht vergessen.

Die «Samtene Revolution» wurde maßgeblich durch «Bürgerforen» gestaltet. Sie entstanden überall, lokal geboren, und hatten keine hierarchisch strukturierten Organisationen. In den Betrieben und den Büros, in den Krankenhäusern und in den Theatern übernahmen sie für einige Zeit die Rolle der jeweiligen Verwaltung. Man darf nicht vergessen: Es gab damals nichts, keine Kneipe und kein Kino, keine Fabrik natürlich und auch keine kleine Bäckerei, die nicht staatlich gewesen wäre. Diese revolutionär anarchistischen Zeiten der sich dadurch kapitalisierenden Räterepublik dauerten nicht sehr lange – meine Landsleute sind eher für geordnete Wege.

H. war in das «Bürgerforum» des Nationaltheaters gewählt worden. Sie musste, als Exdramaturgin, auch für die abendlichen Revolutionsveranstaltungen sorgen. Es war aber langsam schwierig geworden, dafür eine attraktive Bühnenbesetzung zusammenzustellen. H. entsann sich dann in dieser Not auch meiner Person. Und so stand ich auf einmal auf der angestrahlten Theaterrampe. Das Haus war bis auf den letzten Platz gefüllt. Der Moderator rief mich zu sich. Ich warf einen hoffnungsvollen Blick zum Seitenaufgang. Stand dort der Souffleur Herr Ulrich, er müsste so knapp über neunzig Jahre alt sein, bereit, hilfreich zu flüstern? Dichtes graues Haar, kurz geschnitten, in einer eleganten, wenn auch abgewetzten Jacke und mit einem leger um den Hals geworfenen Schal? Roch er noch immer nach Rum? Mir war es, als würde ich den süßlichen Duft verspüren. Aber keine Silbe zischte zu mir herüber.

Unter den Mitwirkenden war ein evangelischer Geistlicher. Er vermittelte mir sofort ein weiteres revolutionäres Engagement. Hinter der Bühne versteht sich, dort, wo einst die weißen Röckchen des Corps de Ballet und das von Frau Slánská raschelten.

Er sagte, dass man Leute «für die Provinz» bräuchte. Bekannte Schauspieler, aus vielen, unter uns gesagt, manchmal auch ganz schön regimehörigen Fernsehserien bekannt, hätten es zwar als ihre Pflicht aufgefasst, durch die Republik zu rasen, um das Licht der Revolte selbst in die vergessenen Winkel zu tragen. Trotzdem gäbe es Regionen innerhalb des Landes, die noch einen Bedarf an Missionaren anmeldeten.

Er habe einen Freund, fuhr er fort, der sei auch Pastor, in einem kleinen Städtchen. Und dieser Freund habe sich an ihn mit der Bitte gewandt, ob er nicht jemanden wüsste, der über die Wende, über die neuen Zeiten, über die Hoffnungen, die sich erfüllen werden, zu der dortigen Gemeinde ein paar Worte sprechen könnte.

Ich weiß wirklich nicht, ob er von meinen familienbedingten Zusammenhängen mit der Stadt Proseč (um die es hier ging) wusste, um jene Stadt, die Thomas und Heinrich Mann mitsamt ihren Kindern eingebürgert hatte. Oder war es ein Zufall gewesen? Er selbst ging jedenfalls mit keinem Wort auf diese Verbindung ein.

26
EIN WINTERMÄRCHEN

~

Ich wohnte in Prag in einem Hotel, unweit des König-Georg-Platzes. Die Bleibe hatte es in sich. In der ersten Etage gab es ein Tanzcafé. Ich erinnerte mich, wie ich hier in den sechziger Jahren eine rauschende Hochzeit mitgefeiert hatte. Die Braut war eine Dichterin, Boheme pur. Der Bräutigam führte Allen Ginsberg (persönlich) und andere Beatniks (nur in Gedichtform) sowie die Gäste in ein schummriges Poetenlokal, das er gegründet hatte. Die Braut brauchte einen Ehemann, weil sie einen Stempel im Ausweis benötigte, um nicht als arbeitsscheues Wesen ohne feste Anstellung (Parasit!) ins Gefängnis zu wandern. Der Bräutigam war schwul, was in dieser Zeit womöglich noch strafbar war. Egal, jedenfalls wollte er sich mit einer Gattin beschirmen.

Jetzt trank ich in dem Tanzlokal einen Kaffee, kurz bevor wir nach Proseč aufbrachen. Hinter den großen Fenstern fielen dicke Schneeflocken, schwebten vom hellen Himmel still zur Erde.

Wir fuhren zeitig los. Ich, meine zukünftige Frau und der Sohn unseres (noch unbekannten) Gastgebers in Proseč, den wir in seinem Studentenwohnheim abgeholt hatten.

Böhmen – ein Wintermärchen. Als wir von der Autobahn abbogen, wurde mir klar, dass ein Schlitten, von Pferden gezogen und mit Glöckchen umhängt, wir in Pelze eingehüllt, stilvoller gewesen wäre. Und angebrachter. Wir rutschten in einem japanischen Kombi, den ich damals fuhr, durch die Kurven, bergab und irgendwie auch bergauf. Die Dörfer lagen weiß und still entlang der Landstraße. Aus den Schornsteinen stieg Rauch. Der Schnee bedeckte gnadenvoll die traurige Verhunzung des Landes. Wir hörten im Radio Nachrichten, dann spielten wir Audiokassetten mit karibischen Rhythmen, wieder vernahmen wir Nachrichten, unterhielten uns, schwiegen, glitten.

Proseč ist von Prag aus nicht einfach zu erreichen, die Straßen wurden immer enger, immer kurvenreicher, immer endloser.
Das Pfarrhaus und die kleine Kirche – beides in einem Gebäude untergebracht – lagen außerhalb des Städtchens. Ich wusste übrigens vorher kaum etwas über die dickköpfigen Protestanten, die hiesigen böhmischen Brüder, die sich ungeachtet der Katholisierung in den vergangenen Jahrhunderten und der Atheistisierung der vergangenen Jahrzehnte trotzig in einigen Landstrichen zusammengefunden hatten.
Der Pfarrer und seine Frau empfingen uns sehr gastfreundlich. Ein Abendessen, es gab etwas sehr Tschechisches mit viel Fleisch und viel Sauce, wurde aufgedeckt. Ich esse kein Fleisch, aber kam auch so gut zurecht. Wir haben uns bekannt gemacht, wir waren alle ein wenig scheu, aber wir machten es andererseits ohne viel Umschweife, es gab nicht viel Zeit.
Der Pfarrer hatte die Charta 77 unterschrieben. Diese Schrift aus dem Jahr 1977, von Václav Havel und seinen Freunden verfasst (er musste deswegen für acht Jahre ins Gefängnis), war keine Revolutionsaufforderung, sondern nur das Einfordern der normalen Bürgerrechte, die seit 1789 in Europa nicht unbekannt waren. Die Regierung und die Kom-

munistische Partei sollten bitte zumindest die Gesetze und Regeln, die sie selbst in der Verfassung und in den Gesetzbüchern festgeschrieben hatten, einhalten. Man würde auf die unzähligen Verstöße und Rechtsbeugungen demnächst regelmäßig hinweisen – das war in etwa der Inhalt der jahrzehntelang verteufelten Niederschrift (sie wurde in den Medien zum Synonym für mieseste Verwerflichkeit). Diese Charta konnte jeder (der von ihr erfuhr) jederzeit bekennend unterschreiben, aber die Repressalien dafür waren drakonisch. In der Provinz noch mehr als in Prag.

Der Pastor erzählte uns beim Essen, dass man ihn zur Strafe als Reservisten zum Militär einberufen hätte. Zu einer Strafeinheit sei er gekommen. Vielen Schikanen sei er ausgesetzt gewesen, auch habe er dort einen schweren Unfall gehabt. Eine Schädeloperation sei die Folge gewesen. Die Ärzte mussten ihm eine Metallplatte transplantieren, noch heute habe er oft unerträgliche Kopfschmerzen.

Einige Zeit nach dieser Begegnung wurde der Pastor ein hoher Beamter des Innenministeriums, zuständig für die Flüchtlingsproblematik. Ich las seinen Namen einige Male in den Zeitungen. Er starb bald darauf, an den Spätfolgen seiner Verletzung.

Nach dem Essen schaltete er die Fernsehnachrichten ein. Eine Ansprache des Präsidenten der Republik wurde angekündigt, Gustáv Husák war zu dieser Zeit über siebzig. Dieser Doktor der Jurisprudenz hatte 1969 den abgesetzten Alexander Dubček (jenen, der im Radio die Kapitulation vorschluchzte) in der Funktion des Parteigeneralsekretärs beerbt. Später ließ er sich zum Präsidenten installieren. Gleich zu Anfang seiner Karriere griff er schneidig durch: Seine Landsleute ließ er am ersten Jahrestag des Einmarsches der Warschauer-Pakt-Staaten zusammenknüppeln. Ein paar zusätzlich auf der Straße niederschießen. Im Streit um die richtige Interpretation des Wortes «Normalisierung» wurde er zum ersten und definitiv letzten Deuter des Begriffs. Seine andauernd erlogenen Wahrheiten und öligen Banalitäten verkündete er stets mit tiefem Timbre in der Stimme und einem selbstgefälligen Ton. Hin und wieder bemühte er sich mit einem geschmacklosen Scherz um Volksnähe. Seine Stimme wäre vielleicht nicht schlecht in einer Operette zur Geltung gekommen. Andererseits: Er hätte auch eine Fehlbesetzung sein können – ich hatte ihn nämlich nie singen gehört. Husák setzte sie lieber in gediegenen Reden ein, da eine Tagung der Kommunistischen Partei, hier die Fernsehansprache zum Neujahr. Er war der Statthalter der sowjetischen Okkupanten aus ewiger Gnade. Der oberste Gestalter der letzten zwanzig tschechoslowakischen Jahre und ein Seelenverschmutzer ersten Grades.

Nun also hörten wir die Staatshymne, sahen die Präsidentenstandarte. Genosse Husák saß vor einer Bibliothek. Der Staatsmann mit der dicken Brille, die optisch vergrößerten Augen schwammen hinter den Gläsern wie den Meerestiefen entrissene überraschte Wesen. Er gab vor den TV-Kameras seinen Rücktritt bekannt. Mit seinem butterigen Timbre überbrachte er uns diese frohe Nachricht. Ein leichtes Zittern schwang in der Stimme mit und setzte sich zunehmend durch.

Der Präsident wünschte uns zum Abschluss der epochal kurzen Ansprache viel Glück. An diesem zweifelten wir nicht.

Maminka, die Konfirmandin. Sicher wäre sie kindisch (und unangebracht) stolz gewesen, mich hinter der Kanzel der kleinen Kirche der böhmischen Brüder in Proseč in der Rolle eines Predigers zu sehen, der mit flammenden Worten (eher Sparflamme, aber nicht gestottert, immerhin) sprach.

Aber dieser Part stand mir erst bevor.

Kürzlich fand ich von dieser Veranstaltung ein paar Fotos. Ich trug den schönen Anzug, den mir Maminka einmal in Bolzano gekauft hatte. Unübersehbar verbreitete er italienisches Flair. Viel später sollte er den Prager Motten ein schmackhaftes Mahl, ein Bankett geradezu, bieten.

Bei unserer Heimreise, bald nach meiner Ansprache und einer kleinen anschließenden Diskussion in der Kirche, wird uns die Pfarrersfrau ein Kaninchen anbieten. M. G. wird irrtümlich der Ansicht sein, es handele sich um ein lebendiges Exemplar. Um einen kleinen Wuschelliebling, weshalb sie erst begeistert zustimmen wird. «Abdikation» werden wir es nennen, aber zärtlich «Gusti» rufen! Zu meiner Beruhigung wird sich zeigen, dass dieses Kaninchen ein professionell abgezogener Schmaus ist, den wir mit viel Dank (ich esse kein Fleisch) zurücklassen werden.

Doch all das sollte erst die nahe Zukunft sein. Zuvor werde ich noch im Morgengrauen aufwachen, eine rote Sonne wird den weißen Schnee auf den Hügeln einfärben.

Wenn wir später, meine Frau und ich, dann auf den Flur herauskommen, werden wir schon das Harmonium der morgendlichen Sonntagsandacht hören. Die Musik und der Gesang werden, während wir die Treppe hinuntersteigen, immer lauter.

Noch aber saßen wir in der Wohnstube des Pfarrhauses. Der Schnee fiel hinter den Fenstern, weiße Striche in der dunkelblauen Nacht. Die Ansprache des Präsidenten, nun eines ehemaligen, war zu Ende.

«Wir haben gewonnen», sagte M. G.

BILDNACHWEIS

Alle Fotos stammen aus der Sammlung von Jindrich Mann außer den folgenden:

Tafelteil:
Seite 1: Zdenda Tuma
Seite 4 oben, 5 oben und unten: Michaela Mannova
Seite 4 unten, 11: aus Ladislav Sitenský, Praha meho mladi, Olympia
Seite 10 unten: Rajmund Piżanowski
Seite 12 unten: Alice Kranz-Pätow
Seite 14 oben: Michael Sauer

Trotz sorgfältiger Recherchen konnten nicht alle Rechteinhaber ermittelt werden. Der Verlag ist bereit, berechtigte Ansprüche in üblicher Weise abzugelten.

DANKSAGUNG

Ich danke Regina Carstensen für ihr initiierendes Nachfragen und das geduldige Lektorat, besonders das sprachliche; Uwe Naumann für sein aufbauendes Interesse und seinen Zuspruch.